现代实用社交礼仪
(第4版)

陈光谊 主编

喻 玲　李 黎　
陈 薇　姚懿菲　副主编

清华大学出版社
北京

内 容 简 介

本书对当前实用的七类社交礼仪，即个人礼仪、交际交往礼仪、公共礼仪、接待礼仪、交谈礼仪、拜访与求职礼仪和餐饮礼仪的相关知识进行了图文并茂、清晰翔实的讲解。在每个礼仪知识点讲解完毕后均有相应的模拟任务训练和思考题，便于读者将礼仪知识内化为自身的行动，真正将礼仪理论知识和现实应用结合起来，帮助读者懂礼、守礼，从而更好地塑造个人形象，提高个人修养，协调人际关系。

本书的编写以能力本位为指导原则，注重落实面向"工作过程"的项目教学思想，教材具有模块化、项目化、实践化的特色。此外，本书在前版的基础上增加了绪论部分，并将前版书中的一些疏漏和偏颇之处予以补充与改正。

本书既适合作为高职学生的通用礼仪教材，也可供对礼仪知识感兴趣的读者参考阅读。

本书封面贴有清华大学出版社防伪标签，无标签者不得销售。
版权所有，侵权必究。举报：010-62782989，beiqinquan@tup.tsinghua.edu.cn。

图书在版编目(CIP)数据

现代实用社交礼仪/陈光谊主编. —4版. —北京：清华大学出版社，2024.5
ISBN 978-7-302-66016-3

Ⅰ.①现⋯　Ⅱ.①陈⋯　Ⅲ.①社交礼仪—高等职业教育—教材　Ⅳ.①C912.12

中国国家版本馆 CIP 数据核字(2024)第 069207 号

责任编辑：陈冬梅
封面设计：刘孝琼
责任校对：李玉茹
责任印制：刘海龙

出版发行：清华大学出版社
网　　址：https://www.tup.com.cn，https://www.wqxuetang.com
地　　址：北京清华大学学研大厦 A 座　　邮　编：100084
社 总 机：010-83470000　　邮　购：010-62786544
投稿与读者服务：010-62776969，c-service@tup.tsinghua.edu.cn
质量反馈：010-62772015，zhiliang@tup.tsinghua.edu.cn
课件下载：https://www.tup.com.cn，010-62791865

印 装 者：三河市龙大印装有限公司
经　　销：全国新华书店
开　　本：185mm×260mm　　印　张：14　　字　数：337 千字
版　　次：2009 年 9 月第 1 版　2024 年 5 月第 4 版　　印　次：2024 年 5 月第 1 次印刷
印　　数：1～1200
定　　价：45.00 元

产品编号：089734-01

现代实用社交礼仪(第4版)编写委员会

主　任　杨小庆

副主任　黄　海

委　员　(排名不分先后)

蔡录昌	陈福明	陈光谊	陈静梅	陈思慧
喻　玲	李　黎	陈　薇	姚懿菲	陈兴焱
耿云巧	龚泗淇	郭凤安	胡习之	蒋红梅
刘玉平	陆卫民	麻友平	任春华	阮　航
舒晓楠	斯静亚	宋明玉	涂登宏	王艳玲
辛　菊	许德宽	颜　进	杨巧云	张晓丹
章启辉	朱世德			

Preface 前言

礼仪是现代社会公民的一种重要素质，是衡量一个国家文明程度的重要标尺。学习社交礼仪的知识，掌握社交礼仪的技巧，领悟社交礼仪的艺术，习得社交礼仪的精神，也就成为提升国民素质的必经之路，同时能帮助广大公民更好地践行社会主义核心价值观。该书对个人礼仪、交际交往礼仪、公共礼仪、接待礼仪、交谈礼仪、拜访与求职礼仪、餐饮礼仪的相关知识进行了图文并茂、清晰详尽的讲解，真正将二十大精神融入书中，将礼仪理论知识和现实应用结合起来，同时引导大家自觉成为文明新风的传播者和践行者，以良好的职业道德推动全社会精神文明建设和经济社会高质量发展。

礼仪是人们在社会交往活动中约定俗成的、表示尊重的行为规范。礼仪有四大原则：尊重原则、真诚原则、遵守原则和适度原则。公民通过学礼、懂礼、守礼，能最大限度地把"讲文明、重礼仪、树新风"的活动精髓贯穿到日常工作与生活中去，大力弘扬作风扎实、工作踏实、遵章守纪、敢于负责、顾全大局、团结协作的新风正气。

本书第 1 版出版于 2009 年 9 月，并于 2012 年 9 月和 2017 年 3 月出版了第 2 版和第 3 版，这次修订则是本书的第 4 版。本书自出版发行以来，以其知识的实用性、内容的丰富性、编排的合理性，受到了社会各界的好评和读者的肯定，感谢大家对本书的认可。这些年来，我国经济形势和社会生活发生了很多变化，进入了信息化高速发展的时代，对礼仪人才的要求也有了一定的变化。为了适应这些变化，也为了适应和满足高等职业教育快速发展的需要，结合使用教材的学校、培训机构和读者反馈的意见，特对原教材进行修订。

在教材的使用过程中，我们一直不断地对教材内容进行审视，积累教材使用的经验，听取读者的意见。在本版《现代实用社交礼仪》中，我们根据最新的礼仪教育理念，增加了更符合当前实际的内容，更新了部分案例，调整了一些练习题，修正了个别文字错误。

本书的内容和特点如下。

1. 绪论部分

绪论部分主要在整体上对礼仪进行概述，以"为什么要学礼仪""什么是礼仪"和"怎样学好礼仪"三个主要问题为线索，比较深入、全面地介绍了礼仪的含义、本质、原则、意义、学习方法等内容，力求激发学生对礼仪的兴趣，加深学生对礼仪的理解，引发学生对礼仪与自我人生的反思。绪论部分可在教师引导下由学生自学。

2. 主体部分

主体部分主要由个人礼仪、交际交往礼仪、公共礼仪、接待礼仪、交谈礼仪、拜访与求职礼仪、餐饮礼仪七个学习项目组成，每个学习项目又由若干学习任务组成，全书共包含 25 个任务。本课程的教学可根据教材中的任务设计灵活实施。

每个任务单元的结构编排都力求为实际课堂教学提供便利，具体设计如下。

1) 能力目标

"能力目标"是指学习本单元之后学生能掌握的社交礼仪技能。在每个任务学习一开始就明确能力目标，可以让学生学习能抓住重点，充分明确本阶段的学习目标。

2) 任务情境

"任务情境"是一个任务单元的导入案例，同时也是一个待解决的社交礼仪问题情境。此问题的解决与本任务单元的核心技能相关。

3) 相关案例

"相关案例"是指与本任务单元应掌握的其他核心技能相关的社交礼仪案例。案例采用示范式(正确的处理)或示误式(错误的处理)两种形式,目的在于引发学生讨论和参与,以充分调动学生的学习兴趣,活跃课堂气氛,形成互动、自主式的学习氛围。

4) 知识链接

"知识链接"是指与本任务单元核心技能学习相关的知识点群。此知识点群供学生学习技能时参考使用,教师可自由选择是否在课堂上对该部分进行完整系统的讲解。知识链接不一定具有系统性和理论性,主要着眼于对学生解决问题、发展技能提供必要的帮助。

5) 模拟任务训练

"模拟任务训练"是指提供一些待解决的社交礼仪任务情境,促使学生综合理解所掌握的知识与技能。该部分内容主要用于课堂训练,也可用于课后训练,其目的在于检测和巩固学生的技能应用水平。

6) 思考题

"思考题"是供学生课后自测和拓展思维的习题。

3. 附录部分

本书包含两个附录:附录一由西方礼仪介绍、礼仪故事集、礼仪名言录三部分内容组成,可以作为扩展学生知识面的阅读材料,也可以作为教师备选的教学案例;附录二为模拟任务训练与思考题参考答案。读者可扫描教材中提供的二维码获取相关的内容。

本书的编写者都是来自高职院校的中青年骨干教师,他们长期从事高职社交礼仪的一线教学工作,理论基础扎实,教学经验丰富,实践能力强,极富创新意识;同时他们最能发现现有高职社交礼仪教材的不足之处,也敢于和善于在教材编写和教学实践中进行改革。参与本书编写工作的老师具体分工如下:四川泸州职业技术学院的陈光谊负责统稿及绪论与项目二、项目三的撰写,四川宜宾职业技术学院的喻玲负责项目一的撰写,四川成都职业技术学院的李黎负责项目四、项目五的撰写,四川广安职业技术学院的姚懿菲负责项目六的撰写,四川成都职业技术学院的陈薇负责项目七的撰写。

在本书的编写过程中,参考借鉴了国内外专家、学者和同行的许多学术成果,主要参考的文献已于书后列出,在此一并表示感谢。由于本书的编写为一种新的改革尝试,再加上作者水平有限,书中难免有疏漏和偏颇之处,敬请读者批评、指正。

编　者

Contents 目录

绪论 1
 一、为什么要学礼仪 1
 二、什么是礼仪 5
 三、怎样学好礼仪 14
 四、思考题 15

项目一 个人礼仪 16

 任务一 仪容修饰 16
  一、能力目标 16
  二、任务情境 16
  三、相关案例 16
  四、知识链接 17
  五、模拟任务训练 23
  六、思考题 24

 任务二 服饰佩戴 24
  一、能力目标 24
  二、任务情境 24
  三、相关案例 24
  四、知识链接 25
  五、模拟任务训练 33
  六、思考题 34

 任务三 仪态规范 34
  一、能力目标 34
  二、任务情境 34
  三、相关案例 34
  四、知识链接 35
  五、模拟任务训练 43
  六、思考题 44

 课程思政 44

项目二 交际交往礼仪 45

 任务一 称呼礼仪 45
  一、能力目标 45
  二、任务情境 45
  三、相关案例 45
  四、知识链接 46

  五、模拟任务训练 50
  六、思考题 51

 任务二 握手礼仪 51
  一、能力目标 51
  二、任务情境 51
  三、相关案例 52
  四、知识链接 52
  五、模拟任务训练 56
  六、思考题 57

 任务三 介绍礼仪 57
  一、能力目标 57
  二、任务情境 57
  三、相关案例 57
  四、知识链接 58
  五、模拟任务训练 65
  六、思考题 66

 任务四 名片礼仪 66
  一、能力目标 66
  二、任务情境 66
  三、相关案例 67
  四、知识链接 67
  五、模拟任务训练 70
  六、思考题 71

 任务五 空间礼仪 71
  一、能力目标 71
  二、任务情境 71
  三、相关案例 72
  四、知识链接 72
  五、模拟任务训练 75
  六、思考题 76

 课程思政 76

项目三 公共礼仪 77

 任务一 出行礼仪 77
  一、能力目标 77
  二、任务情境 77

  三、相关案例 77
  四、知识链接 78
  五、模拟任务训练 88
  六、思考题 88
 任务二　公共场所礼仪 89
  一、能力目标 89
  二、任务情境 89
  三、相关案例 89
  四、知识链接 90
  五、模拟任务训练 98
  六、思考题 99
 课程思政 99

项目四　接待礼仪 100

 任务一　前台接待 100
  一、能力目标 100
  二、任务情境 100
  三、相关案例 100
  四、知识链接 101
  五、模拟任务训练 106
  六、思考题 106
 任务二　办公室接待 107
  一、能力目标 107
  二、任务情境 107
  三、相关案例 107
  四、知识链接 108
  五、模拟任务训练 115
  六、思考题 115
 任务三　会议接待 116
  一、能力目标 116
  二、任务情境 116
  三、相关案例 117
  四、知识链接 117
  五、模拟任务训练 122
  六、思考题 123
 课程思政 123

项目五　交谈礼仪 124

 任务一　日常沟通 124
  一、能力目标 124

  二、任务情境 124
  三、相关案例 124
  四、知识链接 125
  五、模拟任务训练 132
  六、思考题 133
 任务二　电话交谈 133
  一、能力目标 133
  二、任务情境 133
  三、相关案例 134
  四、知识链接 134
  五、模拟任务训练 138
  六、思考题 138
 任务三　谈判礼仪 139
  一、能力目标 139
  二、任务情境 139
  三、相关案例 139
  四、知识链接 140
  五、模拟任务训练 146
  六、思考题 147
 课程思政 147

项目六　拜访与求职礼仪 148

 任务一　拜访 148
  一、能力目标 148
  二、任务情境 148
  三、相关案例 148
  四、知识链接 149
  五、模拟任务训练 152
  六、思考题 153
 任务二　礼品礼仪 153
  一、能力目标 153
  二、任务情境 153
  三、相关案例 154
  四、知识链接 154
  五、模拟任务训练 159
  六、思考题 159
 任务三　求职礼仪 159
  一、能力目标 159
  二、任务情境 159

　　三、相关案例 …………………… 160
　　四、知识链接 …………………… 160
　　五、模拟任务训练 ……………… 168
　　六、思考题 ……………………… 168
　课程思政 …………………………… 168

项目七　餐饮礼仪 ……………… 169

　任务一　中餐礼仪 ………………… 169
　　一、能力目标 …………………… 169
　　二、任务情境 …………………… 169
　　三、相关案例 …………………… 169
　　四、知识链接 …………………… 170
　　五、模拟任务训练 ……………… 180
　　六、思考题 ……………………… 181
　任务二　西餐礼仪 ………………… 181
　　一、能力目标 …………………… 181
　　二、任务情境 …………………… 181
　　三、相关案例 …………………… 181
　　四、知识链接 …………………… 182
　　五、模拟任务训练 ……………… 189
　　六、思考题 ……………………… 189
　任务三　自助餐礼仪 ……………… 190
　　一、能力目标 …………………… 190
　　二、任务情境 …………………… 190
　　三、相关案例 …………………… 190
　　四、知识链接 …………………… 191
　　五、模拟任务训练 ……………… 194
　　六、思考题 ……………………… 194

　任务四　酒水礼仪 ………………… 194
　　一、能力目标 …………………… 194
　　二、任务情境 …………………… 194
　　三、相关案例 …………………… 195
　　四、知识链接 …………………… 196
　　五、模拟任务训练 ……………… 200
　　六、思考题 ……………………… 201
　任务五　饮茶礼仪 ………………… 201
　　一、能力目标 …………………… 201
　　二、任务情境 …………………… 201
　　三、相关案例 …………………… 201
　　四、知识链接 …………………… 202
　　五、模拟任务训练 ……………… 205
　　六、思考题 ……………………… 205
　任务六　咖啡礼仪 ………………… 205
　　一、能力目标 …………………… 205
　　二、任务情境 …………………… 206
　　三、相关案例 …………………… 206
　　四、知识链接 …………………… 206
　　五、模拟任务训练 ……………… 209
　　六、思考题 ……………………… 209
　课程思政 …………………………… 209

附录一　拓展阅读资料 …………… 210

附录二　模拟任务训练与思考题参考答案 ……………………………… 211

参考文献 …………………………… 212

绪　　论

一、为什么要学礼仪

在英国著名首相丘吉尔75岁生日宴会上，一位年轻的新闻记者对丘吉尔说："真希望明年还能来祝贺您的生日。"

这位年轻人显然不太懂人际交往的一般礼节，不会在恰当的场合说出恰当的话。他的这句话本想表达对丘吉尔的尊敬和崇敬之情，但很容易被别人理解为：丘吉尔明年举办生日宴会仅仅是别人眼中的一个希望，也就是说，丘吉尔能不能活到明年还是一个未知数。这样不当的措辞当然显得很没礼貌。

如果你是丘吉尔，你会怎么回应他呢？

丘吉尔拍拍年轻人的肩膀说："我看你身体这么壮，应该没有问题。"

丘吉尔用他的宽容和幽默巧妙地化尴尬于无形，不仅维持了良好的交际气氛，而且迅速拉近了与对方的心理距离，让人如沐春风。

这不仅是是否会说话的差别，而且是是否懂得社交礼仪的差别。在现代社会，我们天天都要与他人说话交流，沟通协调，只要与他人进行社会交往，就应该注重礼仪，因为礼仪是人际关系的润滑剂，它能促进人与人之间更好地沟通。

中国是礼仪之邦，中国传统历史文化历来特别重视礼仪。被誉为"至圣先师"的大思想家、教育家孔子就非常注重礼仪的作用。《论语》中记载了这样一个孔子教子的小故事：鲤趋而过庭。曰："学礼乎？"对曰："未也。""不学礼，无以立。"鲤退而学礼。这个故事讲的是孔子教育自己的儿子要学礼。大意是，有一次孔子的儿子孔鲤经过院子，被孔子看见了，问道："你学礼了吗？"孔鲤回答说："没有。"孔子告诉他："不学礼就不懂得怎样立身。"于是孔鲤就回去开始学礼。

"立"的本义为站立，这里指在社会中能够独立自主地生活。一个孩子从小对长辈就不恭敬，长大会恭敬吗？一个不懂恭敬的人在社会中会有好的人际关系和发展吗？孔子提出的"不学礼，无以立"的观点在我们今天看来也是很有价值的，它指明了礼仪是一个人整体素养的重要组成部分，其重要性甚至超过了专业技能，这是发人深省的。据一项调查显示，有70%的人在工作10年后不再从事当初在学校里所学的专业，而是向其他方向发展。个人的整体素质(而不仅是专业技能)决定了这个人长远的发展。因此，当今社会在招聘选用人才的时候，除了看重个人的专业能力外，更看重的是个人的整体素质，而礼仪是一个人整体素质最直接的体现。

简单地说，礼仪是人们在社会交往活动中约定俗成的、表示尊重和友好的一套行为规范。从以上两个故事中我们可以看出礼仪在人类社会中的重要作用。《荀子》一书中说："人无礼则不生，事无礼则不成，国家无礼则不宁。"他认为如果缺少了礼仪，个人就不能顺利地生活，做事就不能获得成功，国家就不得安宁。《礼记》中也说，"人有礼则安，无礼则危。故曰：'礼者不可不学也。'"意思是"人们有了礼的规范，社会便得以安定，缺少了礼的规范，社会便会变得危险，所以说：'礼不能不学啊。'"清代学者凌廷堪说："上古圣王之所以治民者，后世圣贤之所以教民者，一礼字而已。"意思是说，上古圣王治理民众的方针，以及后世圣贤教育民众的方法，都可以最终归纳为"礼"这个字。可见，不论是对个人还是对社会，礼仪都是非常重要的。

在学习礼仪之前，我们首先需要认清礼仪的重要意义，以反思礼仪知识的学习价值，明确本课程的学习方向。具体地讲，从微观到宏观礼仪有以下几方面的重要意义。

(一)礼仪是提高个人修养的途径

表面上，礼仪只是怎样着装、怎样与人握手、怎样拜访别人等一系列约定俗成的社会行为规范，但实际上，礼仪的背后却包含了对人的尊重、理解、宽容等积极的价值取向。正因为礼仪不仅是表面做事的守则，更是与人为善的体现，所以学习礼仪、运用礼仪就是在领悟和践行这些价值观，就是提高个人修养的一种途径。

有一次，一位外国客人出席晚宴，当服务员端上洗手的水时，外国人误以为是饮用水，于是喝了下去。无疑，用碗里的水来洗手才是符合餐饮礼仪的，然而，简单地将这一点指出来就是懂得礼仪的表现吗？如果你是当天的主人，你会怎么处理呢？

想一想，如果你是那位外国客人，这时候主人突然告诉你"嘿，那碗水是用来洗手的"，你的心情如何？恐怕一般人都会觉得非常尴尬，这顿饭也就没什么心情吃下去了，甚至有可能使这次晚宴不欢而散，因为欢乐和谐的气氛被破坏了——就因为主人一句看似正确的话。

在与人相处时，要牢牢记住一个道理："正确"的东西不一定恰当。

这位主人是这样做的：他立即端起碗，学着那位外国客人的样子将水喝了下去。在场的其他客人见状，纷纷效仿。

虽然主人的做法不符合一般的餐饮礼仪，但他的做法却是最礼貌的，因为他顾全了客人的面子，没有伤害客人的自尊心，并保持了宴会融洽的气氛。无论什么样的礼仪都不能与人的自尊相提并论。可以说，这位主人懂得礼仪的精髓——尊重他人。

一般来说，我们应该严格遵守礼仪，但必要的时候，我们可以超越形式化的常规礼仪进行变通。在我们待人以礼时，一定要提醒自己，礼仪的背后永远是对人的尊重，这也是现代文明社会做人的准则。

如果任何人都可以在社会中放纵自己的行为，那么，人和禽兽就没有区别了，社会也就没有了起码的秩序。孔子主张运用内在的道德力量来约束自己，子曰："君子博学于文，约之以礼，亦可以弗畔矣夫。"作为一名君子，一方面要"博学于文"，广博地学习文化知识，同时也要"约之以礼"，用礼来约束自己的言行，因为礼是根据道德原则制定出来的。只要在这两方面都做好了，就一定可以做到"弗畔"(不会背离真理大道)，将个人修养提高到一个新的境界。

每个人的性格都有弱点，孔子认为，无论是哪种性格的人，如果不借助礼，都达不到理想的境界。子曰："恭而无礼则劳，慎而无礼则葸，勇而无礼则乱，直而无礼则绞。"

意思是说，恭敬而不懂得礼的人，就会空自劳碌；谨慎而不懂得礼的人，就会显得胆小；勇敢而不懂得礼的人，就会作乱；直率而不懂得礼的人，就会说出伤人的话。平心而论，恭、慎、勇、直这四种性格都不是什么弱点，但只要离开了礼的指引，就不会修成最终的"正果"。

(二)礼仪是个人形象的活广告

不管是在公共场所，还是在私人聚会中，只要与人交往，你的穿着打扮、言谈举止等外在形象就会映入他人的眼里，并留下深刻印象。别人通过你的外在形象来判断你的内在素质，如性格、教养、兴趣、能力等，对你作出整体评价，外在形象直接影响着你在别人心中的地位。而礼仪对穿着打扮、言谈举止有规范的要求，是良好教养的体现。因此，注重礼仪就要注重外在形象的塑造。

有这样一个故事。

一位老师带领学生们前往一个大集团公司参观，老总是这位老师的大学同学。老总不仅亲自接待，还非常客气。工作人员为每位同学倒水，席间有位女生表示自己只喝红茶。学生们在有空调的大会议室坐着，大多坦然地接受服务，没有半分客气。当老总办完事情回来后，不断地向学生们表示歉意，竟然没有人应声。当工作人员送来笔记本，老总亲自双手递送时，学生们大多伸出手随意接过，没有起身，也没有致谢，从头到尾只有一位同学起身双手接过工作人员递过来的茶和老总递来的笔记本，并客气地说了声："谢谢，您辛苦了！"

最后，只有这位同学收到了这家公司的录用通知。有的同学很疑惑甚至不服："他的成绩并没有我好，凭什么让他去而不让我去？"老师叹气说："我给你们创造了机会，是你们自己没抓住。"

与别人相比，被录用者只是多说了几句礼貌的话，多做了几个礼貌的动作而已。然而，这多出来的礼仪细节却体现了一个人内在的修养和素质。要做事，先做人。做人就是要塑造自己在别人心目中的良好形象，而恰到好处的礼仪正是个人形象的无声广告。

小刘的故事正与上面那位同学相反。小刘的公司应邀参加一次研讨会，该次研讨会邀请了很多商界知名人士以及新闻界人士参加。老总特别安排小刘和他一道去参加，同时也让小刘见识见识大场面。可是小刘早上睡过了头，等他赶到，会议已经进行了20分钟。他急急忙忙推开了会议室的门，"吱"的一声脆响，他一下子成了会场的焦点。刚坐下不到5分钟，肃静的会场上又响起了摇篮曲，是谁在播放音乐？原来是小刘的手机响了！这下子小刘可成了全会场的"明星"……在这种场合下，小刘在别人心目中的分量完全被他糟糕的表现颠覆了。没过多久，听说小刘就"另谋高就"了。

(三)礼仪是人际关系的润滑剂

美国天才心理学家马斯洛认为，人作为一个有机整体，具有多种动机和需要，人的需要从低到高依次分为生理需要、安全需要、归属和爱的需要、自尊需要和自我实现的需要。在马斯洛心理需要层次理论中，自尊需要占较高的位置。由于礼仪的本质是对人的尊重，与人交往时彬彬有礼往往能让交往对象产生自己被重视的感觉，从而满足了自尊感，这就能在交往双方中形成良好的沟通氛围。

成功学之父卡耐基有过这样一次经历："我请一位室内设计师为我布置一些窗帘。等到账单送来后，我大吃一惊——费用远远超过了我的预期。过了几天，一位朋友来看我，问起窗帘的价格，我告诉他以后，他说，'什么？这太过分了！他占你的便宜了！你怎么会上当呢？'我吃亏了吗？是的，他说的是实话。可是没有人肯听别人否定自己判断力的实话。作为一个凡人，我开始为自己辩护了。我说，'好货总有好货的价钱，你不能用便宜的价钱买到高质量的东西。'第二天，另一位朋友也来拜访，他赞扬那些窗帘，而且表现得很有兴趣，说他要是负担得起的话，也希望在家里布置上这样的窗帘。我的反应完全不一样了。我说，'说实话，价钱太高了，我也负担不起。我后悔订了这些窗帘。'我甚至为自己的坦白、直率而自豪起来。"

后一位朋友与前一位朋友相比显然更受欢迎，他实际上也指出了窗帘的价格过高，但他是以恰当、含蓄、礼貌的方式指出的，并伴随着真诚、善意的赞美，这就使得在别人眼里，他更加和蔼可亲，他的人际关系自然就比前一位朋友融洽。

(四)礼仪是美好品德的传播者

礼仪是一种高尚、美好的行为方式。对个人而言，它可以净化心灵，增进修养；对社会来说，它可以净化风气，传播道德。

现代礼仪代表着现代文明积极向上的精神，通过人们的遵守和践行，礼仪能够起到一种强大的示范作用，能够倡导人们按照现代礼仪的规范要求塑造健康文明的社会生活，矫正社会上的一些不良行为和习惯。比如，婚礼可以激励新婚夫妇及到场宾客忠于爱情、互敬互爱；誓师大会可以激励成员团结一心、携手并肩、共渡难关、坚定信念；等等。

在生活中，我们常常看到一些不文明、不礼貌的行为。比如，穿衣"不拘小节"，在公共场所"赤膊上阵"，不分场合地过于"清凉"着装，或者在严肃庄重的场合浓妆艳抹；不少食客在街边夜宵摊大快朵颐、推杯换盏，肆无忌惮地高声谈笑喧哗，第二天食物残羹、塑料袋、竹签等零乱地散落一地，无人清理；在会场、图书馆和其他需要安静的公共场所，总有人大声地接打电话；银行的一米线被众多后来者踩在脚下；公交车一到站，无数人涌上去，挤作一团，根本没有排队的概念；候车厅里，一些旅客横躺在一排座椅上，霸占公共空间……无疑，这些不符合礼仪的行为带来的是对社会风气的消极影响，受到影响的社会风气又会滋生更多不文明、不礼貌的行为，形成恶性循环。

如果人人都遵守礼仪，人与人之间的关系就会更和谐，我们身处的这个社会就会更美好。以出行礼仪为例：乘坐自动扶梯时靠右侧站立，空出左侧通道；乘坐升降式电梯时，先出后入，先进入的人要尽量往里站；在飞机上进餐时，主动将座椅椅背调至正常位置，以免影响后排乘客进餐；乘坐公共汽车和地铁时，主动给老人、病人、残疾人、孕妇和带小孩的乘客让座；乘车时不往车外吐痰、扔杂物；骑车进出有人值守的大门时，应下车推行以示尊重，拐弯前先做手势示意；在人行道上行走时，应当请同行的年长者、女士和未成年人走在离机动车道较远的内侧……细节决定成败，这些礼仪行为看似细微，却是传播

美好品德、形成良好风气的关键。

(五)礼仪是社会文化的传播载体

礼仪是在一定的社会文化中长期积淀形成的行为习惯，必然会深深打上所属文化的烙印。学习和实践礼仪，实际上对特定的社会文化起到了传播的作用。

中西礼仪的差异就反映了中西文化的差异。在我国，老年人受到尊敬；但在美国却是讳言"老"字，老年人绝不喜欢别人恭维他们的年龄。中国人送礼总要谦虚地说"东西不好，请笑纳""小意思，不成敬意"；而西方人在送礼时往往就直接说"我希望你能喜欢(英文是 I hope you'll like it.)"。在餐饮氛围方面，中国人在吃饭的时候，喜欢很多人围在一起吃吃喝喝、说说笑笑，大家在一起营造一种热闹温暖的用餐氛围；而西方人在用餐时，都喜欢安静幽雅的环境，他们认为在餐桌上必须遵守一定的礼仪，比如，在进餐时不能发出难听的声音。

又如，清明节是我国重要的传统节日，清明有祭拜扫墓、怀念先人的礼俗。《论语》中曾子说："慎终追远，民德归厚矣。"意思是说："对于刚去世的人要谨慎地处理丧事，对于早已去世的人要真诚地祭祀、追忆，民众受到感化和教育，仁德之心就一定会更加敦厚。""丧祭"是向逝去的生命表达深切的哀思；是为了增强族群的凝聚力，以祭祀的方式唤起后人对祖先的追思和敬慕，继承他们未竟的事业，以告慰先人、造福后代。这样的礼俗沉淀的是一种美好的道德。作为中华文明的继承者，我们应该将这些优秀的文化传统发扬光大，传诸后人。

需要注意的是，传统文化有精华也有糟粕，对传统文化中的礼仪我们也应该批判地继承，吸取其中符合现代文明的社会理念、具有民族特色的优良健康、积极向上的传统礼仪。如前所述，祭扫先人、慎终追远是中华民族的传统礼俗，但我们应该结合现代社会的实际，文明地进行祭扫，而随意在马路边烧纸、丧事大操大办这些做法是不可取的。这些不文明行为在道路上、小区里留下一片狼藉，道路被熏出一个个"黑锅底"，送殡队伍离开后只剩下冒着黑烟的鲜花、纸钱残渣，甚至白色的纸钱撒满整条街道，而吹打念经也会干扰其他人正常休息。

二、什么是礼仪

(一)礼仪的含义

1. "礼"和"仪"的含义

"礼仪"一词，由"礼"和"仪"组成。

古代"礼"字的写法为"禮"，"禮"为会意字，左边代表神，右边是指祭祀时盛祭品的器皿，是指代向神进贡的祭物。东汉许慎的《说文解字》对"禮"字的解释是这样的："履也。所以事神致福也。从示从豊，豊亦声。"意思是实践约定的事情，用来给神灵看，以求得赐福。从中可以分析出，"礼"最早的含义是指古代祭祀神灵的仪式。可以说，古代的祭祀就是礼仪的起源。郭沫若在《十批判书》中指出："礼之起，起于祀神，其后扩展而为人,更其后而为吉、凶、军、宾、嘉等多种仪制。"该书指出了礼的发展过程是由祭神延伸到现实生活中,演变为对人的种种活动的规范。

词典中对"礼"的解释主要有以下几种含义:一是特指中国古代儒家提倡的社会等级制度,以及与之相适应的道德规范和社会规范;二是由社会风俗习惯形成的仪式;三是表示尊敬的言语或动作;四是表示庆祝、感谢或敬意的赠品,即礼物;五是以礼相待。

《说文解字》中说:"仪,度也。"仪的本义是指法度、准则、典范,后引申为礼节、仪式。词典中对"仪"的解释主要有以下几种含义:一指人的外表或举动;二指按程序进行的礼节;三指礼物;四指供测量、绘图、实验用的器具;五指法制、准则。

在西方,有一种观点认为,礼仪起源于法庭的规定。"etiquette"一词源于法语,原意是"法庭上的通行证"。古代法国为了保证法庭中活动的秩序,将印有法庭纪律的通告证发给进入法庭的每个人,作为应遵守的规矩和行为准则。后来这个词进入英国,演变为"礼仪"的含义,成为人们交往中应遵循的规矩和准则。

2. 礼仪的定义

关于礼仪,前人有许多种定义,例如:

礼仪是指人们与他人交往的程序、方式及实施交往行为时的外在表现方面的规范,包括语言、仪容、仪表、风度等。

礼仪是对礼节、仪式的统称,它是指在人际交往中,自始至终地以一定的、约定俗成的程序、方式来表现的律己、敬人的完整行为。

礼仪是发于人性之自然,合于人生之需的行为规范。

第一种定义指出了礼仪的外在规范性,第二种定义指出了礼仪的外在规范和内在要求的双重性,第三种定义从更宏观的角度揭示了礼仪与人性和人生的关系。

在这里,我们对礼仪下一个简明的定义:礼仪是人们在社会交往活动中约定俗成的、表示尊重的行为规范。

3. 相关概念辨析

与礼仪相关的概念有礼节、礼俗、礼貌、礼数、礼制、礼治、礼法、礼教,对这些概念进行辨析有助于深刻理解礼仪的含义。

礼节是礼仪的具体规定。

礼俗是流传至今的民间礼仪习俗,是一类特殊的礼仪,比如婚丧、祭祀、传统节日等各种场合的礼节。

礼貌是指人与人之间和谐相处、以礼相待时言谈举止表现出来的尊重和友好的态度。

礼数是礼节和礼貌的等级。

礼制是中国古代儒家提出的用以道德伦理为核心的礼来规范人们的行为和思想的一种基于等级制度的社会体制。

礼治即礼制的推行。

礼法是礼仪和法纪的合称,即礼制与法制相结合。

礼教是指用作为社会道德规范载体的礼仪来施行教化,用礼仪来传承主流社会伦理道

德思想。

比较起来，与礼仪较接近的概念是礼节、礼俗、礼貌和礼数。礼节和礼俗是形而下的外在具体规范，礼貌和礼数是形而上的内在精神。礼仪可以说是礼节和礼貌的统称，其中，礼貌是礼仪的基础，礼节是礼仪的基本组成部分。

礼制、礼治、礼法、礼教这几个概念比起礼仪来更为宏观，主要着眼于社会伦理秩序的维护和运行。

(二)礼仪的本质

礼仪仅仅是一套行为规范吗？它的背后蕴含着怎样的人文精神？为了更好地理解礼仪，我们需要对礼仪的本质进行一番探讨。

1. 礼仪是一种行为

礼仪是一种具体的行为规范。它确定了什么该做，什么不该做。遵不遵守礼仪首先看有没有作出符合礼仪的行为。简单地说，礼仪就是有所为，有所不为。

2. 礼仪是一种知识

礼仪关系到社会生活的各个层面，在各种具体的礼仪规范上都有许多"为什么要如此"的讲究和渊源，其专业知识涉及心理学、美学、社会学、历史学、口才学等多门学科。因此要精通礼仪，只知道该怎么做还不够，还要在"知其然"的基础上"知其所以然"，只有广泛学习这些知识，才能达到对礼仪规范的深入理解和灵活运用。

有这样一个故事。

在一个秋高气爽的日子里，小贺穿着一身剪裁得体的新制服，第一次独自走上了饭店迎宾员的岗位。这时一辆白色高级轿车向饭店驶来，司机准确地将车停靠在饭店豪华大转门的雨棚下。小贺看到后排坐着两位男士，前排副驾驶位坐着一位身材较高的外国女宾。小贺上前一步，以优雅的姿态和职业性动作，先为后排客人打开车门，做好护顶，关好车门后，然后迅速走向前车门，准备以同样的礼仪迎接那位女宾下车，但那位女宾满脸不悦，使小贺茫然不知所措。

通常后排座为上座，一般有身份者皆在此就座。优先为重要客人提供服务是饭店服务程序的常规，这位女宾为什么不悦？小贺错在了哪里？

在西方国家流行着这样一句话："女士优先。"在社交场合或公共场所，男士应经常为女士着想，照顾、帮助女士。诸如：人们在上车时，总要让妇女先行；下车时，则要先为妇女打开车门；进出车门时，主动帮助她们开门、关门等。西方人有一种形象的说法："除女士的小手提包外，男士可帮助女士做任何事情。"迎宾员小贺只知其一(后排座为上座)，不知其二(女士优先)，对知识的掌握并不全面，因而未能按照国际上通行的做法先打开女宾的车门，致使那位外国女宾不悦。

3. 礼仪是一种精神

如果礼仪只是一种实用的交际技巧，那我们最多能说它有价值，而不能说它珍贵。礼仪之所以珍贵，就在于它蕴含了人类积极的精神价值观，是一种优秀的品质和修养。

《论语》里记载了下面这样一个故事。

子夏问曰："'巧笑倩兮，美目盼兮，素以为绚兮？'何谓也？"子曰："绘事后素。"曰："礼后乎？"子曰："起予者商也，始可与言诗已矣。"

"巧笑倩兮，美目盼兮，素以为绚兮"三句是《诗经》中描写美人的诗句，意思是说"(佳人)轻巧地一笑，面颊便展露美丽的笑容，有这样美好的面容，才有巧笑之美"。子夏读到"素以为绚兮"一句不理解，便向孔子请教。孔子的回答很妙，他说，就像绘画这件事一样，绘画必须先铺一块白绢，作为背景，然后才能在其上开始进行彩绘。子夏一下子就领悟到了孔子这个比喻中蕴含的道理，美人的美也是如此，必须有美的面容，才能有美的微笑，要先有美质，而后有美姿。

然而故事还没有完，好学生子夏举一反三，从美质与美姿的关系领悟到礼与仁的关系：仁就是白绢，就是美质，礼就是彩绘，就是美姿，再优美的礼仪都要以仁的精神为基础，不然礼就只是无源之水，是一套乏味的行为准则。孔子非常高兴，认为子夏能悟自己所未言，言外之意这种悟的能力正是学诗之必需，于是感叹说："是商(子夏之名)启发了我，这下子可以和他谈论诗歌了。"

这个故事体现了孔子对礼的认知。《论语》中说："礼之用，和为贵。"(礼仪的应用，以和谐为贵。)"人而不仁，如礼何？"(一个人如果没有仁爱之心，遵守礼仪有什么用？)他认为礼是外在的、变化的，而仁是内在的、永恒的，仁是礼的根基和核心。礼的根本意义就是正人心，使社会和谐，失去了仁这个内在核心，礼就不成其为礼，而只剩下一个无用的空壳。1922年《西方礼仪集萃》一书问世，开篇一句话也表达了同样的观点："表面上礼仪有无数的清规戒律，但其根本目的在于使世界成为一个充满生活乐趣的地方，使人变得平易近人。"

"仁"是个含义丰富的概念，在儒家学说里有特指的内容。今天我们从礼仪学的角度来大致理解，可以说，礼仪学中的"仁"就是指"尊重"的精神，"尊重"就是礼仪的内在核心精神。《礼记》中说："夫礼者，自卑而尊人；虽负贩者，必有尊也。"意思是说："礼的实质在于使自己谦卑，对别人尊重，即使是挑着担子做买卖的小贩，也一定有令人尊敬的地方。"

礼仪的精神具体分析起来包括以下两个方面的内涵。

1) 礼仪是对别人的尊重

法国思想家卢梭曾说："怀着善意的人，是不难表达他对人的礼貌的。"当母亲节来临的时候，向母亲送上一束康乃馨，这既是礼俗，同时也是对母亲的尊重。

有一个小孩不懂得见到大人要主动问好，不懂得对同伴要友好团结，对人没有礼貌。他的妈妈为了纠正他这个缺点，把他领到一个山谷中，对着周围的群山喊："你好，你好。"山谷回应："你好，你好。"妈妈又领着小孩喊："我爱你，我爱你。"不用说，山谷也喊道："我爱你，我爱你。"小孩惊奇地问妈妈这是为什么，妈妈告诉他："朝天空吐唾沫的人，唾沫会落在他的脸上；尊敬别人的人，别人也会尊敬他。因此，不管是时常见面，还是远隔千里，都要处处尊敬别人。"

古人云："敬人者，人恒敬之。"对别人尊重并不等于自己低人一等，尊重是相互的，就像自然界的作用力一样，你去推一堵墙，这堵墙同时也会对你的手施加一个反作用力。对于尊重别人的人来说，这个反作用力就是别人对你的尊重。

对此，著名礼仪专家金正昆教授曾经幽默地讲过这个道理："一个男人如果足够聪明的话，一定要爱老婆。男人爱老婆就是爱自己，投入和产出绝对成正比，效益比较好。因为女人容易被感动，你对她好，回报率较高。我对我丈母娘特别好，首先这是一种教养，因为丈母娘也是我娘；其次就是我发挥了模范带头作用，使我老婆不能对我娘不好，我只是善于互动而已。其实，在此我讲的是一个非常重要的游戏规则——善待别人就是善待自己。"

2) 礼仪是对自己的尊重

有这样一个故事：一个男孩学习成绩平平，个人也没有什么特别的兴趣，在生活中老是提不起精神来，父母亲看在眼里急在心上。有一次，父亲带着男孩去逛商店，父亲发现男孩目不转睛地盯着墙上一件样式特别的黑色皮衣看。这件皮衣有些贵，但父亲还是为男孩买下来了。在其后的日子里他惊奇地发现，穿上皮衣的男孩像变了个人似的，举止稳重，敢于承担责任，学习也变得刻苦了。男孩转变的原因就在这件皮衣上，这件皮衣带给他的不仅是一件好看的衣服，更重要的是带给他自尊和自信。一个尊重自己的人，就会敢于面对自己的人生，就会主动为自己的人生负起责任来。

着装礼仪看起来是一件最形式化的事，但它能够反映出一个人的内心世界。一部名叫《真我霓裳》的电视剧里有一段台词表达了相同的观点："外表不是一切，只有内心含糊的人才会这么说，内涵通过外表表现出来，所以看外表就可以了解一个人的内心世界，如果连自己的外表都不能接受的人，是不成熟的人……从照镜子开始，缺点在哪里，对自己的哪里感到自卑，自己拥有什么，自己想追求什么，想成为一个什么样的人，如果不了解自己，就不可能明白什么是适合自己的衣服，如果视线一直都避开真实的自己，就永远都不可能走上真实的人生，五年后、十年后，你在哪里？想做什么？你的目的地呢？……如果一生都找不到适合自己的衣服，那就只能一生随波逐流罢了，如果一直穿着乏善可陈的衣服，你也将度过一个乏善可陈的人生。"一个尊重自己生命的人，必然重视生命中有意义的种种细节，重视自己在别人眼中的形象，在与人交往时对人尊重、亲切、友好。

一个人首先要尊重自己，才能被别人所尊重；一个人先要看重自己，才能被别人所看重。自尊就是承认自己生命的价值，就是对自己的生命负责。待人以礼，尊重别人，恰恰是因为从自己身上认识到，生命是那样可贵，那样值得珍重。只有在珍视自己的基础上，才能有对别人真正的尊重，而不是形式化的握手，从这个意义上来说，对自己的尊重是礼仪最本源的因素。

美国历史上最伟大的总统之一林肯竞选总统前夕，在参议院演说时，遭到一个参议员的挑衅，参议员说："林肯先生，在你开始演讲之前，我希望你记住自己是个鞋匠的儿子。"

如果林肯反唇相讥，找出那个参议员的缺陷来还以颜色，他可能会赢得这场嘴仗，但他会失去风度；如果听之任之，假装没听见，那他会失掉别人对他的信心，别人会认为他

没有能力阻止别人的侮辱。林肯是怎样有礼有节地回应的呢？

林肯只是平静地回答："我非常感谢你使我记起了我的父亲，他已经过世了，我一定记住你的忠告，我知道我做总统无法像我父亲做鞋匠做得那样好。"

参议院陷入了一片沉默。

林肯转过头来对那个傲慢的参议员说："据我所知，我的父亲以前也为你的家人做过鞋子，如果你的鞋子不合脚，我可以帮你改正它。虽然我不是伟大的鞋匠，但我从小就跟我的父亲学会了做鞋子的技术。"然后，他又对所有的参议员说，"对参议院的任何人都一样，如果你们穿的鞋是我父亲做的，而它们需要修理或改善，我一定尽可能地帮忙。但有一点可以肯定，他的手艺是无人能比的。"

这时，所有的嘲笑都化作了真诚的掌声。

林肯并不因"鞋匠的儿子"这一身份而自卑，也不因别人的嘲笑就不尊重对方，他只是真诚地展示了自己对父亲的尊重，对别人的尊重，对自己生命的尊重。因为尊重，所以宽容，没有比这种尊重和宽容更有礼貌，更能征服众人心灵的了。他没有失掉他的风度，相反，林肯通过对别人的尊重有礼有节地赢得了别人对自己的尊重。

有人批评林肯总统对待政敌的态度："你为什么试图让他们变成朋友呢？你应该想办法打击他们，消灭他们才对。"林肯回答说："我难道不是在消灭政敌吗？当我们成为朋友时，政敌就不存在了。"据说，两度被选为美国总统的林肯在总统办公室里挂着这样的条幅：宽容比批评更能改变人。

理解了礼仪的本质，我们就不难领会，学礼仪实际上就是学做人。

(三)礼仪的特征

我们认为，礼仪具有以下四个基本特征。

1. 社会性

礼仪总是特定社会在长期发展过程中逐渐产生、积累下来的，总是一个社会的人们约定俗成、共同遵守的结果，对社会成员具有一定的约束性，这种约束不属于法律的范畴，主要是靠伦理道德的力量来维系。

2. 文化性

礼仪总是根植于某种特定的文化，带有这种文化深深的烙印。由于文化的多元性，礼仪也具有多样性，具有一个民族、国家、社会、地域的文化特色。不同文化的礼仪往往有很大的差异。比如在许多文化里，避免目光接触是一种尊重的表示。在美国教师和中国学生之间就曾经产生过这样的误会，美国老师认为中国学生对他不够尊重，因为在他讲话时，学生没有看着老师，这让美国教师以为学生对自己不理不睬，不够尊重。殊不知，在中国传统文化里，不直视长辈是一种尊重的表现。又如，在中国和日本等亚洲文化中，礼物不应该在馈赠人面前打开，这与美国人的习俗正好相反。

3. 实践性

礼仪表现为一种行为规范，它体现在人们的言谈举止之中，离开具体的行为就谈不上礼仪。

4. 发展性

礼仪不是固定不变的，它会随着历史和文化的变迁而移风易俗，增加富有时代性的内容，体现当下社会的精神风貌和价值追求。

(四)礼仪的原则

我们认为，礼仪有四大原则：尊重原则、真诚原则、遵守原则和适度原则。

1. 尊重原则

尊重原则是指在社会交往中运用礼仪时，应首先站在对方的角度来考虑，尽可能地尊重对方，使双方的交往在和谐的气氛中进行。有人用一句话来表述这个原则，那就是："永远使别人感觉高贵、重要。"

有一次，一家零售公司的老板告诉他的经理说："你不可能告诉我任何我没想过的问题，所以除非我问你，什么也不要告诉我，明白吗？"想想这番话会使那位经理丧失多少自尊，这必定会浇熄他所有的销售热忱，大大地影响他的工作表现。那位零售公司的老板不仅不听取部属的意见，还剥夺部属做任何决策的权力。最后，那位经理由于失去自尊而去了另一家敌对的公司。当一个人的自尊受挫时，活力也会降低；反之，当你让一个人觉得重要，他就会生机勃勃。显然，这位老板违反了交往礼仪中的尊重原则，"良言一句三冬暖，恶语伤人十日寒"，哪怕在你最生气的时候，也要牢牢提醒自己，永远不要用恶语来伤害别人的尊严。

我们来看马克·吐温是怎么做的。有一次他去某个小城，临行前别人告诉他，那里的蚊子特别厉害。到了那个小城，正当他在旅店登记房间时，一只蚊子正好在马克·吐温眼前盘旋，这使得职员不胜尴尬。马克·吐温却满不在乎地对职员说："贵地蚊子比传说不知聪明多少倍，它竟会预先看好我的房间号码，以便夜晚光顾饱餐一顿。"大家听了不禁哈哈大笑。结果，这一夜马克·吐温睡得十分香甜。原来，旅店全体职员一起出动驱赶蚊子了，不让这位博得众人喜爱的作家被"聪明的蚊子"叮咬。对别人的尊重，不仅使马克·吐温拥有一群诚挚的朋友，而且也因此得到陌生人的"特别关照"。

教育家杜威说过："自重的欲望，是人类天性中最急切的要求。"心理学家詹姆斯也说过："人类天性的至深本质，乃是渴求受人重视和称赞。"这是成功进行礼仪交往的窍门。

2. 真诚原则

礼仪中对别人尊重是最重要的，这种尊重必须发自内心，表里如一，这样真诚的礼仪才有感染力。

美国罗斯福总统很受人们的欢迎，连他的仆人们也都敬爱他。他的黑人侍从爱默士曾讲述了这样一个感人的故事。

有一次，我妻子问总统："美洲鹑鸟是什么样子？"因为她从没有见过鹑鸟，而罗斯福总统不厌其烦地告诉了她。过些时候，我家里的电话铃声响了(爱默士和他妻子，住在罗斯福总统牡蛎湾住宅内一所小房子里)，我妻子接了电话，原来是总统亲自打来的。罗斯福总统在电话里告诉她，现在窗外正有一只美洲鹑鸟，如果她向窗外看去，就可以看到了。

有了真诚的关心，才有对琐碎小事的记挂。罗斯福总统的真诚是他与别人交际中的制胜武器。

有一个关于点茶礼仪的故事也很好地阐释了这一原则。

有一天，千利休被宇治一个叫上林竹庵的人邀去参加茶事，并且带上了几个弟子。竹庵非常欢喜，在千利休和弟子们进入茶室后，开始亲自为大家点茶。但是，由于他过于紧张，点茶的手有些发抖，致使茶盒上的茶勺跌落，茶筅倒下，茶筅中的水溢出，显得十分不雅。千利休的弟子们都暗暗发笑。

可是，茶会一结束，作为主客的千利休就赞叹说："今天茶会主人的点茶是天下第一。"

弟子们都觉得千利休的话不可思议，便在回府的路上问千利休："那样不恰当的点茶，为什么是天下第一呢？"

千利休回答说："那是因为竹庵他为了让我们喝到最好的茶，一心一意去做的缘故。所以，没有留意是否会出现那样的失败，只管一心做茶，那种心意是最重要的。"

对于茶事来说，重要的是心。不管多么漂亮的点茶，多么高贵的茶具，多么华丽的仪式，如果没有诚心的话，可以说任何意义都没有。一切礼仪都是如此。

3. 遵守原则

礼仪作为社会交往中的行为规范，反映了人们的共同利益，社会中各个民族、各个党派、各阶层的人都应自觉遵守礼仪。

如在正式的人际交往中，要遵从"信守约定"的原则，必须认真而严格地遵守自己的所有承诺。说话务必要算数，许诺一定要兑现，约会必须如约而至。在一切有关时间方面的正式约定中，尤其需要恪守不怠。对一般人而言，需要在下列三个方面身体力行，严格地要求自己：第一，在人际交往中，许诺必须谨慎；第二，对于自己作出的约定，务必要认真地遵守；第三，万一由于难以抗拒的因素致使自己单方面失约或是有约难行，需要尽早向有关各方进行通报，如实地解释，并且郑重其事地向对方致以歉意，还要主动地按照规定和惯例负担因此而给对方造成的某些物质方面的损失。

既然礼仪是约定俗成的，那么礼仪的遵守就具有普适性，遵守礼仪的自觉程度就可以反映出一国的国民素质。我们可以看到这样的现象：同样一个人，在国外过马路的时候，一定要等到红灯熄灭、绿灯亮起才起步；当他回到国内，马上就变得和一些素质不高的人一样，不等绿灯亮起，有机会就冲向斑马线。人还是同一个人，只是环境不一样，就产生了完全不同的礼仪行为和礼仪态度，个人素质经不起外在环境的考验。与之形成鲜明对比

的是：1994年的日本广岛亚运会主会场是可以容纳60000人的赛场，观众退场之后，赛场内没留下一片废纸。全世界的报纸都在惊叹："可怕的日本人！"可以说，个人对礼仪的遵守在很大程度上还会受到环境的制约。

4. 适度原则

"仪"的本义就是"度"，应用礼仪时应该掌握适度原则，把握分寸，适可而止，甚至根据实际情况灵活变通。礼仪是一种程序规定，而程序自身就是一种"度"。礼仪无论是表示尊敬还是热情都有一个"度"的问题，没有"度"，就可能进入误区。礼仪当中只注重真诚而不注意适度，有时也可能会造成不好的影响。

以如何有礼貌地对待残疾人为例。一般人可能会觉得应该对残疾人予以同情和怜悯，以致过度热心地对残疾人进行帮助，实际上这却有可能加重残疾人的自卑感，让他感到不快。有礼仪专家认为："一个真正注意人际交往与合作，想真心助人的人，对于残疾人只会给予必需的重视，这正如他给予其他人必要的帮助一样，他不会用夸张的同情姿势来引起过度的注意，也不会过多地提供非必要的帮助。他会以自然的方式，按要求或暗示提供帮助，既不回避也不强调残疾的事实。"一个身体健全的人在与残疾人见面、谈话及交往时，没有理由产生过分的紧张感，不要为说话中的遣词用句而顾虑，比如不要担心对坐轮椅的人使用"到处乱跑"这类词，应该像你平时那样说话。

把他们当作常人而非一类特殊的人，别给他们贴标签，这就是对残疾人最大的尊重，其体现了礼仪当中的适度原则。

又如在涉外交往中，我们对待外国客人要热情而友好，但要把握好待人热情友好的具体分寸，否则就会事与愿违、过犹不及。在涉外交往中要把握好下列三个方面的"度"。

第一，要做到"关心有度"。

第二，要做到"批评有度"。

第三，要做到"距离有度"。

在涉外交往中，人与人之间的正常距离大致可以划分为以下三种，它们各自适用于不同的情况。

其一，是私人距离，其距离小于0.5米。它仅适用于家人、恋人与至交，因此有人称其为"亲密距离"。

其二，是社交距离，其距离为大于0.5米、小于1.5米。它适用于一般性的交际应酬，故亦称"常规距离"。

其三，是礼仪距离，其距离为大于1.5米、小于3米。它适用于会议、演讲、庆典、仪式以及接见，意在向交往对象表示敬意，所以又称"敬人距离"。

(五)礼仪的分类

按照事务领域的不同，礼仪可大致分为政务礼仪、商务礼仪、服务礼仪、社交礼仪四类。

(1) 政务礼仪，又称公务礼仪，它是公务员在从事公务活动、执行国家公务时所必须遵守的礼仪规范。

(2) 商务礼仪是在商务活动中体现相互尊重的礼仪规范。

(3) 服务礼仪就是服务人员在工作岗位上对客户表示尊重和友好的礼仪规范。

(4) 社交礼仪是指在人际交往活动中用于表示尊重、亲善和友好的礼仪规范。

需要注意的是，有的具体的礼仪(如电话礼仪、接待礼仪)也可以应用于政务礼仪、商务礼仪、服务礼仪和社交礼仪中，因此，这四大类只是为了学习方便而进行的大致划分。

此外，按照礼仪应用国别的不同，礼仪还可以划分为本国礼仪和涉外礼仪。涉外礼仪可以应用在社交、服务、政务和商务中的任一领域。

三、怎样学好礼仪

(一)学习礼仪的阶段

礼仪的学习一般来说要经历以下三个由低到高、由浅入深、循序渐进的阶段。

1. 第一阶段：掌握知识，学会行为

在这一阶段，学习者不仅应"知其然"，即了解各种场合的礼仪具体规范，还应"知其所以然"，即对这些具体规范背后的原因有正确的理解，而且还应把这些系统的礼仪知识变为行动，进行一般礼仪的训练，使自己具备一定的礼仪实践能力。

2. 第二阶段：摆正心态，调适心理

在这一阶段，学习者应在前一阶段日积月累的礼仪实践的基础上，进行感悟和反思，体会礼仪的价值，回味礼仪带来的有意义的心灵收获，使自己真正发自内心地通过礼仪来表达对他人的尊重，将礼仪建立在尊重的基础之上。

3. 第三阶段：陶冶精神，形成素养

在这一阶段，学习者经过长期的礼仪实践体验后，在自己心中牢牢树立起"礼仪的核心是尊重"这一人文价值观，从而形成宽容、友好、健康的交际人格，积淀良好的社交礼仪素养。

(二)学习礼仪的方法

1. 学练结合，重在运用

礼仪具有实践性的特点，礼仪是一套做事的规范，因此，学习礼仪不能只满足于对礼仪知识的记忆和理解，不能只停留在学习理论的层次上，而要将礼仪理论知识与礼仪实践相结合，学练结合，在做中学，在礼仪的实际运用中检验、巩固和提高自己的实战能力。

2. 注重习得，日积月累

礼仪包含了丰富多样的细节要求，在初学礼仪时切忌急于求成，不能将许多礼仪知识

一下子全放进大脑中。正确的学习方法是从小处做起，坚持不懈，在生活中注重观察和思考，一点一滴地积累恰当的礼仪细节，学以致用。

3. 实用为主，由点及面

礼仪涉及社会事务的方方面面，不可能也没有必要全盘掌握。初学者应结合自己的实际工作、生活，优先选择对自己来说最实用的礼仪知识和技能进行重点学习。在此基础上领会礼仪的精神和原则，这时再去学习其他方面的礼仪，就能收到举一反三的效果。

4. 中西结合，和谐运用

中国有着悠久的礼仪传统，许多传统礼节、礼俗沿用至今。同时，随着中国的日益开放，许多西方礼仪随着西方文化也传入了中国，并产生了较大的影响。这就对礼仪学习者提出了较高的要求：不仅要知晓各种中、西礼仪的差别及其背后的文化因素，还要针对不同的场合选择运用恰当的礼仪。学习者应该批判地继承中国传统礼仪，合理地借鉴西方现代礼仪，因地制宜，根据交际场景的需要，本着尊重他人的原则，和谐运用现代礼仪。

5. 把握原则，由内而外

"汝果欲学诗，工夫在诗外。"学礼仪的目的除了在于用礼仪之外，还在于通过礼仪的学习和领悟提高个人修养。因此在学礼仪的时候，不仅要重视外在行为规范的掌握，还要注重内在心灵的陶冶，要让自己通过对礼仪的学习，培养起真诚、自尊、自爱、包容、开放、乐观等良好品质——这才是礼仪的源头活水。有了内在修养做基础，对礼仪的学习自然事半功倍。

四、思考题

(1) 请评价以下观点：条条框框的礼仪内容难道不会让人觉得虚伪吗？对人真诚，做事真心实意就是真正讲礼仪。

(2) 学礼仪就是学做人。这句话你是怎样理解的？

(3) 归纳现实生活中不符合礼仪的行为，反思一下自己日常行为有没有不符合礼仪要求的地方，想一想是什么原因造成的，自己应该如何去纠正，将思考的结果与同学交流。

项目一　个人礼仪

在各种礼仪中，个人礼仪是最基础的，它体现了一个人最基本的素质与教养，是社会个体的生活行为规范与为人处世的准则，是个人仪表、仪容、待人、接物等方面的个体规定。要求学生通过对本项目的学习，能够做到服饰整洁、修饰得体、行为举止规范，展现自己良好的教养和优雅的风度。要求学生必须重视个人礼仪的学习，并把所学的礼仪知识内化为实际的行动，从而给别人留下良好的第一印象。

任务一　仪容修饰

一、能力目标

(1) 能掌握不同场合对仪容美的基本要求。
(2) 能在不同场合进行恰当的自我形象塑造。

二、任务情境

孙玫奉公司老总的命令到一家外企去拜访客户，想力争外企的广告方案设计权。去拜访之前，她对自己进行了精心修饰：化了时下最流行的彩妆，做了最前卫的发型。

来到外企，孙玫发现回头率比较高，她甚至感到有一丝得意。正在这个时候，孙玫碰到了恰好来此处办事的好朋友李小姐。"你也来找人吗？"李小姐问道。"我来拜访上帝——我们公司的客户。""拜访客户？你这副尊容更像是要去走 T 台，我还以为这家公司请你来表演呢。"快人快语的李小姐说道。"是吗？"孙玫有点疑惑，她一下子变得不安起来，最初的自信也被动摇了。在接下来的拜访中，孙玫完全因为这次失败的化妆乱了阵脚，拜访结果也就可想而知了。

📖 学习要求

先让同学们对职场人员的妆容进行讨论，根据讨论结果进行化妆实践，最后进行分析比较。

三、相关案例

【案例1】

从古至今，女人与化妆之间似乎是可以画上等号的。在大英博物馆里，珍藏着一个妇女用的化妆盒，化妆盒里有象牙梳、火山石、用来盛化妆品的小罐、润肤膏等，经考证，

项目一 个人礼仪

这个化妆盒属于 3400 年前古埃及的女性。清朝李笠翁的《闲情偶寄》中《修容》卷开篇即说："妇人惟仙姿国色，无俟修容，稍去天工者，即不能免于人力矣。""仙姿国色"者毕竟屈指可数，大多数女人恐怕都要借化妆这种"外力"来实现自己对美的追求。爱美之心人皆有之，俗话说"三分人才，七分打扮"。有人认为，装扮自己既能愉悦自我，也是对别人的尊重。但也有人反对这种违背本色、靠化妆展现出来"假我"的做法。

那么你是怎样认为的呢？女人究竟要不要化妆？真正的美应当是"清水出芙蓉，天然去雕饰"，还是"淡妆浓抹总相宜"呢？

? 讨论

女人该不该化妆？女人要不要化妆？

【案例 2】

今天是吴海霞的大学同学毕业 30 周年聚会的日子。年近 60 岁的吴海霞在毕业后就没有见过任何一位同学。对于今天的同学聚会，吴海霞非常重视。平时不怎么化妆的她觉得应该把自己好好地打扮打扮，于是她涂上厚厚的白粉，抹上深紫色的口红与深蓝色的眼影，兴高采烈地来到聚会地点。当她出现在同学们面前时，同学们都大吃一惊。有的同学还走过来关切地问她是否过得不如意，说她看起来脸色不好，充满了沧桑感。她的心情一下子就降到了冰点，她纳闷同学们莫名的惊讶与关心，她觉得自己过得很好。

? 讨论

(1) 讨论一下，为什么吴海霞的同学们会表示惊讶与关心？
(2) 吴海霞意识到自身妆容存在问题了吗？

四、知识链接

(一)仪容美的含义

作为社会中的一员，在生活中总离不开人际交往。在交往中要保持良好的自我形象，就有必要讲究仪容、仪表。良好的仪容、仪表，不仅能给人以端庄、大方、舒适的印象，还能体现个人的自尊、自爱以及对他人的尊重和礼貌。

1. 仪容美的概念

仪容，常指人的外观和外貌，其中外貌是构成仪容美的核心要素。在人际交往中，每个人的仪容都会引起交往对象第一时间的关注，并影响对方对自己的整体评价。

仪容美的基本要素是貌美、发美、肌肤美，主要要求是整洁、干净。美好的仪容一定能给人以健康自然、充满活力、富有个性的深刻印象。

2. 仪容美的三种体现

仪容美主要体现为仪容自然美、仪容修饰美和仪容内在美。

(1) 仪容自然美：是指仪容的先天条件好，天生丽质。尽管以相貌取人不合情理，但先天美好的仪容相貌，无疑会令人赏心悦目。

(2) 仪容修饰美：是指依照规范与个人条件，对仪容进行必要的修饰，扬其长、避其短，设计、塑造出美好的个人形象，在人际交往中尽量令自己显得有备而来，体现自尊、自爱。

(3) 仪容内在美：是指通过学习，不断提高个人的文化、艺术素养和思想道德水准，培养出自己高雅的气质与美好的心灵，使自己秀外慧中、表里如一。

真正意义上的仪容美，应当是上述三个方面的高度统一，忽略其中任何一个方面，都会使仪容美失之偏颇。在这三者之中，仪容的内在美是最高的境界，仪容的自然美是人们的心愿，而仪容的修饰美则是仪容礼仪关注的重点。要做到仪容修饰美，自然要注意掌握仪容修饰的一些基本原则和方法。

3. 仪容修饰的原则

五官精致、天生丽质的人毕竟占少数，然而我们却可以通过化妆修饰、发式造型等手段来弥补或掩饰自己的不足，并在视觉上把自身的优势展现、衬托和强调出来，使形象得以美化。在仪容修饰时一般应遵循以下原则。

(1) 适体性原则：要求仪容修饰与个体自身的性别、年龄、容貌、肤色、身材、体型、个性、气质及职业身份等相适宜和协调。

(2) TPO 原则：T、P、O 分别是时间(time)、地点(place)和场合(occasion)这三个英文单词的首字母。要求仪容修饰要随时间、地点、场合的变化而作相应调整，使自己的仪容与时间、环境氛围、特定场合相协调。

(3) 整体性原则：要求仪容修饰先着眼于人的整体效果，再考虑局部的修饰，促成修饰与人自身的诸多因素协调一致，使之浑然一体，营造出整体风采。

(二)仪容美的规范

爱美之心，人皆有之。整洁的仪容能给人以亲近感，端庄的仪容可以给人以信赖感，而恰当自然的修饰又可以给人以愉悦感。

1. 美发

美发首先应定期洗头发。洁净的头发是美发的第一标准，有教养和有生活品位的人应该保持头发无头屑、无异味、不油腻。头发不干净、油腻甚至满头头屑的人一定不会是绅士、淑女，以这样的形象出现在社交场合是极不礼貌的，也绝对不会受欢迎。

美发其次应定期修剪头发。职场中男士的头发要长短适当，要求做到前发不覆额，侧发不掩耳，后发不触领。女士不可以披头散发。

2. 美容

1) 整洁之美

美容首先应注重整洁美。

(1) 耳朵。要经常进行耳部的清洁及耳毛的修剪，不过一定要注意，这个举动绝对不

应该在工作岗位上进行。

(2) 眼睛。眼部是别人注意最多的地方，所以要注意眼部的清洁。如果戴眼镜，还要注意保持镜片的洁净。

(3) 口腔。注意口腔卫生，无异味、无异物，早晚刷牙，饭后漱口，不能当着客人的面嚼口香糖。

(4) 鼻子。早晚要注意清洁鼻子内外，但是一定要在没有人的地方清洁，用手帕或纸巾辅助进行，避免搞得响声太大，用完的纸巾要自觉地放到垃圾箱里。平时还要注意经常修剪鼻毛，不要让它在外面"显露"。

(5) 胡须。如果没有特殊的职业需要、宗教信仰或民族习惯，男士应该把每天刮胡须作为自己的一个生活习惯，不可以胡子拉碴地抛头露面。

(6) 手指。手是人们运用较多的一个身体部位，应注意保持手部卫生，不留长指甲，不涂深色指甲油。

2) 修饰之美

美容其次应注重修饰美。法国启蒙思想家孟德斯鸠说过："一个人只有一种方式是美丽的，但他可以通过十万种方式使自己变得可爱。"一个人的容貌是父母给予的，是相对定型的，天生丽质固然幸运，但先天不足也并不可怕，我们可以通过后天的美容、修饰、装扮等方法加以弥补，从而让自己焕然一新。因此，我们除了要内修素质以外，还需要懂得一些美容知识，掌握一些修饰技巧，以充分发挥自己的优势，有效地弥补自身的缺陷与不足，从而达到美容的效果。

3. 化妆

在工作岗位上，职员为了体现自己的敬业精神，更好地维护自己所在单位的形象，同时也为了对自己的交往对象表示友好与敬重，应该淡妆上岗。

1) 化妆的原则

化妆是修饰仪容的一种手段，它既是一门艺术，又是一种技巧。化妆要达到美化面容的效果，就必须遵循一定的原则。

(1) 审美原则。美容化妆必须根据自己的面容特征、性格特点、服饰、场合、时间等来确定化妆的风格，分清日妆、晚妆、工作妆、生活妆、宴会妆等。化妆必须讲究和谐得体，给人以美的享受。"妆成有却无"的效果是化妆的最高境界。

(2) 科学性原则。美容化妆前，必须了解各种化妆品的性质和特点，合理选择和使用。要根据自己皮肤的性质来选择，防止皮肤过敏。在更换化妆品时，可先在耳后或手腕处试用。

(3) 地点原则。女士在出席正式场合前化妆是对他人的尊重。如果当众化妆，尤其是在酒店大厅或餐厅当众化妆，是非常失礼的，也是不自重的表现。因此，化妆或补妆都应到房间或洗手间进行。

2) 化妆的准备工作

在化妆前应做好以下准备工作。

首先是护肤。应遵循良好的生活习惯，保证充足的睡眠，定期清洁皮肤。

其次是选用合适的化妆品。应选择适合自己肤质的化妆品，干性肌肤应选择保湿滋润的产品；而油性肌肤应注意清洁，选择补水控油的产品。不购买、不使用已过保质期的化妆品。

3) 化妆的基本程序

化妆的基本程序是：洁面—润肤—打粉底液—勾勒面部轮廓(修眉与描眉、涂眼影、画眼线、上睫毛膏、涂腮红)—涂唇彩—修妆—补妆—卸妆。

(1) 洁面。将浸过热水的毛巾轻轻盖在脸上，用手指轻轻按压，令毛巾紧贴面部和眼部皮肤，让毛巾上的热气停留约 30 秒，以促进脸部的血液循环。使用洁面产品清洁时，需要用指腹轻轻地以绕圆圈的方式进行按摩清洗，然后用清水洗净，最后用毛巾吸干面部水分。

(2) 润肤。洁面程序完成后，以拍打的方式上紧肤水，全脸均匀拍打，这样不但可以促进血液循环，还能使肌肤光滑有弹性。上过紧肤水之后，还应将具有紧肤或提升作用的润肤液均匀地涂抹在脸的各个部位，为皮肤补给弹力营养剂。眼部应直接涂眼霜。

(3) 打粉底液。取适量粉底液放在手背上，然后先从额头开始，把它均匀地涂开，轻轻地拍打。先从额头的中间往上涂抹，额头两边的部位应根据眉毛的弧度呈弧形涂抹。鼻梁处从上往下轻轻地把粉底液匀开，鼻翼两侧是往两边匀开；眼睛部位的上眼睑也是呈弧形走向，从内眼角过渡到眼尾，下眼睑是从下面的内眼角过渡到眼尾，轻轻地匀开；嘴巴是呈"八"字形匀开，下巴呈弧形，所有附近的皮肤部位均要涂匀。

打完粉底液之后，需要用散粉定妆，这样打出的底妆才可以保持一整天，防止花掉。

(4) 修眉与描眉。在描眉之前，应根据脸部特征对眉毛进行修整。

眉毛修整之后开始画眉，具体方法如下：从眉头开始，按眉毛生长方向描画，下笔要轻。然后从底边斜着往上，顺着眉腰往眉峰画，在眉峰处画一个圆润的弧度，从眉峰开始往斜下方画，一直画到眉梢处逐渐减淡直至消失。眉毛画好之后，用眉刷将画好的眉毛按照画的方向整齐地轻刷一遍，使眉毛整齐、圆滑、服帖和自然。

修眉与描眉能够改善眉形、调整眉色，还可以衬托眼睛的美丽，改善脸形的宽窄和长短。眉毛的标准位置是眉头在鼻翼与内眼角的延长线上；眉峰在鼻翼与眼珠正中的延长线上，大约在眉头的2/3处；眉尾在鼻翼与外眼角的延长线上。不同的脸形要配以不同的眉形。

- 圆形脸：眉毛画得弯曲一些，眉梢向上，最高点偏向外侧，不宜画浓眉。
- 长方形脸：眉毛可画得平直略长。
- 方形脸：拔除眉头之上的眉毛，增加眉头坡度，眉心部分弯曲，眉峰向外。
- 椭圆形脸：眉头微上扬，眉毛最高点位于眉毛中央。眉梢长短适中，并和眉头位于同一水平线上，两头浅，中间深。
- 三角形脸：眉毛可画得长一些，眉头处也可深一些，但眉梢不能向下弯曲，可将眉峰最高点移向外侧，并使眉梢位于水平线的上方。
- 菱形脸：眉毛不宜画得太长，眉峰弯曲度要柔和，眉梢略高挑，打破菱形脸上半部太阳穴处向下的线条。

(5) 涂眼影、画眼线。眼睛是修饰化妆的重点。给眼睛化妆可使眼睛变大、变长，改善有缺陷的眼睛轮廓，以显出精气神。

① 涂眼影。以眼影棒蘸较深颜色的眼影，沿着睫毛边缘，于眼尾往眼头方向约 1/4 处重复涂抹晕淡。将眼影晕淡之后，用眼影棒在眼窝凹陷处、眼头、眼尾之间来回涂抹，自然强调出眼睑凹陷处的阴影。用眼影棒蘸明亮色系的眼影，以眼头为起点，由睫毛边缘朝眼窝涂抹，然后与眼窝及近眼尾处的眼影相互重叠，使层次感更强。眉骨可用眼影刷蘸明亮色系的眼影左右涂抹，直到眼窝全部刷满为止，中间勿留空隙。上完眼影之后，应使用眼影刷大范围地扫开色泽，由眉下至眼线之间，扫去多余的眼影粉，使眼影的色彩更显透明和自然。

② 画眼线。画眼线是为了美化和突出眼睛。通过画眼线，调整眼睛轮廓和两眼间距，可以增加眼睛的神采，使眼睛显得美丽而有精神，让双眼更具立体感。选用笔芯较软的眼线笔，沿着眼形勾勒，就能表达出自然的眼部神韵。选用眼线液可以使眼线更持久，且不易脱落。画眼线时，应保持眼部洁净、无油渍。手势应正确，把肘部支撑在某一地方，以免拿眼线笔的手颤抖，右手小指先抵住脸颊处固定，镜子位置要稍低于眼睛。画上眼线时，眼睛需朝下看，用蘸好眼线液的眼线笔在靠近睫毛上方画一条细细的黑线，由眼角画至眼尾，在眼尾附近略微向上翘着画，形成一条弧形黑线。画下眼线时，眼睛朝上看，相对而言，上眼线应画得较粗，下眼线应画得较细。另外，上、下眼线尾端不应连在一起，留些空间能使眼睛看起来大一些。画上眼线时，抬高下颌并眼睛向下看；画下眼线时，则须将镜子与脸部保持平行，拉低下颌，眼睛往上看，这样描起来更方便。

(6) 上睫毛膏。睫毛可衬托显示眼睛的轮廓，增添眼睛的神韵。细长、弯曲、乌黑、闪动而富有活力的睫毛对眼形美以至整个容貌美都具有重要的作用。睫毛排列呈半弧形，上睑睫毛比下睑睫毛长且密。睫毛以黑亮、微向上翘者为美，它已成为人们尤其是女性面部重要的修饰部位之一。人们常采用涂睫毛膏的方式来修饰、美化睫毛。在涂睫毛膏时，应先将睫毛夹放在睫毛根部，夹紧睫毛，并微微上翘，停留 1 分钟，然后松开睫毛夹向睫毛尖部移动，每隔 5 毫米，夹紧睫毛，停留 1 分钟，直至睫毛尖部。涂上眼睫毛时，将睫毛刷与眼睛平行，从上眼睑内侧开始，慢慢地往上涂刷。涂下眼睫毛时，将睫毛刷与鼻子平行，用刷尖一根一根地涂下眼睫毛。外眼角多涂一些，这样可以使眼睛看起来更大一些。睫毛一定要一根一根地分开，不能粘在一起，粘在一起的睫毛很难看。如果粘在一起，可以用睫毛刷刷开。

(7) 涂腮红。涂腮红是为了突出自然红晕的效果，在颜色上宜选择与肤色相近的色调，一般来说，白皙肤色应该配以温暖的古铜色或淡粉红的胭脂。圆形脸的人腮红可选棕色，以达到显瘦的效果；而瘦长脸的人则可用桃红、粉红等颜色，使面部看起来红润丰满。不同的脸形，腮红的中心位置也不同，而合理的定位是画好腮红的第一步。用化妆笔连接眉峰、眼梢垂直向下，与颧骨的焦点就是腮红的中心点，此点应为色彩最浓郁的位置。此外，还有一种简单的判断方法：当你微笑时，以脸颊的最高点为腮红的中心，在耳朵前方至太阳穴的区域涂抹即可。

用腮红刷蘸取腮红后，轻轻掸掉部分色粉，避免上色过重，妆面不自然。涂腮红时可采用打圈式和横向式两种方式。

(8) 涂唇彩。为了让唇部看起来更有立体感，可以在涂唇膏前用唇线笔勾画出嘴唇的轮廓，注意要将唇线一直描画至嘴角。要避免唇线太过明显，可用唇刷将唇线向内刷开。

用唇膏直接上色很容易加深唇纹，所以最好用唇刷上唇膏。而且使用唇刷会使唇膏上色更加均匀，尤其唇刷的细小刷毛可以修复唇本身的纹路、干裂的细缝等。浅色唇膏比深色唇膏难上色，不妨直接使用唇膏涂抹。无论是唇线还是唇膏，都不应涂得太凸出或太尖锐，曲线应呈平滑的圆弧形。

如果上下唇厚薄不一，应作适当调整。如下唇太薄，要配合上唇修饰得更加丰满；同样，上唇太薄时，也要配合下唇而修整。

唇膏涂满后，可用面纸在上下唇之间轻压，以吸去多余的油分。

(9) 修妆。化妆过程完成后，站得离镜子稍远一些来看整体效果，检查妆容的完整情况，若有不足之处可作适当修补，以达到最理想的妆容效果。

(10) 补妆。妆容化好后，很容易出现残缺的现象，尤其是在夏天，天气比较炎热，流汗之后用手一擦就会出现难看的残缺妆容。特别是在公共场所，残缺的妆容既有损自己和组织的形象，也会让他人觉得不受尊重。因此，应随时注意妆容是否被破坏，并适时补妆。

但应注意的是，补妆时一定要避开他人，选择无人在场的角落或洗手间进行，切不可在公共场所旁若无人地补妆，这是极不礼貌又无素养的表现。

(11) 卸妆。从保护皮肤的角度讲，卸妆比化妆更重要，要想持续地获得好的妆容效果，就要保护好自己的皮肤，而保护皮肤非常重要的一点就是卸妆要彻底。卸妆不彻底，残留的化妆品会堆积在皮肤上，堵塞毛孔。有调查表明，出现毛孔粗大、痤疮粉刺、皮肤干燥和缺水等情况，30%都是由于卸妆不净引起的。同时，卸妆不净还是造成皮肤早衰的原因之一，所以要特别重视卸妆和卸妆的方法。通常来说，正确的卸妆应该是先卸彩妆，再卸底妆。按照眼睛、眉毛、嘴唇、脸颊的顺序进行，具体方法如下。

① 清除睫毛膏，用化妆棉签蘸取少量眼部卸妆剂，顺眼睫毛生长方向，由睫毛的根部向睫毛尖部轻拭。清除眼线时用棉签蘸取少量眼部卸妆剂，沿眼睑边缘由内眼角向外眼角轻轻滚抹，分别对双眼的上下眼线进行清洗。清洗眼影及眉部时将蘸有卸妆剂的棉片分别覆盖在双眼的眼睑和眉部，然后轻轻地向两边拉抹即可清除。

② 清除唇膏时，用一只手轻轻地按住嘴角的一边，另一只手将蘸有唇部卸妆剂的棉片，由按住的一侧嘴角拉抹至另一侧，清洗唇部。

③ 清除脸颊腮红和粉底时，取适量卸妆剂涂抹在脸颊上，用手指在脸颊两侧顺着颧肌走向向上、向外轻揉，加少量温水，使粉底乳化变白，再用温水冲净即可。

4. 涂香水

香水的使用也是美容的重要一步。

使用香水时，应根据香水的浓度来确定涂抹的范围。香水浓度越低，涂抹的范围越广。香精以"点"、浓香水以"线"、淡香水以"面"的方式涂抹。

香精以点擦式或小范围喷洒于脉搏跳动处：耳后、手腕内侧、膝后。而香水因为香精

油的含量不是很高，不会破坏衣服纤维，可以很随意地喷洒及使用，如脉搏跳动处、衣服内里、头发上或空气中。

不要在阳光照射到的地方涂香水，因为酒精在暴晒下会在肌肤上留下斑点。此外，紫外线也会使香水中的有机成分发生化学反应，造成皮肤过敏。

香水为有机成分，易与金、银、珍珠反应使之褪色或损伤，因此香水不能直接喷洒于饰物上，可先喷香水后戴首饰。

棉质、丝质物很容易留下香水痕迹；羊毛、尼龙的衣料不容易留下斑点，但香味留在纯毛衣料上会较难消散。香水喷在皮革上，不但会损害皮革，还有可能导致皮革变色。因此，香水最好不要直接喷在衣服上。

将开启的香水尽早用完是最基本的方法，不过一般好的香水若好好保存仍然可以有数年的使用期限。保存香水时应注意以下几点。

- 香水用过后，一定要拧紧瓶盖，以免香水的香气挥发殆尽。
- 不要以脏手指直接碰触瓶口，这样可能会破坏香水的原味。
- 香水应该存放在阴凉的地方，避免放在热空气及光线下。若将香水置于高温处，会使香水色调及香味产生变化。若想长久地保存香水，可将香水用外包纸包住，置于冰箱冷藏室中。
- 尽量避免摩擦及轻摇香水瓶。

五、模拟任务训练

(1) 结合所学的化妆知识，理论联系实际，以自己或同学为模特，反复进行化妆操作实训。

学习要求

全班同学两两一组，根据所学化妆知识扬长避短地化出最美丽的妆容。

(2) 有位朋友明天要去参加一个生日宴会，请你为她化妆。她身高158厘米，体重50千克，瓜子脸，双眼皮，皮肤比较灰暗，你应该如何为她化妆呢？

学习要求

根据所提供的场景及化妆对象的特点进行化妆。

(3) 组织一次公司公关人员"仪容仪表"展示会，学生自己设计情境与角色，根据自设情境与角色化妆，并选择适合自己职业身份的服装。

学习要求

全班同学参加，一定要结合所学的礼仪理论知识，运用TPO原则自行设计形象与服装。

六、思考题

(1) 有人说"妆成有却无"是化妆的最高境界,你是如何理解的?

(2) 为什么在社会交往中要讲究个人仪容、礼仪?良好的仪容对我们的人际交往有哪些促进作用?

任务二 服饰佩戴

一、能力目标

(1) 能通过服饰礼仪的基本原则,掌握男士和女士服饰的着装要领。

(2) 能根据不同场合的需要正确地搭配服装与首饰。

(3) 能进行不同色系的服饰搭配。

二、任务情境

小刘和几个外国朋友相约周末一起聚会娱乐,为了表示对朋友的尊重,星期天一大早,小刘就西装革履地打扮好,对着镜子摆正漂亮的领结前去赴约。北京的八月天气酷热,他们来到一家酒店就餐,边吃边聊,大家好不开心快乐!可是不一会儿,小刘已汗流浃背,不住地用手帕擦汗。饭后,大家又到娱乐厅打保龄球,在球场上,小刘不断地为朋友鼓掌叫好。在朋友的强烈要求下,小刘勉强站起来整理好服装,做好投球准备,当他摆好姿势用力把球投出去时,只听到"嚓"的一声,上衣的袖子扯开了一个大口子。小刘的着装有什么不妥之处?

学习要求

以"不同场合的着装要求"为题在全班展开讨论,最后联系本案例分析小刘着装的不妥之处,并重新为小刘设计着装。

三、相关案例

【案例 1】

国内一家效益很好的大型企业的总经理叶明,经过多方努力和上级有关部门的牵线搭桥,终于使德国一家著名的家电企业董事长同意与自己的企业合作。谈判时为了给对方留下精明能干、时尚新潮的好印象,叶明上身穿了一件 T 恤衫,下身穿一条牛仔裤,脚穿一双旅游鞋。当他精神抖擞、兴高采烈地带着秘书出现在对方面前时,对方瞪着不解的眼睛上下打量了他一会儿,非常不满意。这次合作最终没能成功。

?讨论

说说叶明与德国家电企业合作失败的原因。

【案例2】

> 一位女推销员在美国北部工作,一直都穿着深色套装,提着一个男性化的公文包。后来她被调到阳光普照的南加州,她仍然以同样的装束去推销商品,结果成绩不够理想。后来她改穿色彩较淡的套装和洋装,还换了一个比较女性化的皮包,使自己有亲和感。着装的这一变化,使她的业绩提高了25%。

?讨论

服饰与工作能力和工作业绩有没有直接关系?

四、知识链接

(一)服饰礼仪的基本原则

服饰是指衣着和装饰,是一种文化,也是一个国家和民族礼仪的标志之一。它代表着时代的进步、观念的更新。伟大的英国作家莎士比亚曾指出:"一个人的穿着打扮,就是他的教养、品位、地位的最真实的写照。"著名演员、奥斯卡奖获得者索菲亚·罗兰也说过这样一段话:"你的服装往往表明你是哪一类人物,它们代表着你的个性。一个和你会面的人往往不自觉地根据你的衣着来判断你的为人。"这都说明了:得体恰当的服饰可以较好地反映出一个人的身份、教养、文化素质和审美情趣等,而不恰当的服饰可能让人感觉没素养、俗不可耐,甚至贻笑大方。在社会交往中,服饰必然会对他人产生影响并进一步影响到相互关系。因此,我们在日常生活、工作和人际交往中,服装和饰物的选择必须遵循一定的原则。

1. TPO 原则

TPO 原则,是服饰礼仪必须遵循的一个原则。前面已经提到过 T、P、O 三个字母,分别代表时间(time)、地点(place)、场合(occasion)这三个英文单词。TPO 原则的含义在这里是要求人们在选择服装、考虑款式时,应该兼顾时间、地点、场合这三个要素,并力求使自己的着装与时间、地点、场合相吻合。

1) 时间

这里泛指服饰打扮要根据时间的变化而变化,根据一年四季的变化和白天或晚上时间的不同进行调整。在不同的时间里,着装的类别、式样、造型应有所变化。首先着装要讲究时代感,类别、式样、造型应随时代发展的潮流而变化,不可超前,也不可滞后;其次要讲究季节性,如冬天要穿保暖、御寒的冬装,切不可"要风度不要温度",只顾美丽"冻人",夏天要穿吸汗、凉爽的夏装等;最后要根据白天或晚上的不同需要而着装。

2) 地点

这里是指服饰穿戴者要根据所处环境来选择自己的穿着打扮。是国内还是国外,是办

公室还是宾馆酒店,是闹市还是郊外……这些不同的地方,服饰选择理所当然应该不一样,穿着的服装和所戴的饰品,尽量要做到在种类、质地、款式、花色等方面与所要出席的地点相协调,千万不能以不变而应万变。例如,穿泳装出现在海滨、浴场是很正常的事,但若穿着它去上班、逛街,则会令人哗然。

3) 场合

这里主要是指个人根据场合的不同来选择着装,通过适宜的穿着、打扮给他人留下美好的印象,便于活动的顺利开展。一般来说,公务场合的要求是庄重保守,男士最好穿制服或西装,女士首选套裙;社交场合的要求是时尚个性,显现自己与众不同的独特风格和魅力,可选择时装、礼服或具有民族特色的服装;休闲场合的要求是舒适自然,只要自己感觉舒服,在不影响他人的前提下,想怎么穿就怎么穿。

2. 整体性原则

服饰的整体性原则是指全身整体设计要协调。正确的着装和配饰,能起到修饰形体和容貌等作用,形成和谐的整体美。服饰的整体美构成,包括人的形体、面容、内在气质,以及服饰的款式、色彩、质地、工艺及着装环境等诸多因素,服饰美就是从这些多种因素的和谐统一中显现出来的。

3. 三色原则

三色原则,即在正式场合的着装和配饰,要求色彩在总体上应当以少为宜,最好不要超过三种颜色,否则就会显得杂乱无章,给人以花哨、低俗之感。女士上班时间应穿工作制服、套装、套裙、连衣裙,饰品佩戴遵循"以少为佳"的原则,最多不超过三件,或者不戴。男士套装一般为单色、深色、无图案,最标准的套装色彩是蓝色、灰色、棕色、黑色;衬衫的色彩以白色、灰色为最佳;皮鞋、袜子、公文包的色彩宜选深色,并以黑色为首选。

4. 个性化原则

服饰的个性化原则,主要是指依据个人的年龄、身材、地位、职业等不同因素来确定服装款式、面料、色彩与装饰物,力求反映出一个人的个性特征。选择服装要因人而异,不要流行什么穿什么,别人穿着好看的穿在自己身上不一定就好看。选择服饰的一个要点是扬长避短,展示自己的长处,遮掩自己的不足,以显现自己独特的个性魅力和最佳风貌,但同时要注意符合民族习惯,符合惯例和大众审美观。

(二)着装礼仪

1. 制服的着装礼仪

制服是标志一个人从事何种职业的服装,又称岗位识别服。穿着制服不仅是对工作的认可,还有一种职业自豪感、责任感和可信度,是敬业、乐业在服饰上的具体表现。在一般情况下,制服及与其配套使用的衣饰(主要有衬衫、帽子、鞋袜、皮带)等,在整体风格上应保持一致,往往会一起配发,不同行业的职员在穿着制服时,若是离开了衣饰,往往会令所穿制服失去其应有的神韵。因此,穿制服时,按规定应一同使用与其配套的衣饰,不得以其他非配套使用的衣饰代替。在穿制服时,即使其他部分的衣饰未作统一规定,亦不能滥用。在选用其他衣饰时,应将它们与制服协调与否的问题,置于首位予以考虑。具体而言,制服目前多为两件套式,即由一件上装与一件下装构成。由于行业不同、部门不同、要求不同,制服的具体款式也各不相同。制服之中的上装,有西装式、夹克式、衬衫式、两用衫式等;制服之中的下装,则有裤装式、裙装式、背带装式等。不管制服具体采用哪一种款式,根据"款式要雅"的总体要求,穿着时除了要求整齐、清洁、挺括、大方以外,还要力戒露、透、短、紧。图1-1所示为民航服务人员的传统制服。

图 1-1　制服的着装

穿着制服还有四大禁忌:一是不守规定,即工作时不按规定穿制服;二是滥穿制服,即在非工作岗位上穿制服;三是制便混穿,即制服与便服任意组合、搭配;四是穿污损制服,即穿脏、烂、破、损的制服。

2. 西装的着装礼仪

西装,也称西服、洋服。它源于欧洲,目前是全世界最流行的一种服装,也是男士在正式场合着装的最佳选择。

人们常说:"西装七分在做,三分在穿。"西装的制作工艺和质地是极其讲究的,而穿着西装只有遵守一定的规范,才能穿出西装的品位。

1) 男士西装礼仪

男士在穿着西装时要注意以下几点。

(1) 衬衫与西装相配。衬衫与西装相配,主要是指衬衫与西装颜色的搭配。衬衫的颜色最好与西装颜色为同一色系或成对比色。如浅色衬衫配深色西装或同色系西装为宜,花衬衫宜配单色西装。西装最常见也是最简单的搭配是白衬衫,所有颜色的西装均可搭配。

衬衫与西装搭配时,衬衫的领子应为有座硬领,领围大小以系好领口扣子后以食指能自由伸进为度。衣领的宽度应根据自己脖子的长短来选择。比如脖子较短的不宜选择宽领衬衫；相反，脖子较长的不宜选用窄领衬衫。

衬衫与西装搭配时，衬衫的全部扣子都必须扣好，不能挽起衣袖，衬衫袖口扣好后袖长以长过西装袖口 1～2 厘米为宜。衬衫的衣角必须扎进西裤里面。

(2) 内衣与西装相配。一般情况下，西装只与衬衫相配，衬衫里面不宜穿其他衣服。如果天气较冷，衬衫里面也可以穿低领的保暖内衣，但颜色一定要和衬衫的颜色一致；衬衫外面可以穿 V 领的羊毛衫。无论是羊毛衫还是保暖内衣，以一件为宜，不要一件又一件，显得臃肿，从而破坏了西装的线条美。

(3) 领带与西装相配。领带被称为"西装的灵魂"，可以起到"画龙点睛"的作用。在比较庄严、正式的场合，穿西装都要系领带。领带与西装、衬衫的搭配要点是视觉上感到舒服、协调。因此，选择领带时，要注意领带的花色、材质和风格应与西装、衬衫相配。如麻质西装可选择棉、麻质的领带搭配；毛尼西装可搭配针织领带；高级羊毛西装搭配光滑细致的丝绸领带。领带的颜色，正式场合最好选单一颜色；如果喜欢有图案的领带，图案一定要简洁，像斜纹、小圆点、规则的小图形等都是很不错的选择。

随着领带的不断变化，不同的系法也相继出现，高品质的领带，需要通过完美的领结来彰显品位。领带的领结有平结、单结、交叉结、双环结、温莎结、十字结、浪漫结……这些不同的系法，需要根据领带的材质、出席的场合等因素进行选择。领带系好后的长度，以到皮带扣处为宜。领带配领带夹时，领带夹一般夹在衬衫的第四与第五个纽扣之间。

(4) 皮鞋与西装相配。我们常用"西装革履"来形容一个人的穿着打扮，这说明了鞋的重要性。在正式场合，皮鞋是搭配西装的唯一选择，深色西装一般配黑色硬底皮鞋，偶尔也可以穿深棕色皮鞋；浅色西装可搭配浅色皮鞋，但绝对不能配旅游鞋、轻便鞋、布鞋或露趾凉鞋。皮鞋无论新旧，保持鞋面的清洁是第一位的。参加重大社交礼仪活动特别是涉外交际活动时一定要保持皮鞋的光亮，这是对宾客的尊重。另外，袜子的颜色也要与鞋子或裤子的颜色一致。穿黑色皮鞋时不宜穿白色或色彩鲜艳的袜子。

2) 女士西装礼仪

女士西装是由男士西装演变而来的，以西装套裙为主，在造型上更贴身合体，而且做工考究。女士西装既能展现女性的婀娜多姿，又能扬长避短，体现女性特有的魅力。女士西装套裙不仅适合正式的工作场合，也适合社交场合。女士在穿着西装时要注意以下着装规范。

(1) 大小适度，穿着到位。西装套裙以同质、同色为佳，长短适宜。套裙中的上衣不宜过短，最短可以齐腰，而且上衣要少用饰物、花边等点缀品。裙子以窄裙为主，长度一般及膝或者过膝，最长可以达到小腿中部。无论是上衣还是裙子，都要合身，不可过大或过小、过肥或过瘦。

(2) 搭配适当，佩饰协调。衬衫与西装套裙的搭配很关键，衬衫的色彩应高雅而端庄，与所穿套裙的色彩要匹配，一般以单色为最好。衬衫下摆要扎入裙腰。在工作场合，佩饰要兼顾身份，并且以少为佳。鞋袜的大小应合适并无破损，袜口不可外露。

(3) 兼顾举止，优雅稳重。着装者应注意自己的仪态，站则亭亭玉立，坐则优雅端

庄，行则稳重轻盈。由于裙摆所限，着裙装者走路时应以小碎步为宜，行进之中，步子以轻、稳为佳。着裙装时尤其要注意自己的坐姿，坐下时，切记膝盖不要分开并选择适合穿裙装的坐姿。

(4) 忌透、露、短、紧。无论何种职业的工作人员在着西装套裙时，一定要注意大方得体，避免有失庄重的打扮。例如，内衣外露或外透、衣领开得过低、裙子过于短小或紧身等。这样不仅有碍观瞻，而且会使穿着者行动不便。

(三)佩饰礼仪

佩饰包括各种发饰、耳饰、颈饰、手饰和足饰等。这些佩饰都没有实际的用途，但有较强的美化和装饰作用，对人的整体形象有画龙点睛的作用，所以深受各界人士尤其是女性同胞的喜爱。

1. 佩饰的美

佩饰的美主要体现在三个方面：一是佩饰本身在色彩、款式、设计风格和做工上的美；二是佩饰与佩戴者的特点十分吻合，它能掩盖佩戴者的缺点，突出优点，尽显美丽；三是佩饰能使佩戴者更美丽，它对佩戴者的整体形象起到了画龙点睛的作用，烘托出了一种气氛、一种情调、一种风格。

2. 佩饰的选择

选择与佩戴饰物时，人们必须考虑自己的性别、年龄、容貌、发型、装扮、职业、所处场合等众多因素。在饰物与脸形、手形和身材的搭配中，应充分应用视错原理，使饰物与佩戴者更加吻合、协调。视错是一种视觉现象，是视觉过程中的一种生理反应，根据视觉原理，人的视线上下移动时，纵向长度拉长，而视觉左右移动时，横向加宽。如瘦长脸形的人戴贴耳式的、醒目的大圆耳环，就是为了让人的视线左右移动，以加大横向的宽度；而圆脸的人戴长项链，就是为了使人的视线上下移动，从而拉长脸形，使脸形与首饰达到一种和谐的美。

1) 不同的年龄佩戴不同的首饰

活力四射的少女，很难建立自己的佩戴风格，因为变化就是最适合她们的风格，所以时尚新款首饰应常伴左右。但有一条原则，一定不要把首饰戴在你认为先天条件不太好的身体部位，否则只会放大缺点。夸张的人造首饰、仿真首饰、时代感极强的彩色首饰是年轻姑娘们的首选，但在正式场合有条件的话也不要错过传统首饰。白领阶层应突出成熟之美，名贵的珠宝首饰是成熟干练的白领阶层的首选，但休闲时也可尝试一下富于童趣的饰品。如果你已不再年轻，那么最好选用端庄典雅的上品首饰，在体现稳重之余更表达出一种精致而睿智的美。

2) 不同的装扮、发型、服装对应不同的首饰

发型新颖别致，首饰自然要流行味十足。首饰与服装搭配时，要注意首饰与服装面料、色彩和款式的协调统一。如丝绸面料的服装轻盈飘逸，适合与高档精致的K金首饰相配。穿V领套装或西服的人，因脖子充分暴露在外，可以佩戴一些较粗的K金项链。

3) 不同的个性戴不同的首饰

在这个展露个性的时代，精美的个性首饰可以起到画龙点睛的作用，体现个人爱好、品位和与众不同。佩戴个性首饰是彰显自我风格的最佳选择，如果选择得当，佩戴巧妙，可以令你神采飞扬、与众不同。当然，如果选择不好，反而会弄巧成拙，破坏整体形象。

4) 不同的场合戴不同的首饰

工作场合戴首饰以简单为美。如一条精致的项链和吊坠的完美搭配，或一枚造型简洁的戒指，都会使你的形象朴实大方。

小型聚会时则可以讲究一些品位，可佩戴耀眼一点的首饰。如大的胸针、镶有珠宝的铂金首饰等，这些装扮在灯光的照射下会把你衬托得更加妩媚动人。

洽谈生意时以庄重为先，因为这是一个比较正式的场合，庄重的仪表可以让你更被信任，这时你只要在正装的基础上配一条项链或一枚胸针就足矣。

3. 饰物佩戴

1) 戒指

据说，戒指起源于中国，是古代宫廷中的嫔妃每月用于避忌君王"御幸"的一种特殊标志，故称为"戒指"。今天，戒指成为女性纤纤玉手不可或缺的装饰品，也成了爱情的信物。

如何佩戴戒指也逐渐形成了一种约定的习俗。

戒指一般戴在左手上，而且最好只戴一枚，最多不超过两枚，通常不戴在大拇指上，且一只手上不应戴多枚戒指。忌满手戴戒指。

在同一只手上戴两枚戒指时，最好选择相邻的两只手指，千万不要中间隔着一座"山"。两枚戒指色泽要一致，而且一枚戒指复杂时，另一枚一定要简单。

戒指戴在不同的手指上，所表示的含义也不同，具体如下。

- 戒指戴在食指上，表示尚未婚恋。
- 戒指戴在中指上，表示已在恋爱中。
- 戒指戴在无名指上，表示已订婚或结婚。
- 戒指戴在小指上，表示独身或已离婚。

如果无意中或在不清楚的情况下，将戒指戴错了手指，会被他人误会，也是失礼的表现。

2) 项链

项链可以起到修饰颈部的作用，男女均可使用。男士所戴的项链不应外露，一般戴一条即可，过多则显得烦琐。选择项链时，应考虑个体的一些因素。个子偏矮且圆脸形的人戴长项链至胸部，可以拉长人的身高；个子高挑且颈部细长的人，用短粗项链可以缩短颈长。金、银、珍珠等价值颇高的项链不宜太粗太长，应以精致、短小为佳，适宜贴颈而戴；相反，一些仿制的工艺项链可以夸张粗大些，以增添艺术效果，适宜戴在羊毛衫、套头衫外面。

3) 耳环

耳环是佩戴在耳朵上的一种饰品，一般情况下，仅为女性所用，且讲究成对使用，即每只耳朵均佩戴一只，不宜在一只耳朵上同时戴多只耳环。耳环的佩戴首先应考虑佩戴者的脸形。如圆脸形的人不宜选择环形耳环，而适宜戴各种款式的长耳环、耳坠或耳珠。一般来说，耳环、项链与胸针不适合同时佩戴，这样会给人以繁杂零乱、张扬的感觉。近年来受到西方时尚文化的影响，我国部分男性青少年也开始戴耳环，但要注意正确佩戴，以免东施效颦。

4) 手镯、手链

手镯，亦称"手环""臂环"等，是一种戴在手腕部位的环形装饰品。佩戴手镯，强调的是手腕与手臂的美丽。男人一般不戴手镯。手镯最多可戴两只。戴一只时，通常应戴在左手腕上。戴两只时，可一只手戴一只，也可以都戴在左手腕上。

手链，是一种佩戴于手腕上的链状饰物。与手镯不同的是，男女均可佩戴手链，但一只手上仅限戴一条手链。在一些国家，所戴手镯、手链的数量、位置，可用以表示婚否。手链和手镯均不应与手表戴于同一只手上。

手镯与手链不是必要的装饰品，因此职业女性在工作时无须佩戴，最好不戴。

5) 帽子

帽子有遮阳、增温、防护和装饰等作用，因此种类很多，选择亦有讲究。要根据人的性别、年龄、职业、脸形、身材、服饰等来选择帽子。戴帽子和穿衣服一样，要尽量扬长避短。如长瘦脸戴鸭舌帽会显得脸部上大下小，胖圆脸戴鸭舌帽就比较合适。此外，戴帽子还要注意礼仪，尤其是男性，在社交场合、庄重场合、进入室内等都要注意脱帽。在公共场合，如在观看演出、电影时，为了不遮挡后面观众的视线，无论男女，都应自觉脱帽。

6) 手套

手套不仅可以御寒，而且是衣服的重要饰件。手套颜色要与衣服的颜色相一致。穿深色大衣，适宜戴黑色手套。女士在穿西服套装或时装时，可以挑选薄纱手套、网眼手套。女士在舞会上戴长手套时，不要把戒指、手镯、手表戴在手套外，穿短袖或无袖上衣参加舞会时，一定不要戴短手套。

7) 围巾

围巾——女人的魅力符号，最能体现女性的温柔与妩媚。它不仅是抵御风寒的实用品，更是美化和装点服装的装饰品。佩戴围巾时，可以根据场合、服装和妆容、发型来选配围巾的色泽和款式，给人以协调而不单调的感觉，以体现整体美。

在围巾与服装的搭配上，色彩、质地、花纹图案要协调，如果服装为黑、灰等深色，围巾就应鲜艳亮丽一些；如果衣服本身就带有花色，那围巾就不能太鲜艳了，否则就显得凌乱和过于花哨。还要注意根据穿着场合与服装款式的不同来选择围巾，如果是出席正式的社交场合，要选用装饰性强的丝绸类等较高档的围巾；如果是休闲场合，则应选择应用性较强的棉质类围巾。此外，还要掌握围巾不同的折法与系法，才能演绎出各式风情，让视觉效果更加赏心悦目。

8) 配包

配包是女性不可缺少的配饰，配包有手提式、肩挂式等多种类型。配包的颜色要与季节、服装、场合、气氛相协调。手提式皮包比较适合公务场合及社交场合。正规场合不要背大配包入场，最好选用羊皮、鼠皮、鳄鱼皮等高档的手提包。

女士可以多准备几个不同款式、颜色、质地的配包，根据出席的场合、穿着的服饰等因素来搭配不同的配包，以达到整体的和谐与完美。

(四)色彩与搭配

1. 色彩的基本知识

服饰美是由色彩美、质地美和款式美三者结合而形成的完美统一体。在服饰美的三大要素中，色彩是最引人注目的，因为人对色彩的刺激是最敏感也是最快速的，所以有"着装的成功在于搭配，着装的失败也在于搭配"之说。一个人对色彩的喜好不仅可以反映出他的价值观、兴趣爱好、性格特征，而且还可以反映出他的礼仪素养。因此，了解色彩及其搭配知识，有利于帮助我们美化生活，更有利于提高个人的自我礼仪素养。

1) 色系和色彩的意义

(1) 色系。根据色彩所反映出来的不同特点，可以将其划分为不同的色系。
- 暖色系：以红色、黄色为基底色的颜色，如红色、黄色、金色、橙色、棕色。
- 冷色系：以蓝色、绿色为基底色的颜色，如蓝色、绿色、紫色。
- 中性色系：无基底色的颜色，主要有黑色、白色、灰色三种。

(2) 色彩的意义。根据各种色彩特定的象征意义，人们赋予了各种色彩不同的文化内涵，使色彩成为某种主题的象征性符号。
- 红色：热情、奔放、喜庆、欢乐、吉祥、勇敢。
- 黄色：光明、愉快、和平、稳重、权威。
- 蓝色：宁静、智慧、深远、高尚、健康、开朗。
- 橙色：活力、温暖、温情、疑惑。
- 绿色：和平、安全、温柔、文静、平安。
- 黑色：庄重、神秘、严肃、深沉、黑暗、失望、永久。
- 紫色：华贵、典雅、端庄、委婉、不安。
- 白色：纯洁、明快、坦荡、冷酷。
- 灰色：平静、淳朴、谦逊、平凡、失意。

2) 色彩的感觉

色彩对人的刺激一般是通过人体的物理感受而引起的情绪反应，并形成某种心理效应。人的眼睛对于不同色彩的感受速度是不一样的，绿色最快，蓝色最慢，红色居中。蓝色、绿色对于视觉的刺激是比较适中的，使视觉感受处于一种舒适的状态；而红色、橙色、黄色等颜色则易引起人的视觉兴奋。

色彩可使人产生冷暖、轻重、扩缩等感觉，明亮的色彩具有近感、浅感和软感；暗的色彩具有远感、深感和硬感。人们看到红色、橙色、黄色时会产生热感、兴奋感；看到绿

色、蓝色、紫色时则会产生冷感、沉静感；看到黑色、深灰色等深色时往往产生沉重感、收缩感；而看到浅色时，则会产生轻松感、膨胀感。

2. 色彩的搭配

在现实生活中，服饰很少是由单色构成的，而是由许多色彩相互协调搭配而成的。不同的色彩组合将产生不同的个性美、体态美，从而达到协调美。

1）对比色搭配

对比色搭配是指两种相对或相隔较远的颜色相配，色彩之间形成鲜明的对比。如红与绿、黑与白、青与橙等颜色的搭配。在日常生活中，我们常看到的是黑、白、灰与其他颜色的搭配，黑、白、灰为中性色系，无论它们与哪种颜色搭配，都不会出现大的问题，因此有"黑白搭配为永恒的经典"之说。

2）协调色搭配

协调色搭配是指两种比较接近的颜色或深浅、明暗不同的同一类颜色的搭配。比如，藏青色配天蓝色，墨绿色配浅绿色，橙红色配紫红色，深灰色配浅灰色等。协调色搭配的服装会使人显得柔和文雅。

五、模拟任务训练

(1) 练习领带的不同系法，在此基础上比较不同系法的效果，并尝试搭配不同款式、不同色彩的衬衫，然后请同学们对搭配效果进行评议。

学习要求

全班同学参与，分成几个不同的试验小组，互评打分。

(2) 明天是周末，小李和室友们约定去郊外旅游，放松一下紧张的学习生活。女孩子个个都爱美，平时学习比较紧张，没有时间打扮自己，明天要外出旅游，一定要把自己打扮得漂漂亮亮。如果你是小李寝室里的一员，你要如何来打扮自己，让自己变得更美丽呢？

学习要求

全班同学分小组进行讨论，然后就小组讨论的结果在全班进行交流分析，最后评选出最合适、最受欢迎的打扮。

(3) 有位女职员是财税专家，她有很好的学历背景，经常为客户提供很好的建议，在公司里的表现一直很出色。但当她到客户的公司提供服务时，对方主管却不太注重她的建议。一位时装大师发现这位财税专家在着装方面有明显的缺憾：她26岁，身高147厘米，体重43千克，看起来机敏可爱，喜爱穿童装，像个16岁的小女孩，其外表与她所从事的工作相去甚远，所以客户对她所提出的建议缺少安全感、信赖感。请你为这位女财税专家提几条能体现她职业和身份的着装建议。

📖 **学习要求**

全班同学分组讨论，形成书面意见，由老师统一点评。

六、思考题

(1) 现在很多岗位都要求工作人员必须着制服上班，你认为工作人员着制服上班是不是必需的？制服的作用体现在哪些方面？

(2) 人们说"黑白灰"是永恒的流行色，对此你有何看法？

任务三 仪态规范

一、能力目标

(1) 能在不同场合以正确的站姿、坐姿、走姿、蹲姿塑造良好的个人形象。
(2) 能在不同场景下正确地使用眼神与面部表情，培养自然、大方、真诚的个性形象。

二、任务情境

某旅游公司的客户接待室来了两位咨询旅游线路的游客，她们刚想开口咨询，却又眉头紧锁，好像对眼前的情景不是很满意：三张办公桌上的业务员都是东倒西歪的样子，有的斜靠在桌前看报纸，有的半躺在椅子上接电话，有的用双手托着下巴、胳膊支在桌上聊天。游客相互交换了一下眼神，同时退出了这家旅游公司的接待室。

📖 **学习要求**

(1) 请同学讨论分析前来咨询的游客突然打"退堂鼓"的原因。
(2) 随机请几名同学在全班进行站、坐、走等个人仪态的展示，然后请其他同学来评析他们的优缺点。

三、相关案例

【案例】

一位总公司的人事部部长将带着三位刚从各分公司推选出来的业务骨干去见总裁，因为总裁要从这三位业务骨干中挑选出来一位当业务经理。三位年轻人进入总裁办公室时，总裁还没有到，人事部部长请三位年轻人稍等。一会儿总裁来到了办公室，只见两位年轻人坐在沙发上，一位架起"二郎腿"，而且两腿不停地来回抖动；另一位身子松懈地斜靠在沙发一角，两手攥握手指"咯咯"作响。只有一位年轻人端坐在椅子上等候面试。总裁非常客气地对两位坐在沙发上的年轻人说："对不起，选拔已经有结果了，请退出。"两位年轻人四目相对，不知何故。

项目一　个人礼仪

?讨论

选拔怎么什么都没问就结束了？请分析其中的缘故。

四、知识链接

(一)仪态美的含义

仪态又称体态，是指人在行为中的身体姿态和风度。仪态比相貌更能表现人的精神气质，而且它往往比语言更真实、更富有魅力。姿态是身体所表现的样子，风度则是内在气质的外在表现。仪态属于人的行为美学范畴，它既依赖于人的内在气质的支撑，同时又取决于个人是否接受过规范和严格的体态训练。英国哲学家培根说："在美的方面，相貌的美高于色泽的美，而秀雅合适的动作又高于相貌的美。"在人际沟通与交往过程中，仪态充当着极为重要、有效的交际工具，它用一种无声的语言向人们展示出一个人的道德品质、礼貌修养、人品学识、文化品位等方面的素质与能力。

仪态美是身体各部位在空间活动变化而呈现出的外部形态的美。如果说人的容貌美和形体美是人体静态美的话，那么仪态美则是人体的动态美。一个人即使有出众的容貌和身材，如果他举止不端、姿态不雅，也不可能有完善的仪表美。追求仪态美，一是要注意按照美的规律进行锻炼和适当地修饰打扮；二是要注意自身的内在修养，包括道德品质、性格气质和文化素养，因为人的外在仪态美在很大程度上是人内在心灵美的自然流露。

(二)站、坐、走、蹲的姿态

1. 站姿

站姿是静态的造型动作，是其他动态美的起点和基础。古人主张"站如松"，说明良好的站立姿势应给人一种挺拔的感觉。图1-2所示就是一种挺拔的站立姿势。

图1-2　挺拔的站姿

1) 站姿规范标准

站立时，女性两脚跟相靠，双膝和两脚跟靠紧，脚尖分开呈"V"字形，脚尖开度为 45°～60°；男性可两脚分开，与肩同宽。身体重心主要支撑于脚掌、脚弓上。腹肌、臀大肌微收缩并向上提，臀、腹部前后相夹，髋部两侧略向中间用力。脊椎、后背挺直，胸略向前上方挺起。两肩放松，气下沉，自然呼吸。两手臂放松，自然下垂于体侧，虎口向前，手指自然弯曲。脖颈挺直，头顶上悬，下颌微收，双目平视前方，面带微笑。

站立时要实现上述标准体姿，使身体挺拔，就要控制肌肉，形成三种肌肉对抗力量：一是髋部向上提，脚趾抓地；二是腹肌、臀大肌保持一定的肌肉紧张度，前后形成夹力；三是头顶上悬，肩向下沉。如果没有髋部和脚的对抗力，膝部就容易弯曲。只有这三种肌肉力量相互制约，才能保持标准的站姿。

2) 几种基本站姿

(1) 男士的基本站姿。一种是身体立直，挺胸抬头，下颌微收，双目平视，两膝并严，脚跟靠紧，脚掌分开呈"V"字形，提髋立腰，吸腹收臀，双手在腹前交叉，右手搭在左手上，贴在腹部。

另一种是身体立直，挺胸抬头，下颌微收，双目平视，两脚分开比肩宽略窄，双手在身后交叉，右手搭在左手上，贴在臀部。

(2) 女士的基本站姿。一种是身体立直，挺胸抬头，下颌微收，双目平视，两膝并严，脚跟靠紧，脚掌分开呈"V"字形，提髋立腰，吸腹收臀，双臂自然下垂，双手放在两侧，中指紧贴裤缝；或双手在腹前交叉，右手搭在左手上，贴在腹部。

另一种是身体立直，挺胸抬头，下颌微收，双目平视，两膝相靠，脚掌呈"丁"字形，提髋立腰，吸腹收臀，双手在腹前交叉，右手搭在左手上，贴在腹部。

总之，站的姿势应该是自然、放松、优美的，不论采取何种站姿，只有脚的姿势及角度和手的位置在变，而身体一定要保持绝对的挺直。站立时还应注意面带微笑，使规范的站立姿态与亲切的微笑相结合。

3) 不良的站姿

不良的站姿主要表现在：站立时，身体歪斜、探脖斜肩、弯腰驼背；双手抱胸、叉腰、做小动作或将手插在裤袋里等；半坐半立、趴伏倚靠或频繁地变换体位，如手位、脚位。这些都有失仪态的庄重，会破坏自己的整体形象。

4) 站姿的训练

(1) 在他人的帮助下，或自己对着镜子进行训练，便于纠正不良姿势，在找准规范动作感觉后，再坚持每次 20 分钟左右的训练。

(2) 靠墙站立练习，要求脚后跟、小腿、臀部、双肩、后脑勺都要紧贴墙壁。训练时，还可两人一组，背靠背站立练习。

(3) 头顶书练习，要求把书放在头顶中心，为使书不掉下来，头、躯体自然保持平衡。这种训练方法可以纠正低头、仰脸、晃头及左顾右盼等不良习惯。

站姿训练每次应控制在 20～30 分钟，训练时最好配上轻松愉快的音乐，用以调整心境，既可以防止训练的单调性，又可以减轻疲劳感。

2. 坐姿

坐姿是一种基本的静态体位,不同的坐姿可以传达出不同的意义与情感。坐姿有优雅与低俗的区别。端庄优美的坐姿,会给人以文雅、稳重、大方的美感,给人留下良好的印象,如图1-3和图1-4所示。

图1-3 女士优雅的坐姿

图1-4 男士笔挺的坐姿

1) 坐姿规范标准

轻轻地走到座位前,缓慢转身,从座位左侧入座,坐在椅子上时,至少应坐满椅子的1/3~2/3。坐下后,头正颈直,下颌微收,面带微笑,双目平视前方或注视对方。身体要保持正直,挺胸收腹,腰背挺直。双腿并拢,小腿与地面垂直,双膝和双脚脚跟并拢。双肩放松下沉,双臂自然弯曲内收,双手呈握指式,右手在上,手指自然弯曲,放于腹前双腿上。

2) 几种基本坐姿

(1) 男女均可采用的坐姿。

① 正襟危坐式:上身与大腿、大腿与小腿、小腿与地面都应当成直角,双膝双脚并拢(男性双腿之间可适度留有间隙)。这是最传统的坐姿,特别适用于正规场合。

② 大腿叠放式:两条腿在大腿部位叠放在一起,位于下方的一条腿垂直于地面,脚掌着地,位于上方的另一条腿的小腿适当向内收,同时脚尖向下。女性着短裙不宜采用这种姿势。这种坐姿多适用于非正式场合。

③ 双脚交叉式:双脚在踝部交叉。交叉后的双脚可以内收,也可以斜放,但不宜向前方远远直伸出去。它适用于各种场合。在公车上或在自己的办公桌前都可以采取这种坐姿,感觉比较自然,但随时都要注意膝盖不可分开。

④ 前伸后屈式:双腿适度并拢,左腿向前伸出,右腿向后收,两脚脚掌着地。这种坐姿适用于非正式场合。

(2) 女士采用的坐姿。

① 双腿斜放式坐姿:分左斜放和右斜放两种方式。左斜放是指在基本坐姿的基础

上，左脚向左平移一步，左脚掌内侧着地，右脚左移，右脚内侧中部靠在左脚脚跟处，右脚脚掌着地，脚跟提起，双腿靠拢斜放。两膝始终相靠；右斜放式的方向相反。这种坐姿特别适合穿裙子的女性在较低处就座时采用。

② 双腿交叠式坐姿：它适合女士在正规或非正规场合，尤其适合穿短裙的女士采用。其造型极为优雅，有一种大方高贵之感。双腿一上一下交叠在一起，两腿之间没有间隙，双腿或斜放于左侧，或斜放于右侧，腿部与地面约成 45°夹角，叠放在上的脚尖垂向地面。

③ 微微张开双脚的坐姿：膝盖靠拢，两脚稍微张开的坐姿，也是变化的坐姿之一。尤其在自己不受关注的场合，就可以做这种程度的放松，但两脚只能打开到约与肩同宽。

3) 不良的坐姿

不良的坐姿主要表现在：上体不能保持直立，前俯后仰、东倒西歪；摇腿、跷脚、跷二郎腿或将两膝分开；只坐在椅子的边缘或瘫坐在沙发上，或将脚架在桌面上，勾住桌腿，跷到自己或他人的座位上等。

4) 坐姿的训练

最影响坐姿优美的是腿位和脚位，这也是坐姿训练的主要内容。训练时要求上身挺直，腿姿优美。同时还要注意入座和离座两个环节的训练。

入座时，动作一定要轻缓。先走到座椅前再转身，一脚在前，一脚在后，保持上身的直立和身体的重心，慢慢坐下。女性入座时，要稍微拢一下裙边。

离座时，动作也一定要轻缓。先采用基本的站姿规范，站定之后方可离开。若是起身就走，则会显得太过匆忙，有失稳重。女性离座时，也要注意拢一下裙边。

3. 走姿

行走是人们生活中的主要动作。走姿是站姿的延续，是一种动态的美。走姿能直接反映出一个人的精神面貌，最能体现出一个人的风度、风采和韵味，有良好走姿的人，会更显青春活力。图 1-5 所示为两种标准的走姿。

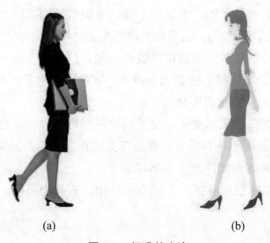

图 1-5 标准的走姿

1) 走姿规范标准

对行走，总的要求是：轻盈、自如、稳健、大方，有节奏感。

(1) 头正、颈直、下颌微收，目光平视前方。

(2) 挺胸收腹，直腰，背脊挺直，提臀，上体微前倾。

(3) 肩平下沉，手臂放松伸直，手指自然弯曲，摆动两臂时，以肩关节为轴，上臂带动前臂呈直线前后摆动。两臂前后摆幅约30°。

(4) 提髋、屈大腿带动小腿向前迈步，脚跟先着地，身体重心落在前脚掌上。身体重心的移动，主要是通过后腿后蹬将身体重心推送到前脚掌，从而使身体前移。前脚落地和后脚离地时，膝盖须伸直。

(5) 步位即脚落地时的位置。女子行走时，两脚内侧着地的轨迹要在一条直线上。男子行走时，两脚内侧着地的轨迹不在一条直线上，而是在两条直线上，呈平行线行走。

(6) 步幅即跨步时两脚之间的距离，即前脚跟与后脚尖之间的距离。通常步幅是 1～1.5 脚长。

(7) 行走时脚不宜抬得过高，也不宜过低。过低会使鞋底与地面相摩擦。

(8) 速度均匀。在一定的场合，一般应保持相对稳定的速度。在正常情况下，每分钟走 100～120 步为宜。

2) 不同环境的走姿

(1) 在人来人往或场面比较拥挤的环境，走姿要求：精神饱满，步态轻盈，行走的步幅、速度要适中，手臂的摆幅不宜过大，路遇来宾要让路，躲闪要灵敏，要有礼貌。

(2) 在要求保持安静的地方，应避免发出大的声响，走路要轻盈；当穿皮鞋或高跟鞋在没有地毯的地方行走时，要把脚后跟提起，尽量用脚掌着地行走，以免发出声响。

(3) 如在楼道等环境里，由于过道狭窄，行走时要靠右侧，途中如遇来宾迎面走来，要提早侧身让路，并微笑点头致意，以示尊重。

(4) 进出电梯时，应遵循的基本原则是"先出后进"。进出时，应侧身而行，以免碰撞、踩踏他人，进入电梯后，应尽量靠里边站。

3) 不良的走姿

不良的走姿主要有：行走时，弯腰驼背，含胸挺腹，走"外八字"或"内八字"；摇头晃脑，扭腰摆臀，勾肩搭背，嬉笑打闹，粗鲁无礼，我行我素等。

4) 走姿的训练

(1) 顶书训练。将书置于头顶，面对镜子，行走时，双臂自然摆动，保持头正、颈直、目不斜视，可以纠正走路摇头晃脑、东张西望的毛病。

(2) 步位、步幅训练。在地上画一直线，行走时检查自己的步位和步幅是否正确，可以纠正"外八字""内八字"及步幅过大或过小的毛病。

(3) 步态综合训练。训练行走时各种动作要协调，最好配上节奏感较强的音乐，注意掌握好走路时的速度和节拍。要保持身体平衡，双臂摆动对称，动作协调。

4. 蹲姿

蹲姿是由站姿转化而来的,当人站立时,两腿弯曲并降低身体高度即形成蹲姿。蹲姿只是人们在比较特殊的情况下采用的一种暂时性的姿态。如要拾取掉在地上的东西或取低处的物品时,就必须采用蹲姿。图 1-6 所示为两种标准的蹲姿。

(a) 交叉式蹲姿　　　　　　　　　(b) 高低式蹲姿

图 1-6　标准的蹲姿

1) 蹲姿的规范标准

(1) 交叉式蹲姿。右脚在前,左脚在后,右小腿垂直于地面,左膝从右腿后面向右侧伸出,左脚脚跟抬起,前脚掌着地,两腿前后靠紧,合力支撑身体;臀部向下,上身稍前倾。左右脚可交换。

(2) 高低式蹲姿。下蹲时左脚在前,全脚着地,右脚稍后,脚掌着地,脚跟提起。右膝低于左膝,臀部向下,身体基本上由右腿支撑,女子下蹲时两腿要靠紧,男子两腿间可有适当间隙。注意下蹲时,上体依然保持正直。左右脚可交换。

2) 蹲姿的注意事项

(1) 不要突然下蹲。下蹲时,切勿速度过快,特别是在行进中下蹲时,尤其要牢记这一点。

(2) 不要方位失当。在他人身边下蹲时,最好与之侧身相向,正面面对他人或背对他人下蹲都是极不礼貌的。

(3) 不要毫无遮掩。在大庭广众之下下蹲时,身着裙装的女性一定要避免暴露个人隐私。

(4) 不要随意滥用。不要在工作中随意采用蹲姿,也不可蹲在椅子上或蹲在地上休息。

项目一　个人礼仪

(三)表情

表情是眼睛、眉毛、嘴巴、鼻子和面部肌肉以及它们的综合运动所表现出的心理活动和情感信息。面部一块肌肉的细微变化、一个微妙动作，如眨一下眼睛、皱一皱眉头都可以表现一个人的内心情感。在人际交往给人的各种刺激中，表情占相当大的比重。它主要是通过目光和微笑来传递信息。

1. 目光

目光是用眼神来表达情感、传递信息、参与口头交际的一种态势语。眼睛被人们称为"心灵的窗户"，人们内心深处的所有语言都可以通过这扇窗户透露出来。印度诗人泰戈尔说："一旦学会了眼睛的语言，表情的变化将是无穷无尽的。"这说明，眼神语言的表现力是极强的，是其他举止无法比拟的。目光运用得当与否，直接影响到信息传递和交流的效果。因此，我们要学会在不同场合、不同情况下，应用不同的目光语。

1) 注视时间

在人际交往过程中，目光接触的时间约占 30%～60%。如果超过 60%，则表示对对方的兴趣可能大于谈话；如果低于 30%，则表示对对方或对交谈的话题不感兴趣。视线接触的时间，除关系十分亲密的人外，一般以注视对方 1～3 秒较适宜。

瞳孔是兴趣、偏好、动机、态度、情感、情绪等心理活动的高度灵敏的"显示屏"，瞳孔的变化会随着人们的情感、态度、情绪等的变化而自发地变化。在某一特定光线下，当一个人的情绪或态度从积极状态转变为消极状态，或从消极状态转变为积极状态时，他的瞳孔就会随之缩小或扩大；当人们对某物表示喜爱、喜欢或感兴趣时，即兴奋时，瞳孔就会扩大；而当人们对某物不喜欢或厌恶时，或在紧张、生气、戒备、消极时，瞳孔就会缩小。已故船王欧纳西与人谈生意时常常戴着墨镜，其目的就在于掩饰内心的想法。

2) 注视位置

在人际交往中，注视对方的不同部位，传达的信息也会有所不同，造成的气氛也不一样。因此，人们应根据不同的场合和对象，选择注视不同的部位。

(1) 公事注视：注视区域在额头至两眼之间，即正三角区域内。这种注视给人的感觉是严肃、认真、有诚意，能令对方慎重考虑你的意见，在一定程度上能让自己掌握控制权，保持主动。人们常常在工作交往中，如联系业务、洽谈生意及谈判等场合使用这种注视行为。

(2) 社交注视：注视范围在两眼至嘴之间的倒三角区域内。这种注视令人感到舒服、有礼貌，能营造出一种和谐的气氛。人们通常在社交活动中，如舞会、宴会、朋友聚会等场合使用这种注视行为。

(3) 亲密注视：注视对方的双眼到胸部之间的区域，是一种亲近的注视行为，一般不能随便使用，以免引起他人的误解。这种注视行为通常用于亲人和恋人之间。

一般情况下，与他人相处时，不要注视对方头顶、大腿、脚部与手部。对异性而言，通常不应注视肩部以下的部位。

注视并不等于凝视。因此，无论是公事注视、社交注视还是亲密注视，都应注意不可将视线长时间固定在所要注视的位置。这是因为，人本能地会认为，过分地凝视是一种威胁，是在窥视自己内心深处的隐私，所以与对方交谈时，应不时地将视线从固定的位置移开，这样能使对方感到轻松、平等，易于交往。

3) 注视的角度

在与人交谈中，目光自下而上注视对方，一般有询问的意思，即表示愿意倾听；头部微倾斜，目光注视对方，一般表示"噢！原来是这样"；眼睛光彩熠熠，一般表示充满兴趣；而目光东移西转，就会让人感到你心不在焉。在人际交往中，根据目光注视交往对象的角度，大致可以判断与交往对象的亲疏远近关系。注视他人的常规角度如下。

(1) 平视，即视线呈水平状态，也叫正视。一般适用于在普通场合与身份、地位平等之人进行交往。平视既体现了人际交往双方彼此尊重，也体现了平等、公正、自信、坦率之意。

(2) 侧视，是平视的一种特殊情况，即位于交往对象一侧，面向对方，平视着对方。它的关键在于面向对方，否则即为斜视对方，斜视表示对人的轻蔑，那是很失礼的。

(3) 仰视，即主动居于低处，抬眼向上注视他人。仰视表示尊敬、景仰、崇拜，也有期待之意。因此，在面对长辈、贵宾和上司时，仰视对方，则容易赢得对方的好感。一个人独自仰视则表示在思考的意思。

(4) 俯视，即低眼向下注视他人。俯视往往带有权威性，也可表示对他人轻慢、歧视。俯视晚辈也能表示爱护、宽容、怜爱之意。一个人独自俯视表示害羞、胆怯或者悔恨等。

4) 正式场合应避免的不良眼神

(1) 忌浑身上下打量他人或将目光绕过他人头顶向上看。

(2) 忌盯住对方尤其是异性某一部位"用力"看，更不要盯住对方身体有缺点或有缺陷的部位看。

(3) 忌频繁地眨眼看人，一般眨眼的正常次数是每分钟5~8次。

(4) 在与对方交谈时，忌左顾右盼、东张西望，或不停地看表。

2. 微笑

微笑是人际交往的桥梁，微笑是感情沟通的渠道，微笑是心灵开放的花朵，微笑是人际百科最精、最美的序言。微笑能给人带来很多益处：它可以给人以轻松的感觉，使人乐于与之交流；它可以改善人际关系，使与他人的误会、隔阂在一笑中烟消云散；它可以牵动你脸上的许多神经，锻炼面部肌肉，使你看起来更年轻。有一首关于微笑的诗写道：

微笑一下并不费力，但它却给人带来永恒的魅力。

它转瞬即逝，却给人留下难忘的回忆。

富则虽富，却无人抛弃。

穷则虽穷，却无人不能给予。

受惠者成为富有，施与者并不变穷。

它给家庭带来欢乐，又是友谊绝妙的表示。

它给疲劳者解乏，又给绝望者以勇气。

如果偶尔遇到某人，没有给你应得的微笑，

那么就请你慷慨地把微笑给予他吧，

因为没有任何人比这种人更需要微笑。

总之，微笑是自信的象征，是礼仪修养的充分展现，是和睦相处的反映，是心理健康的标志。微笑是人际交往的一张万能通行证，"如果没有微笑，生活就会黯淡无光"。

1) 微笑的要求

微笑应该是发自肺腑、发自内心的，应该笑得真诚、适度、适宜。

(1) 真诚微笑。当一个人心情愉快和遇到高兴的事情时，就会自然地流露出这样的笑容。这是一种心情的调节，是内心情感的自然流露，绝不是故作笑颜、假意奉承。发自内心的微笑既是一个人自信、真诚、友善、愉快的心境表露，同时又能营造明朗而富有人情味的氛围。发自内心的真诚微笑应是笑到、口到、眼到、心到、意到、神到、情到。

(2) 适度微笑。微笑虽然是人们交往中最有吸引力、最有价值的面部表情，但也不能随心所欲，不加节制。微笑的基本特征是齿不露、声不出，既不要故意掩盖笑意、压抑喜悦，也不要咧着嘴哈哈大笑。笑得得体、笑得适度，才能充分表达友善、诚信、和蔼、融洽等美好的情感。

(3) 适宜微笑。微笑是全世界通用的语言，但也不能走到哪里笑到哪里，见谁都笑。微笑要适宜，如在庄重、严肃的场合不宜笑；当别人做错了事、说错了话时不宜笑；当别人遭受重大打击，心情悲痛时不宜笑。微笑要注意对象，两人初次见面，微笑可以拉近双方的心理距离；同事见面点头微笑，显得和谐融洽；服务员对顾客微微一笑，体现了服务的热情与主动。

2) 微笑训练的方法

(1) 诱导练习：面对镜子，采用诱导法或情绪记忆法让自己微笑。如多回忆美好的往事，或展望美好的未来，或让他人讲笑话等，使微笑源自内心，有感而发。

(2) 发声练习：距离镜子 1 米左右，放松自己的面部肌肉，深呼吸，接着慢慢吐气，并将嘴角向两侧牵动，使嘴角向上颊面提高，让嘴唇略呈弧形，发出"一"声。

(3) 当众练习：按照要求，当众练习，使微笑规范、自然、大方，克服羞怯心理。

五、模拟任务训练

(1) 同学聚会上，罗志挽着女友前来参加，仿佛是为了展示自己找了位美女。只见他骄傲地昂着头，慢慢地踱着"外八字"步走进大厅，然后从侍者手中取了杯饮料，斜靠在女友身上喝了起来，喝完后又坐在椅子上不停地晃动脚尖与女友闲聊，还潇洒地用响指招呼每一位刚到的同学。

学习要求

罗志的表现符合仪态礼仪规范吗？请全班同学根据所提供的资料模拟演示，同学们分组讨论，老师点评。

(2) 某公司经理在别人问他为什么要录用一个没有任何人推荐的小伙子时说:"他神态清爽,服饰整洁;在门口蹭掉了脚下带的土,进门后随手轻轻地关上了门;当他看见残疾人时主动让座;进了办公室,其他的人都从我故意放在地板上的那本书上迈过去,而他却很自然地俯身捡起并放在桌上;他回答问题简洁明了,干脆果断,这些难道不是最好的介绍信吗?"

学习要求

这些"介绍信"介绍了小伙子的哪些优点?并根据所提供的资料模拟演示,同学们分组讨论,老师点评。

六、思考题

(1) 养成文明、礼貌、优雅的举止需要从哪些方面加强训练?

(2) 根据所掌握的礼仪知识,结合个人实际,为自己设计一份"提高个人礼仪综合素养"的计划书。

课 程 思 政

党的二十大报告中提出"展现可信、可爱、可敬的中国形象,推动中华文化更好走向世界"。学习中国传统礼仪文化是不可或缺的文化教育。个人礼仪是最基础的礼仪文化教育,它体现了一个人最基本的素质与教养,是社会个体的生活行为规范与为人处世的准则,从个人仪表、仪容、待人、接物等方面对我们提出了相应的礼仪要求。个人礼仪的学习,不仅体现了个人的气质和风度,也体现着一个国家公民的整体形象和精神风貌,能持续提升公民文明素质和城市文明程度,做文化强国。

项目二　交际交往礼仪

有人说："在人与人的交往中，礼仪越周到，运气越好！因为谦恭有礼，人人欢迎。"人要生存发展，就必须置身于各种人际交往中，学好了交际交往礼仪，掌握了交际交往技巧，才能自如、周全地应对各种社交场合。

本项目主要阐述在人际交往中与他人交往的技巧和交往中应该遵循的基本礼仪规范，包括称呼礼仪、握手礼仪、介绍礼仪、名片礼仪、空间礼仪等。交际交往礼仪所阐述的内容非常重要，贯穿全书各个章节，是遵循其他礼仪的前提。

任务一　称 呼 礼 仪

一、能力目标

(1) 能根据不同的交际场合、情境和对象，在交往中恰当地称呼他人。
(2) 能运用得体的称呼，建立良好的社交形象。

二、任务情境

在广告公司上班的王先生与公司门卫的关系处得很好，平时进出公司大门时，门卫都对王先生以王哥相称，王先生也觉得这种称呼很亲切。这天王先生陪同几位来自香港的客人一同进入公司，门卫看到王先生一行人，又热情地打招呼道："王哥好！几位大哥好！"谁知随行的香港客人面露不悦之色。

📖 学习要求

请同学们讨论：为什么门卫平时亲切的称呼，在这时却让几位香港客人诧异甚至不悦？门卫的称呼有何不妥？应该如何称呼？请同学们模拟示范表演。

三、相关案例

【案例1】

有一次，演讲家曲啸同志应邀到一所监狱向服刑人员讲话，遇到了一个难题，那就是怎么称呼的问题，如果叫"同志们"吧，好像不太合适；叫"罪犯们"吧，好像会伤害对方的自尊。经过考虑，曲啸同志在称呼他们时，说的是"触犯了国家法律的年轻的朋友们"，谁知这句称呼一出来，全体罪犯热烈鼓掌，有人还当场流下了眼泪。

【案例2】

有一次，一位先生为他的外国朋友订做生日蛋糕，并要求制作一份贺卡。蛋糕店老板接到订单后，询问先生说："先生，请问您的朋友是小姐还是太太？"这位先生也不清楚朋友是否结婚了，想想一大把年龄了，应该是太太吧，于是就跟老板说写"太太"吧。蛋糕做好后，老板把蛋糕送到指定的地方，开始敲门，开门的是一位女士，老板有礼貌地询问："您好，请问您是怀特太太吗？"女士愣了愣，不高兴地说："咦，错了！"就把门关上了。蛋糕店老板糊涂了，打电话向订蛋糕的先生再次确认，地址和房间号码都没错，于是再次敲开门，说道："没错，怀特太太，这正是您的蛋糕！"谁知这时，这位女士大叫道："告诉你错了，这里只有怀特小姐，没有怀特太太！"门"砰"的一声关上了。

讨论

请同学们针对以上案例谈谈看法，评价一下两个案例涉及的称呼礼仪行为。

四、知识链接

(一)称呼礼仪的含义

称呼，主要是指人们在交往过程中对彼此的称谓语，它表示人与人之间的关系，反映着一个人的修养和品德。称呼是交际语言中的先行官，是沟通人际关系的一座桥梁。一声得体又充满感情的称呼，不仅能体现出称谓人的文化和礼仪修养，也会使交往对象感到愉快、亲切，促进双方感情的交融，为以后的深层交往打下良好基础。因此有人把称呼比作交谈前的"敲门砖"，它在一定程度上决定着社会交往的成功与否。

称呼礼仪将为我们在现实生活中如何正确而友好地称呼别人提供指导规范。在我国，深厚的礼仪底蕴决定了对称呼的严格要求。在社会交往中，交际双方见面时如何称呼对方，直接关系到双方之间的亲疏、了解程度、尊重与否及个人修养等，因此对称呼不能随便乱用。在人际交往中，弄明白如何称呼对方非常有必要。一个得体的称呼，会令彼此如沐春风，为以后的交往打下良好的基础；而一个不恰当或错误的称呼，可能会令对方心里不悦，影响到彼此的关系乃至交际的成功。可是在现实生活中，有的人缺乏与人沟通的技巧或者不懂称呼礼仪，常常弄出许多笑话，平添许多烦恼。

(二)称呼的几种功能

1. 呼唤功能

称呼具有呼唤功能。当我们喊道"小陈，请过来一下"，这一声"小陈"，就是我们在呼唤对方，能引起当事人的注意，喊的是小陈，而不是小张、小王。

2. 关系功能

称呼能反映出呼唤人与被呼唤人之间的关系。如一人说："妈妈，我们今天晚上去哪里吃饭呢？"这句中的称呼"妈妈"，反映出两个人是母女关系或者母子关系。

3. 情感功能

称呼除了可以反映出呼唤人与被呼唤人之间的关系之外，还可以反映出两人之间的态度和情感。如一位姑娘对一位小伙子喊"张国平同志""张国平""国平"，随着称呼的改变，说明姑娘对张国平的态度和感情在发生改变，可能两人经历了同志、恋爱，直至结为夫妻。当然，如果两人已成为夫妻，而某天，姑娘喊"张国平同志"，那有可能是小伙子惹姑娘生气了，这时的"张国平同志"这句称呼也正好反映出姑娘的情感和态度。因此，看似简单的一句称呼，却成为度量人际关系的一把尺子。

(三)称呼的几种方式

通常我们把称呼分为国内称呼方式和国际称呼方式两种，不同的称呼方式反映出不同的亲近关系。在具体称呼时要注意内外有别。

1. 国内称呼方式

国内通常的称呼方式有以下几种。

1) 直呼其名的称呼

如"王霞"，这种直呼其名的称呼一般适用于同事、同学、朋友之间。

2) 只呼名不道姓

如"志国"，这种称呼显得亲近，反映出两人之间的关系比较亲近，适用于平辈间关系比较好的朋友、同学，也适用于长辈对晚辈，或者老师对学生的称呼。但这种称呼不适合晚辈对长辈，异性之间一般也不可这样称呼。

3) 相对年龄的称呼

如称呼"老王""小张"等，这种称呼在职场中常见，但不适用于正式场合，也不适合在校学生。

4) 仿亲属称呼

如称呼"大姐""小妹""大爷""大哥"等，这种称呼是用一种不是亲属而仿似亲属的方式来称呼对方，可拉近彼此之间的距离，显得亲近或亲密。这种称呼目前在职场中比较适用，在社会交往中也广泛运用。如在问路的时候，说一句："请问这位大哥，到百货大楼应该怎么走啊？"对方会很热情地告诉你具体行走路线。值得注意的是，这种称呼方式不适用于正式场合。要注意内外有别，哪怕平时很熟悉的朋友，如果在一个正式的社交场合，也应按照正式称呼来称呼对方。

5) 称呼某老或某先生

对年纪大的知名人士、学问高深的老人，我们可以尊称对方为"老"或者"先生"。如"方老""胡老""余先生"等，表示一种对长者、学者、长辈的尊重之情。

6) 称呼职业、身份

用对方的职业或身份去称呼他，如医生、律师、教师，可以称为"赵医生""张律师""李老师"。这种称呼适用于正式场合。

7) 称呼行政职务、技术职称

这是一种最正规的称呼方式,按照对方的行政职务或者技术职称来称呼。如"王总经理""张局长""赵处长""陈教授""李总工程师",这里的"总经理""局长""处长"就是行政职务,"教授""总工程师"就是技术职称。这种称呼方式适用于职场、正式场合、社交场合。这种称呼更能显示出对交往对象的尊重,也能区分出不同的身份。有时在特别正式的场合,还可以在称呼职务前加上对方的姓名,如"×××主席""×××省长""×××书记"等。

8) 泛尊称

这种称呼方式是与国际称呼礼仪接轨的,即对男性统称"先生",对女性则分别称为"女士""小姐""夫人""太太"。一般情况下,女性未婚者称为"小姐",对于女性婚否状况不清楚的可称为"女士",同时"女士"又可作为书面语称呼或职业女性称呼。对已婚女性一般称为"夫人"或"太太",其中,"夫人"特指有一定政治地位、身份较高的已婚女子,如"撒切尔夫人""居里夫人"等。

9) 称呼同志

可以单独称对方为"同志",或者连名一起称呼,如"马平同志"或"马同志",也可以称"解放军同志""小李同志""老同志"等。现在,同志这一称呼在党内人士中用得比较多。

10) 简称

有时,有的称呼比较长,可以采用简称,如"王总经理"可以简称为"王总","刘工程师"可以简称为"刘工"。不过,这种简称只适用于非正式场合,在正式场合还是要按照全称来称呼。

2. 国际称呼方式

在国际交往中要按照不同国家、不同民族、不同文化背景来称呼,不可按照国内称呼习惯简单套用,更不可乱称呼。一般有以下一些称呼方式。

1) 对地位高的官方人士

对地位高的官方人士,一般称"阁下"。这些地位高的官方人士一般是部长级以上的高级官员,可以称为"部长阁下""总理阁下"。称呼的时候还可以在职衔后加先生,如"总理先生阁下""大使先生阁下"等。

2) 对来自君主制国家的贵宾

对来自君主制国家的贵宾,一般按其习惯称国王、王后为"陛下",称王子、公主、亲王等为"殿下",对有公、侯、伯、子、男等爵位的人士,既可称其爵位,也可称"阁下",有时也可称"先生"。

3) 对有职业、职务或学位的称呼

知道对方职业、职务或学位的,可按其职业进行称呼,如"服务员小姐""护士小姐""秘书小姐",或称呼医生、法官、律师等,还可按其职务或学位进行称呼,也可在称呼时加上其姓氏或先生,如"李医生""张教授""法官先生""市长先生"等。

4) 对军人的称呼

对军人一般称其军衔或军衔加先生，如"上校先生""中尉先生"，知道其姓名的可加上姓名一起称呼，如"戴维斯元帅先生"。有些国家对将军、元帅或高级将领也称"阁下"，如"威尔逊将军阁下"。

5) 对神职人员

一般对神职人员，按其在教会内的职务或职称进行称呼，如伊斯兰教中称为阿訇或毛拉，基督教中称为主教、神父或牧师，天主教中称为教皇、主教、神甫、修士或修女。对这些神职人员，除了称其在教会内的职称外，还可采用姓名加职称，或职称加先生进行称呼，对主教以上的神职人员，有时也可称阁下，如"牧师先生""主教阁下"。

6) 对于有同志相称的国家

对于有同志相称的国家，对各种人均可称为"同志"，如"主席同志""大使同志""司机同志""服务员同志"等，也可姓名加同志，如"爱德华同志"。

此外，在称呼中还要注意国别和性别差异。

英语国家：名前姓后，女子婚后姓夫姓。如"玛格丽特·撒切尔"中的"撒切尔"为夫姓。姓名前加小字表明起名沿用了父或父辈之名。与美英人士交往，一般在其姓氏前加先生、小姐、女士即可，熟悉的也可直呼其名。

俄罗斯的人名由本名、父名、姓三部分组成，女子婚后也随夫姓，如"米哈衣尔·谢尔盖伊维奇·戈尔巴乔夫"。在俄罗斯，口头称呼中一般只称呼姓氏或本名。

日本的人名和中国人名顺序一样，但日本的人名较长，称呼时需要分清姓和名，如"桥本龙太郎""山本惠子"。

(四)称呼的注意事项

在称呼语的运用中，为了更好地把握称谓，要注意以下几个方面的问题。

(1) 要根据交往双方的关系、深度、远近程度等有选择性地称呼。一般来说，交往时间越长、交往程度越深，双方关系越好，对称呼就越讲究。因为这时的称呼，已经成为人们之间关系的"晴雨表"或"测量计"。如当交往双方已经很熟悉时，倍感亲切的称呼突然改变，就会使原来亲密的关系变得生分起来，会使交往双方的心理距离扩大，甚至在交往双方心里留下阴影。

(2) 在称呼时要注意民族和区域的界限，根据称呼人的交往习惯来选择称呼。由于民族、地区、宗教、文化等的不同，人们对称呼的感受也会不同。人们总是希望按自己的习惯被他人称呼，所以，要去了解他人的习惯、习俗，用他人习惯的方式去称呼他。另外，由于交往区域和场合的不同，称呼同一交往对象时还要"因地制宜"，采取合乎时宜的称呼。如同一交往对象，在不同的交往场合(如私底下或公共场合)，在称呼上是有区别的。

(3) 要注意称呼的感情色彩，给不同的交往对象以被尊重之感。称呼的不同，其所包含的感情色彩就不同。如对同一交往对象，用通称、职衔称、敬称、亲属称等分别称呼时，其感情色彩是截然不同的。例如，亲属称给人亲近之感；敬称给人尊敬之感，但亲近不足；职衔称和通称给人公事公办之感，少了感情色彩。

(4) 注意像一些昵称、小名或者绰号的称呼仅适用于非正式场合，或者熟人之间，不可在正式或社交场合称呼对方的小名、绰号。

(5) 注意不要以"喂""哎""3 号""那个端盘子的""卖菜的""老头儿"等这样的方式去称呼对方，显得很不礼貌，更不能不称呼对方直接进入谈话。

(6) 使用称呼就高不就低。例如，看到单位的副主任，应该称呼"主任"，而不要把那个"副"字也叫出来。

(7) 当被介绍给他人，须与多人同时打招呼时，称呼要注意有序性。一般来说先长后幼，先上级后下级，先女后男，先疏后亲。特别是在涉外场合，称呼的次序更为重要。

(五)称呼的禁忌

在交往中要注意，不要使用不合时宜、不文雅、不随俗的称呼，以下几种情况是应该避免出现的。

- 使用错误的称呼。比如，将姓或名字错读或误读，如"郇""查""盖""朴"等姓的误读。
- 使用误会的称呼。比如，将未婚女士叫"夫人"，或错误判断他人年纪、辈分等的称呼。
- 使用不通行的称呼。某些称呼带有很强的地域性，如果乱用则会使人误会。比如，"爱人"一说，外国人理解为第三者；"小鬼"会被认为是精灵、鬼怪；东北人习惯称的"伙计"，会被南方人误会为打工的。

庸俗低级的称呼更是交往中应该避免的，如"哥们儿""死党"，在正式场合一定不能用。

随便给人起绰号和称呼别人绰号都是不应该的，都会影响正常的人际关系。

五、模拟任务训练

(1) 著名传记作家叶永烈在着手写《陈伯达传记》时，必须采访陈伯达，采访时究竟怎样称呼陈伯达，叶永烈颇觉为难。采访的前一天晚上，叶永烈辗转反侧，明天见到了陈伯达到底该叫他什么呢？叫他"陈伯达同志"，不合适，因为陈伯达是在监狱服刑的犯人；叫他"老陈"，也不行，因为陈伯达已经是八十四岁的老人了，而自己才四十八岁，究竟该怎样称呼他呢？

学习要求

小组讨论：抽 2～3 个小组代表上台试演。全班讨论确定最佳方案，分组上台试演。

(2) 有一位年轻人想要去市工商局，走了很长一段路，不知距离目的地还有多远。这时，他看见一位老者在前方行走，跑过去张口就问："喂，老头儿，市工商局还有多远啊？"老者抬头望了年轻人一眼，说："五里。"年轻人大喜，也不道谢，急往前走，可走了很长一段路，早就有几个五里了，还是不见工商局。年轻人不禁骂起老者来。

项目二　交际交往礼仪

📑 学习要求

　　小组讨论：请问年轻人的问题出在哪儿？小组派代表分别扮演老者和年轻人如何问路，分组上台试演，全班评议。

　　(3) 一位西装革履的男士进入一写字间，问前台秘书小姐："这是四方公司吗？"小姐不理他。这时，有两个客户走来，秘书小姐说："李姐，王哥，我们经理正等着你们呢……"

📑 学习要求

　　小组讨论：以上情境在称呼上有什么问题？分别由组员担任各角色上台试演，全班评议。

六、思考题

(1) 在具体称呼时如何注意内外有别？
(2) 正式场合和非正式场合的称呼有哪些区别？
(3) 设想几种不同的社交场景，如何根据交往对象的不同进行称呼？

任务二　握　手　礼　仪

一、能力目标

(1) 能用正确的姿势握手。
(2) 能根据不同的交往对象和场景，准确地把握握手的时机和顺序。

二、任务情境

　　张先生与王小姐在公园相遇，由于好久没见，张先生大方、热情地向王小姐伸出手去，想与王小姐握手，谁知王小姐却不将手伸出来与之同握，甚至将手放进裤袋里。张先生只好尴尬地摸着自己的手。
　　如果你是张先生或者王小姐，你会怎么做呢？

📑 学习要求

　　请同学们思考，在这个情境中，交往双方有什么问题？全班展开讨论，并要说出理由，主题是应该如何处理，看看哪一种做法更好。再请几位同学面向全班进行模拟表演。

三、相关案例

【案例1】

在一次接待某省考察团到访的任务中,小王因与考察团团长熟识,因而作为主要迎宾人员陪同部门领导前往机场迎接贵宾。当考察团团长率领其他工作人员到达后,小王面带微笑热情地走上前,先与部门领导与团长握手致意,表示欢迎。小王旁边的领导已经面露不悦之色。

【案例2】

某国的商业代表团到一个大国访问,大国的首脑人物接见商业代表团,这位首脑人物与代表团团长握手时,代表团团长心中不悦,因为对方戴着手套和他握手。为了表示心中的不满,他顺手摸出一块手帕,擦了擦刚握过的手,然后把手帕扔掉了。他认为对方嘲弄他和他的国家,这是不能容忍的。

讨论

请针对以上两个案例谈谈你的看法,评价一下材料中涉及的行为有何不妥之处。

四、知识链接

手是人类最灵巧的器官,它的一个细微动作、一个简单的手势都能表达丰富的含义。如果说眼睛是心灵的窗户,那么手则是显示人的态度和性格的屏幕。美国著名教育家海伦·凯勒曾这样描写自己与人握手的经验:"我接触过的手虽然无言,但却极有表现力。有的人握手能拒人千里……我握着冷冰冰的手指,就像和凛冽的北风握手一样。而有些人的手却充满阳光,他们握住你的手,使你感到温暖……"

握手是一种社交肢体语言。热烈的握手会延伸心灵的沟通,使双方内心有一种强烈的融合感。见面时的握手,无论对男性还是女性,的确都是恰当的肢体接触。握手不仅能沟通感情,而且有助于树立自己的社会形象。

(一)握手礼仪的含义

握手礼是我国乃至世界上最通行、最普遍采用的礼节形式,它起源于远古,有多种含义。

1. 友善的表示

握手最早可以追溯到原始社会。当时的生存条件极其恶劣,人们用以防身和狩猎的主要武器是棍棒和石头。传说当人们在路上遇到陌生人时,如果双方都无恶意,就会放下手中的东西,摊开给对方看,表明自己没有任何进攻能力。后来发展到手心向上,并向前伸出双手,然后走近,与对方拍拍,表示不但没有任何恶意,还欲交好,以示友好和亲善。这种见面摸手的习惯沿袭至今就成了今天的握手礼。

项目二 交际交往礼仪

2. 和平的象征

中世纪时期的骑兵，全身披戴盔甲，除眼睛外身体全部严密地包裹在甲胄里。如果两位骑士相遇并欲表示友好，互相接近时就会脱去右手的甲胄，然后张开右手表示没有武器，并相互摸一下。发展到后来，如果交战国双方有诚意坐下来谈判，见面时就要握手，以表示双方(或两国)愿意(或希望)和平共处。一旦签订停战协议，互换文本时，双方代表又要握手，表示化干戈为玉帛，握手庆贺。

3. 现代化的多重含义

握手礼从远古走到今天，已具有很多种含义。除了在见面时表示友好、和善、应酬、寒暄外，还在告辞时表示道别，也可表示对他人的感谢、祝贺、慰问和安慰等。图 2-1 所示为握手示例。

图 2-1　握手示例

(二)握手的正确方式

聚散忧喜皆握手，此时无声胜有声。握手时，动作的主动与被动、力度的大小、时间的长短、身体的俯仰程度及视线的方向等，都体现出了握手人对交往对象的不同礼遇和态度，也体现出握手人自身的涵养和素质。因此，有必要掌握握手的正确方式。

1. 距离适度

握手时两个人的距离最好保持在 1 米左右，太近会让人觉得局促不安，太远会显得生分，好像故意冷落对方。适度的距离会让人觉得亲切友善、有礼有节。

2. 手位适当

握手时，手的位置非常重要，常见的手位有以下两种。

1) 单手式握手

单手式握手是以右手单手与人相握。这是最常见的握手方式，适用范围广。握手时，右手伸向对方，手掌略向前下伸直，拇指与手掌分开，掌心向左，虎口向上，其余四指自然并拢并微向内屈。这种握手方式又称为"平等式握手"，表示尊重、平等。

与人握手时掌心向上，表示此人过分谦恭、谨慎，这种握手方式叫作"乞讨式握手"。

与人握手时掌心向下，代表此人感觉甚佳，有着强烈的控制欲，自高自大，这种握手方式称为"控制式握手"。

2) 双手式握手

双手式握手是在用右手握住对方的同时，再用左手去加握对方的手背、前臂、上臂，直至肩部。这种握手方式表达的是一种更为诚挚的感情，加握的部位越高，其热情友好的程度越高。这种方式一般适用于亲朋旧友之间，尤其是久别重逢之时，又称为"手套式握手"。但这种握手方式不适用于初识者和异性。

3. 态度友善

握手时态度要和善、亲切、自然、大方、热情，面带微笑，精神集中，注视对方的眼睛，同时说"你好，很高兴认识你！"之类的问候语。

4. 力度适中

握手时要注意力度适中，太重会将对方的手握疼，太轻则显得不够热情，一般是握住对方的手后，稍微用力即可。在与亲朋旧友握手时，力量可稍大一些；在与异性以及初次见面者握手时，切不可用力过猛。

5. 时间合适

握手的时间不宜太长，也不能太短，凡事过犹不及，握手时间太长会显得过于殷勤，反倒让人觉得虚情假意，甚至有所企图；握手时间太短又像是在走过场，好像很不愿意与对方交好，轻视交往对象。因此，握手时，一般轻握住对方的手摇动两三下，时间最好控制在3秒以内。

6. 姿态自然

握手时姿态要自然、大方，一般身体略向前倾，表示对交往对象的尊敬和友善，落落大方地伸出手去，与对方相握。握手时不可点头哈腰或者昂首挺胸，这两种姿态都不好，前者让人觉得太过卑贱，后者显得傲慢无礼。

(三)握手的顺序

握手时谁先伸手，谁后伸手是有讲究的，不可贸然伸手，应符合礼仪规范。

项目二　交际交往礼仪

- 上下级之间握手，应让上级先伸手。
- 职位高者与职位低者握手，应让职位高者先伸手。
- 长辈与晚辈之间，应让长辈先伸手。
- 男士与女士之间，应让女士先伸手。
- 主客见面，主人先伸手，表示对客人的欢迎。
- 主客分别时，客人先伸手，表示对主人的感谢和道别。
- 已婚女性与未婚女性见面时，已婚女性先伸手。

从以上握手的顺序可以看出，握手时应遵循的礼仪规范是"让尊者先伸手"，换言之，就是将先伸手的权利让给尊者，以体现对尊者的尊重。

有的时候，在一个社交场合会出现一人与多人握手的情况，这时握手依然按照先尊后卑的顺序进行，即先上级后下级，先职位高者后职位低者，先身份高者后身份低者，先年长者后年幼者，先长辈后晚辈，先女士后男士，先已婚者后未婚者。

一般情况下，在公务场合，握手的先后顺序主要取决于职位、身份；而在社交场合，握手的顺序则主要取决于年龄、性别、婚否。

(四)握手的时机

握手须注意时机，一般在以下情况可相互握手。

- 当被介绍与人相识时，应与对方握手致意，表示很愿意结识对方，为相识而高兴。
- 当朋友久别重逢或多日未见的同学相见时应热情握手，以示问候、关切、高兴。
- 当对方取得了好成绩，得到奖励或有其他喜事时，可以握手，表示热烈祝贺。
- 受奖者在领取奖品时要握手，以示感谢颁奖者对自己的鼓励。
- 在接受对方馈赠的礼品时，要与之握手表示感谢。
- 当得到别人的帮助后，应握手表示感谢。
- 在要拜托别人办某事后并准备告辞时，应以握手表示感谢和恳切期盼之情。
- 当参加完宴会告辞时，应与主人握手，表示感谢主人的盛情款待。
- 在拜访友人、同事或上司之后告辞时，应握手表示再见之意。
- 到医院去看望病人时，应握手表示慰问。
- 参加友人或同事的家属追悼会，离别时应和主要亲属握手，表示劝慰并节哀之意。

除以上情况外，握手的时机还有很多，灵活运用这些握手礼的时机，不仅是对交往对象的尊重，也是自身修养的体现。除了主动、热情地向对方伸手握手外，在应该握手的场合如果拒绝或忽视别人伸过来的手，将意味着自己失礼。

(五)握手的注意事项

握手的一些注意事项如下。

(1) 握手时首先要弄清握手次序，切不可贸然伸手，以免失礼。但也不可拒绝与人握手，面对对方已伸出的手，即使对方不知握手的次序，也是在表示友好和问候，如果拒绝也是失礼的。

(2) 不要用左手与人握手，因为左手在很多国家和地区被视为不洁。

(3) 不能戴着手套与人握手，在社交场合，女士穿着晚礼服戴着薄纱手套时除外。

(4) 男士与女士握手，不宜采用双手式握手方式，这种握手方式又称为"三明治握手式"，也就是双手握住女士的手。这种握手方式有占便宜之嫌。

(5) 不能戴着墨镜与人握手，患有眼疾或眼部有缺陷者除外。

(6) 握手时不能一边握手一边东张西望。

(7) 握手时一般不能坐着与人握手，这样显得大大咧咧，不尊敬交往对象。

(8) 握手后不能立即用手帕擦手，这样表示把刚刚建立起来的友谊擦掉了。

(9) 握手后不能立即转身背对对方，这样显得没有诚意。

(10) 不能用脏手、湿手与人握手，如果手上有污物，可摊开双手表示歉意，洗净后再握。

(11) 不要在握手的时候另外一只手还心不在焉地放在衣袋里，或者，另外一只手还拿着香烟、报刊等。

(12) 不可在握手的时候把对方的手拉过来、推过去，不可握在手里不放，或者握住上下抖个不停。

(13) 不要在握住对方的手时点头哈腰、卑躬屈膝，也不可热情过度、喋喋不休，这样反倒让对方不自在、不舒服，甚至反感、厌恶。

(14) 在人多的交际场合，不可多人同时交叉握手，尤其是在与基督教信徒交往时，切不可两人握手时与另外两人交叉相握成十字形，这在基督教信徒眼中是很不吉利的。

(15) 军人和军人见面时握手，可先行军礼，再握手。

五、模拟任务训练

(1) 夏天，天气很热，光线很强，小陈戴着墨镜正在街上行走，路遇自己的好朋友小王。小陈很高兴，立即上前与小王握手。

📚 学习要求

小组讨论：小陈在和小王握手的时候有何不妥之处？应该如何处理？抽 2～3 个小组代表上台试演，全班同学评议。

(2) 小张是刚到公司工作的业务员，这天在公司内遇到了公司总经理，小张立即跑过去向总经理问好，并伸出双手去握住总经理的手，但却看见总经理微蹙眉头，面露不悦之色。小张很纳闷，不知自己哪里做错了。

📚 学习要求

小组讨论：小张在和总经理握手的时候有何不妥之处？应该如何处理？抽 2～3 个小组代表上台试演，全班同学评议。

(3) 在公司年会上，王强、张波、陈刚、李露云(女)相遇了，他们四人高兴地相互交叉

项目二 交际交往礼仪

握手，久久不放，热烈交谈。

📚 学习要求

小组讨论：四位年轻人的这种握手方式是否妥当？应该如何握手？学生分别模拟角色表演，全班同学评议。

六、思考题

(1) 握手时应该遵循的礼仪顺序是什么？
(2) 握手时应注意些什么问题？
(3) 握手时在仪态上有什么讲究？

任务三　介　绍　礼　仪

一、能力目标

(1) 能针对不同的场合和情境，恰当地进行自我介绍。
(2) 能针对不同的场合和情境，恰当地为他人作介绍。
(3) 能针对别人的介绍，恰当地作出应答。

二、任务情境

张云和朋友赵波一起去听李教授的一个校内公开讲座，赵波对讲座很感兴趣，想与李教授作进一步的交流。由于李教授曾经给张云所在的班上过课，认识张云，因此赵波想让张云在会后把自己介绍给李教授。

如果你是张云，你会怎样介绍两人认识呢？

📚 学习要求

先请几位同学面向全班进行模拟表演，然后展开讨论，看看哪一种做法更好，并说明理由。

三、相关案例

【案例1】

在一次宴会上，有一个喝醉酒的客人指着对面桌子上的一个女人说："那个女的长得太丑了，好恶心。"主人生气地说："那是我的夫人。"客人慌忙掩饰说："不是她，是她旁边的那位。"主人愤怒地说："那是我的女儿。"客人很尴尬，呆若木鸡，再也不知道该怎么说了。

【案例2】

有一个大学生在实习期间，实习单位让他到 A 公司去推销按摩产品，他到 A 公司以后，见人就介绍"我是××，××学校毕业，我的特长爱好是××××，我为什么来你们公司推销……"，说了很长一串，东西没有卖出去，还遭人白眼。他非常纳闷，不知道什么地方做得不妥。

❓讨论

请针对以上两个案例谈谈你的看法，评价一下材料中涉及的社交礼仪行为。

四、知识链接

(一)介绍礼仪的含义

介绍是一切社交活动的开始，是人际交往中使互不认识的人之间消除陌生感，缩短人与人之间的距离，建立必要的了解、信任和联系的一种最基本、最常见的方式。

介绍是交际之桥，通过自己主动沟通或者通过第三者从中沟通，从而使交往双方相互认识，建立联系，加强了解和增进友谊。同时，"第一印象是黄金"，在人际交往中如能正确地利用介绍，给对方留下良好的第一印象，不仅可以扩大自己的交际范围，广交朋友，而且有助于自我展示、自我宣传。

(二)介绍的分类

社交礼仪中的介绍一般分为两大类：对人的介绍和对业务的介绍。

根据介绍的对象不同，介绍可以分为两类：自我介绍和为他人作介绍。自我介绍是指向别人说明本人的情况，是推销自我的一种重要方法和手段，是自己给他人留下的第一印象，可以说，自我介绍是社交中的一把金钥匙。为他人作介绍是指由第三方出面为不相识的双方作介绍，说明情况，如图 2-2 所示。为他人作介绍通常是双向的，即将被介绍者双方各自作一番介绍。

图 2-2　为他人作介绍

根据介绍的不同意图，介绍可以分为三类：寒暄式介绍、公务式介绍和社交式介绍。

项目二 交际交往礼仪

1. 寒暄式介绍

寒暄式介绍又叫应酬式介绍，是指在不得不作介绍，但是又不想与对方深交的情况下的简单介绍，一般只报姓名即可。例如，"您好！我叫迈克""你好，我叫李娟"。

注意：各位同学心里一定要明白，如果在以后的工作中遇到客户给你作此类介绍，没有告知你工作单位、没有告知你联系电话，表明你们之间的交往还有一定的距离，还需要进一步的交流。

2. 公务式介绍

公务式介绍就是在工作中或在正式场合所作的介绍，这是我们在日常交往和工作中遇到最多的介绍。这种介绍所传递的信息比应酬式介绍多，一般包括单位、部门、职务和姓名。例如，"你好，我是成都地奥集团人力资源部经理孙民""我叫唐华，是金洪恩广告公司的公关部经理"。

3. 社交式介绍

社交式介绍就是在私人交往中想和别人深交时的介绍，一般介绍姓名、职业、籍贯、爱好等。社交式介绍，也叫交流式自我介绍或沟通式自我介绍，是一种刻意寻求交往对象进行进一步的交流沟通，希望对方认识自己、了解自己、与自己建立联系的自我介绍。这种介绍大体上包括本人的姓名、工作、籍贯、学历、兴趣以及与交往对象的某些熟人的关系等。当然，这些内容在介绍时不一定面面俱到，应该依照具体情况而定。例如：

"我的名字叫王光，是亚东公司副总裁。10年前，我和您先生是大学同学。"

"我叫王海东，现在成都地奥集团工作，我是川大生物工程专业的，听说你也是川大的，我们是校友啊！"

按照被介绍的人数，介绍还可分为个人介绍和集体介绍。以上的介绍多为个人介绍。当被介绍双方人数不止一人时，介绍者介绍双方相识，这种介绍称为集体介绍。

(三)介绍的时机

自我介绍和为他人介绍都要掌握好时机，不能一厢情愿、贸然行事，否则会影响自己在别人心目中的形象，使介绍产生反效果。

1. 自我介绍的时机

自我介绍应注意寻找以下时机。

1) 没有其他介绍人在场的时候

如果有介绍人在场却不通过介绍人而直接向对方作自我介绍，会显得唐突和失礼；通过介绍人作为中介，可以缩短介绍的时间，增强介绍的可信度，迅速拉近双方的距离。

2) 没有其他闲杂人员在场的时候

其他在场人员过多会分散双方的注意力，难以形成良好的交流。在没有其他闲杂人员在场的时候，更适合进行自我介绍。

3) 对方并不忙，而且看起来有一个较为轻松的心情

当对方正在休息、用餐、忙于处理事务，或无兴趣、无要求、心情不好时，切忌去打扰，以免尴尬；在对方心情愉快时与他相识，更容易被接纳。

4) 周围的环境比较安静、氛围比较舒适的时候

这时的情境容易使人集中注意力，使双方的交流更融洽。

5) 比较正式的社交场合

在专门的社交场合，个人的自我介绍就不会显得突兀，而且比较容易被人接受。

6) 对方在与别人谈话出现停顿的时候

如果甲和乙两个人正在交谈，你想加入，而你们彼此又不认识，你就应该选择甲、乙谈话出现停顿的时候再去作自我介绍，并说一些"对不起，打扰一下，我是×××""很抱歉，可以打扰一下吗？我是×××""你们好，请允许我自己介绍一下……"之类的话。

2. 为他人介绍的时机

自我介绍的恰当时机实际上是让对方容易与人交流的时机，因此也适用于为他人介绍。以上介绍的自我介绍的恰当时机均可用于为他人介绍。

此外，为他人介绍涉及双方当事人，因此有其特殊性，即应建立在对双方有一定了解的基础上，并在了解或推测双方确有结识的愿望之后，才能为双方进行介绍。

(四) 介绍的顺序

介绍的顺序问题绝不是一个可有可无的问题，而是涉及个人修养、组织形象，以及社交活动效果好坏的问题。

1. 介绍人的安排

1) 自我介绍的顺序

(1) 自我介绍的基本顺序是：位低者先行，也就是地位低的人先作介绍。

(2) 如果一方是两人以上，则由此方身份最高者出面作自我介绍，然后再将本方其他人员按一定顺序一一介绍给对方。例如：

集体交流，双方单位最高代表作为介绍人。

贵宾访问，东道主职务最高者作为介绍人。

家庭宴客，女主人作为介绍人。

2) 第三方介绍人的安排

第三方介绍人一般应由居间的人担任。

(1) 一般社交活动。

朋友聚会，由对各方都熟悉的人作为介绍人。

社交联谊，由发起者作为介绍人。

(2) 一般业务活动。

由专业人员作为介绍人，如办公室主任、领导秘书、前台接待、礼仪先生、公关人员。

由对口人员作为介绍人。比如你和人家做生意,你找的是张经理,张经理就有义务把你向外人作介绍,他就是对口人员。

(3) 重大公务场合。

文艺会演,晚会司仪作为介绍人。

重要会议,会议主持人作为介绍人。

2. 介绍双方的顺序

在介绍两个人相互认识的时候,总的要求是把被介绍人介绍给你所尊敬的人,即先提谁的名字,谁就是尊者。例如,"刘小姐,我来给你介绍一下唐先生。""李校长,这是商业学校的张老师。"其中的"刘小姐""李校长"为尊者。总之,作为第三方介绍双方认识时应该遵循"尊者居后"的原则,换言之,就是让尊者具有优先知晓权。即在为他人作介绍时,把身份、地位较低的一方介绍给身份、地位较高贵的一方,以表示对尊者的敬重之意。

1) 一般顺序

先把主人介绍给客人,再把客人介绍给主人。

先把晚辈介绍给长辈,再把长辈介绍给晚辈。

先把男士介绍给女士,再把女士介绍给男士。

先把未婚者介绍给已婚者,再把已婚者介绍给未婚者。

先把职位低者介绍给职位高者,再把职位高者介绍给职位低者。

先把非官方人士介绍给官方人士,再把官方人士介绍给非官方人士。

"先温后火",即把脾气好的一方先介绍给脾气欠佳的一方。

"先亲后疏",即把与自己关系密切的一方介绍给与自己关系较为生疏的一方。

2) 集体介绍的顺序

被介绍双方一方为集体,另一方为个人时,一般先将个人介绍给集体一方。

被介绍双方都为集体且地位、身份相似时,人数少的一方礼让人数多的一方,先介绍人数少的一方,再介绍人数较多的一方。

被介绍双方都为集体且地位、身份存在明显的差异,而且地位、身份明显高者为一个人或人数少的一方时,应先向其介绍人数多的一方,再介绍地位、身份高的一方。

被介绍双方均为相近人数的集体时,应按照先介绍位卑的一方,后介绍位尊的一方,以及先介绍主方,后介绍客方的顺序。介绍一方人员时,则应先尊后卑、先长后幼、先女后男,或者按照座次顺序依次进行。

被介绍者不只是双方,而是多方时,应根据合乎礼仪的顺序,确定各方的尊卑,由尊而卑按顺序介绍各方。如果需要介绍各方的成员,也应按由尊到卑的顺序依次介绍。

(五)介绍的内容

双方交往的意图不同,介绍的内容也就有所不同。一般来说,可以介绍以下几方面内容。

1. 身份和姓名

介绍时，一般应简略地介绍一下被介绍者的姓名、身份，身份包括工作单位、部门和职位。例如：

"您好，我叫江源。"

"这位是红福礼仪公司经理王先生。"

"我叫李纪龙，是世通公司的销售经理。"

"这位是我的弟弟张云。"

有时被介绍的人职务很多，不必一一都介绍出来，可以只介绍最高职务或者只介绍与之有关的职务。如在一个软件交流洽谈会上，你为大家介绍一位计算机专家，可以这样介绍："请允许我为大家介绍一下，这位是中诚软件公司的董事长马天云先生，计算机领域的专家，博士后。"本来马天云先生还有很多头衔，但在这里只介绍了董事长和博士后这两个头衔。

有时也可对自己姓名的写法作些解释。如"我叫陈阳，耳东陈，太阳的阳。"

有时应注意缩略语的使用，避免歧义。如"人大"既可指"中国人民大学"，又可指"全国人民代表大会"；"南航"既可指"南京航空航天大学"，又可指"南方航空公司"。

2. 事由

有时如果与人相识是事先约定的，则应在介绍中说清事由。如接机时可以说："您好，您是张叔叔吧，我就是电话里跟您联系过的李燕，我爸爸让我来接您。"

如果事先就是要安排双方结识并合作办某件事的，则可以说："这位是从北京来的天成公司的李经理，想就上次计划的业务合作的具体细节跟您谈谈。"

3. 谦辞

若在讲座、报告、庆典、仪式等正规隆重的场合向出席人员介绍自己，介绍内容中还应加适当的谦辞和敬语。例如，"各位来宾，大家好，我叫李旭，是南阳大学的教师，今天与大家交流自己在社交礼仪领域研究上的一些心得，有不当的地方请大家多批评指正。"

4. 沟通点

在一些社交场合，希望对方了解自己、认识自己、与自己建立联系时，介绍者如果能在介绍内容中适当包含一些能够与对方迅速沟通的信息，则会起到事半功倍的效果。这样，不仅能迅速地与对方沟通，或许还能让对方记住自己。这样的介绍内容除了姓名、单位、职务外，还可提及与对方某些熟人的关系，或与对方相同的兴趣爱好。如"我叫顾馨，是云游旅行社的部门经理，我与您爱人是同学""我叫韩松，在法院工作，我和您一样也是个球迷"。

在确定自我介绍的具体内容时，要兼顾实际需要、所处场景，要具有鲜明的针对性，不要"千人一面"。有时可以把自己的姓名同名人的姓氏或是常用名词相结合，以增强别

项目二 交际交往礼仪

人的记忆。比如,姓名是"杜维"的,就可以介绍为:"杜甫"的"杜","王维"的"维"。当然还要注意的是,在作这种介绍之前应该对所交往的对象有一定的了解,然后有针对性地作自我介绍,否则就有可能"哪壶不开提哪壶"了。也不要为了表示与交往对象熟悉而说话不注意分寸,牵涉交往对象的私生活和个人禁忌。例如,一见面就问候人家"老兄,跟你女朋友吹了没有呀?",或是"现在还每天吃药吗?",都会令对方反感。

(六)介绍的礼仪要求

1. 介绍人的礼仪要求

1) 征询双方的意见

介绍人在为别人介绍之前要征求一下被介绍双方的意见,以免为原本相识或关系恶劣者作介绍。原本相识者你去作介绍就是多此一举,关系恶劣者你去作介绍,就会令被介绍的双方很尴尬。在开始介绍时要先打一下招呼,不要上去开口即讲,让被介绍者措手不及。

2) 称谓准确

介绍时介绍人对被介绍人的称谓要具体、清楚,即不仅要介绍被介绍者与自己的关系,而且要介绍被介绍人的姓名、职务、职称、供职单位等,以让对方知道和选择合适的称谓。如某人给自己的朋友介绍:"小王,这是我表舅。"这样介绍后,对方可能还是不知道如何称呼。

3) 态度友好

不论是自我介绍还是为他人作介绍,都应该态度友好、真诚、自然、亲切,语速要不快不慢,目光正视对方,善于用眼神表达自己的友善,表达自己的关心及沟通的渴望。开口介绍前,要有眼神交流,这样才不至于给人十分唐突的感觉,要掌握适当的气氛,彬彬有礼。

介绍时应准确、缓慢、清楚地将被介绍者的名字念出,如出现口误应迅速纠正。介绍时绝不能用命令的口气,如:"小王,你过来。"

作介绍时,介绍人应起立,行至被介绍人之间。在介绍一方时,应微笑着用自己的视线把另一方的注意力引导过来。手的正确姿态应是手指并拢,掌心向上,胳膊略向外伸,指向被介绍者,但绝对不要用手指去指点被介绍者。

4) 实事求是

作介绍时,既不要自吹自擂,夸夸其谈,也不要自我贬低,过度谦虚。恰如其分才会给人留下诚恳、可信任的印象。

5) 一视同仁

为他人作介绍时,要避免给任何一方厚此薄彼的感觉。不可以对一方介绍得面面俱到,而对另一方介绍得简略至极。也不可以对多个人作介绍时,称呼一方为"我的朋友",另一方为"我的好朋友";或者对一方称"这是××",另一方称"这是我的好朋友××"。因为这似乎暗示另外一个人不是你的朋友,所以显得不友善,也不礼貌。

6) 察言观色

介绍的内容、时间控制可根据对方的兴趣程度、是否投入等灵活把握。如见到久未联系的朋友,应立即主动热情地上前与之握手,如果观察到朋友脸上有疑惑的表情,应立即报上自己的姓名,以防对方因想不起来而尴尬。

2. 被介绍人的礼仪要求

在得知对方的姓名之后,不妨口头加重语气重复一次,因为每个人都最乐意听到别人叫自己的名字;被他人介绍时,如果对方把你名字记错了应十分友善地纠正,也可想一些有趣的办法帮助别人记住你的名字;如果听不清他人介绍,可请其再说一遍,不要觉得不好意思,别人会因为你很在意知道他的名字而愉快。

介绍时,除贵宾、妇女和年长者外,一般应起立,但在宴会桌、会谈桌上可不必起立,被介绍者只要微笑点头有所表示即可。

当你被介绍给他人之后,应当跟对方寒暄。若只向他点点头,或只握一下手,通常会被理解为不想与之深谈,不愿与之结交。

当介绍者询问是不是有意认识某人时,不要拒绝或扭扭捏捏,而应欣然表示接受。实在不愿意时,要委婉说明原因。

当介绍者走上前来,开始为你进行介绍时,被介绍者双方都应该起身站立,面带微笑,大大方方地目视介绍者或对方。

当介绍者介绍完毕后,被介绍者双方应依照合乎礼仪的顺序进行握手,彼此问候一下对方,也可以互递名片,作为联络方式。

不论是给别人作介绍还是自我介绍,被介绍双方态度都应谦和、友好、不卑不亢,切忌傲慢无礼或畏畏缩缩。

当别人介绍自己时,要从座位上起立,表示出很愿意认识对方的样子,主动把手伸过去与对方握手,说一声:"你好!"如果对方是位女士,则应等对方伸出手来再去握手,如她不伸手,可以点头致意。

给双方作介绍之后,不可马上走开,要等他们谈上几句话后再告别,不然双方可能交谈不起来,但也不要该走时不走。看到双方谈得很融洽,希望长谈的,应当适时地找个借口离开。

不要对尊敬的人过于殷勤,如"久仰久仰""久闻大名,如雷贯耳,今日得见,幸甚幸甚"之类的客套话最好还是免了,否则显得矫揉造作,缺少诚意。如果确实很高兴,可以说"很高兴认识你"。切记要注意自己的语气和腔调,它们往往比语句本身更能表明态度。

(七)介绍的注意事项

介绍时一定要弄清彼此的关系,不可张冠李戴,不可出错。还要明确介绍的目的,是为了让彼此认识,还是为了加强以后的联系,或是其他的目的,不可介绍之后还是让人一头雾水。

介绍时要注意言辞有礼,遵循平等的原则,切不可使用命令式的口气,如"小王,过来见见张总经理!"这种语气有强加于人的意味。

介绍时可适当风趣，但不可太过分，如果别人正在学习钢琴，在介绍时可风趣地介绍这一业余爱好，而不可这样介绍："这是一位著名的钢琴家。"因被介绍者的钢琴还仅仅在起步阶段，你这一信口开河、夸大其词的介绍会使他十分尴尬，感到你在讽刺他，如果有人请他来一曲，那就更难堪了。

介绍时应避免使用推销式的介绍，不可这样介绍："这位是王德贵先生，巨能有限公司的董事长，家产有3亿元。"这种介绍有借朋友的身份来抬高自己的嫌疑，既失身份又失礼仪。

介绍时还应避免嬉皮笑脸、仪态不端，那样会让人感觉非常不尊重交往对象。在为他人作介绍时，应该注意使用正确的手势语言，正确姿态应是手指并拢，掌心向上，胳膊略向外伸，指向被介绍者，绝对不要用手指去指点被介绍者。

介绍时还要注意时间和内容的调整，一般来说，介绍的时间不宜太长，最好控制在一分钟或者半分钟左右。因此，如何在有限的时间内有效地进行介绍，在介绍的内容上怎样进行调整是应有所考虑的。

介绍的内容可以根据不同的场合和情境加以调整。之前提到的寒暄式介绍、公务式介绍和社交式介绍的内容就有增减。比如，寒暄式介绍，内容高度简要，往往仅介绍姓名；公务式介绍，内容要做到全面、规范、统一，单位、部门、职务和姓名必不可少；社交式介绍，内容相对灵活，个人的基本情况、籍贯、爱好、工作生活经历等均可介绍。

介绍时，如果有名片，应该先递名片再作介绍，其原因如下。

第一，少说废话，如什么头衔、什么职务就没必要再说，它能言人所未言。这在后边介绍名片的时候再详细讲。

第二，加深印象。口说无凭，通过名片就能一目了然，给人真实可信的感觉。

第三，表示谦恭。不仅作自我介绍的时候，地位低的先介绍，交换名片的时候，也是地位低的先递。公关人员先递名片，也是对对方的一种尊重。

五、模拟任务训练

(1) 天成公司董事长、经理和经理助理一行三人应邀到金石公司参加一个活动，在金石公司大门等待的是公司董事长、经理和礼宾工作人员。双方见面时，应分别由谁来介绍？介绍的顺序是怎样的呢？

学习要求

小组讨论：抽2～3个小组代表上台试演，全班讨论确定最佳方案，然后分组上台试演。

(2) 小王作为接待组成员，在陪同领导与贵宾团见面时，由于与该团团长熟识，因此在见面的时候，先为团长热情地介绍了身边的领导。小王自认为自己的接待很顺利，殊不知，他的行为却引起了领导的不满。

学习要求

小组讨论：小王的行为有何不妥？正确的介绍方式应是怎样的？请同学们模拟示范表演，其他同学评议。

(3) 分析下列为他人介绍的事例。

① 这位是×××公司的人力资源部经理,他可是实权派,路子宽,朋友多,需要帮忙可以找他。

② 约翰·梅森·布朗是一位作家兼演说家,一次,他应邀去参加一个会议并进行演讲。演讲开始前,会议主持人将布朗先生介绍给观众,下面是主持人的介绍语:女士们,先生们,请注意了,今天晚上我给你们带来了不好的消息。我们本想要求伊塞卡·马克森来给我们讲话,但他来不了,病了(下面嘘声)。后来我们要求参议员布莱德里奇前来,可他太忙了(嘘声)。再后来,我们试图请堪萨斯城的罗伊·格罗根博士,也没有成功(嘘声)。最后我们请到了约翰·梅森·布朗。

③ 我给各位介绍一下:这小子是我的铁哥们儿,开小车的,我们管他叫"黑蛋"。

📖 **学习要求**

小组讨论:以上介绍存在什么问题?应该如何介绍?

六、思考题

(1) 介绍时忘了对方的姓名怎么办?

(2) 设想三种不同的社交情境,并分别设计你作自我介绍的第一句话。

(3) 如果一位男士在社交场合遇到一位他不太熟悉的女性晚辈,这位女性刚进他所在的公司工作。他们之间想进行交谈,谁应该先作自我介绍?

任务四 名 片 礼 仪

一、能力目标

(1) 能针对不同的场合和情境,灵活地掌握使用名片的时机。

(2) 能根据不同的场合、情境、交往对象,灵活地掌握递交名片的正确方式。

(3) 能对名片进行科学合理的归类、整理,建立良好的社交形象。

二、任务情境

在最近举行的产品展销会上,客商云集,天马广告公司的经理马中强想要拜访当地知名企业集团的李总经理、赵董事长、陈总经理(女士),他事先准备好了自己的名片。在展销会后的聚会上,马中强见到了这几位久仰的企业家。马经理应该如何分别与对方成功地交换名片?在交换名片的时候要注意哪些礼节?

📖 **学习要求**

先请全班同学分小组讨论,再请几位同学面向全班进行模拟表演,然后全班讨论,看看哪一种做法更好,并说明理由。

三、相关案例

【案例1】

某公司王经理约见了一位重要的客户方经理。见面之后，客户就将名片递上，王经理看完后随手将名片放在桌子上，两人继续谈事。过了一会儿，服务人员将咖啡端上桌，请两位经理慢用。王经理喝了一口，将咖啡放在了名片上，自己没有察觉，客户方经理皱了皱了眉头，没有说什么。

【案例2】

2000年4月，新城举行春季商品交易会，各方厂家云集，企业家们济济一堂，华新公司的徐总经理在交易会上听说衡诚集团的崔董事长也来了，想利用这个机会认识一下这位素未谋面却又久仰大名的商界名人。午餐会上他们终于见面了，徐总彬彬有礼地走上前去："崔董事长，您好，我是华新公司的总经理，我叫徐刚，这是我的名片。"说着，便从随身携带的公文包里拿出名片，递给了对方。此时的崔董事长显然还沉浸在与他人谈话的情境中，他顺手接过徐刚的名片，说"你好"，便将名片放进了自己的包里，继续与旁边的人交谈。徐总在一旁站了一会儿，并未见崔董有交换名片的意思，便失望地走开了……

讨论

请针对以上两个案例谈谈你的看法，评价一下交际对象的社交礼仪行为有何不妥之处。

四、知识链接

(一)名片礼仪的含义

名片在现代社会生活中是必不可少的交际工具，它是一个人身份的象征，甚至是一个人的脸面，它是"交际的使者"，是一种自我的"介绍信"和"联络卡"。名片经济实用，它可以使不相识的人相识，成为朋友，保持联系；它便于自我介绍，促进交流。在使用名片时要合乎礼仪规范，注意区分场合和交往对象。

(二)名片的正确递接方式

1. 名片的递接时机

在递接名片时，首先要把握好名片递接的时机，一般在以下情况可以相互交换名片。

- 希望与对方认识时，尤其是初次见面，相互介绍之后就可递上名片。
- 当被介绍给对方时。
- 初次登门拜访对方时。
- 当对方希望与自己交换名片时。

- 当自己的信息有变更时，须告知对方。
- 当对方主动向自己索要名片时。
- 当需要知晓对方的准确情况，想要获得对方的名片时。

此外，好朋友很久没见面了，可以在告别时相互交换名片。

2. 名片的递送

1) 事先准备

在递送名片前，首先，要准备好自己的名片，平时不能把自己的名片和收到的名片混装在一起，以致在交往时找寻半天，拿出来的还是别人的名片，这样非常尴尬，也极有损自己的交际形象。其次，名片应放置在身上易随时取出的位置，注意不能放置在胸线以下的位置，更不能从屁股后面的口袋里掏出来，这样极其无礼。

2) 姿态大方

递送名片时要注意姿态大方、得体，动作洒脱，态度从容、大方，面带微笑，表情谦恭、有礼，保持站立姿势，双手拿着名片，名片的正面向上，文字的内容向着对方，将名片递给对方时，可以说"请多指教""请多多关照""以后保持联系"等。在双方同时递交名片时，可用右手递、左手接，不能用左手夹着名片给人。

3) 礼仪顺序

递送名片时要注意礼仪顺序，一般是地位低的人先向地位高的人递送名片，年轻人先向长辈递送名片，男士先向女士递送名片，客人先向主人递送名片。如果向多人递送名片，可按顺时针的方向依次递送名片，或按由近而远、由尊而卑的顺序递送，不可跳跃进行。如果递送名片时顺序不分、尊卑不分、远近不分，会给对方留下非常不好的交际形象。

3. 名片的接收

接收名片时态度要恭敬诚恳，表情友善亲切，面带微笑，保持站立姿势，或者欠身，用双手接过名片。接过名片后应致谢，然后马上从头到尾看一遍，以示敬重之心、重视之意，并且立即用对方名片上的信息称呼对方，说"很高兴认识你""以后常向你请教"之类的语言。若遇有不认识的字，或多音字，应马上请教对方，把对方的名字喊错是很失礼的。收到对方的名片后，应妥善保存，不可随意放置，或者在手上把玩，名片相当于一个人的脸面，如果你这么做就是对交往对象极大的不尊敬。

4. 名片的索取

一般情况下不宜直接向对方索要名片，更不能强行索要，如需索要他人名片，要讲究一定的艺术性和委婉，一般可采取以下四种方法。

1) 交易法

俗话说："将欲取之，必先予之。"当我们想要索取对方名片的时候，不妨先把自己的名片递给对方。所谓"来而不往非礼也"，一般当你主动把名片递给对方后，对方若不回赠名片是失礼的，因此，通过这种方法可以获得对方的名片。例如，你可以这样说：

"你好！我们可以互赠名片吗？"或者这样说："您好！很高兴认识您，不知能不能跟您交换一下名片呢？"

2) 联络法

当我们想要与交往对象加强联络时，可以采用这种方法，可以在与对方认识后，说："认识您真是太高兴了，希望以后与您保持联系，不知怎样与您联系更加方便呢？"这就是在暗示对方给你一张名片，一般对方会意后会主动给你一张名片。这种方法一般适用于平辈或初识的朋友之间。

3) 谦恭法

谦恭法是以一种特别谦恭的态度来索要对方的名片，一般这种方法适用于特别受尊重的尊者、学者、长辈等。比如，可以在认识一位专家后说："×××教授，认识您我非常高兴，虽然我在这个领域涉足已经有几年了，但是与您这样的专家相比，真是相差太远，希望以后能有机会多向您请教，不知怎样向您请教更加方便？"其实说这么多的话都是在表达一种谦恭，都是在作出一种铺垫，向对方暗示需要对方的一张名片，一般话说到这一步，我们的尊者也会把名片赠给我们的。

4) 激将法

面对地位、身份比你高的人，很可能出现你把名片递过去，他道谢后便没了下文的情况。此时，你可主动索取，如"王总，我非常高兴能认识您，不知能不能有幸跟您交换一下名片？"在这种情况下，对方一般会回赠名片。递接名片的方式如图2-3所示。

图2-3 名片的递接

(三)递接名片的注意事项

在人际交往中，递接名片时，不可将自己的名片像发牌一样发给每个人，这样会显得太过随便，别人也不会重视你。

要注意自己的名片和他人的名片一定要分开放置，不可出现混淆的情况，在社交中递错了名片是非常失礼的。

接过他人的名片后，一定要认真读一遍，切忌不看一眼就把对方的名片扔到一边，更不可把对方的名片拿在手上把玩。

接到他人的名片后一定要慎重，不可在对方的名片上压放任何物品，也不可在离去时忘了拿对方的名片。

出席商务社交活动，要记得带名片。注意，不要将名片放在后裤袋或裙兜里。

(四)名片的保管

1. 名片的放置

在参加交际活动时，要提前准备好自己的名片，名片要放在专门的位置，可放在专用的名片夹、公文包或者办公桌的抽屉里，有时也可放在上衣口袋内。不能把名片放在裤袋、衣袋、手提包、钱包里，那样会让人觉得你这个人很邋遢，做事杂乱无章，有损交际形象。

2. 名片的整理和收藏

在收到对方的名片后，要将收到的名片分类整理收藏，可按以下四种方法进行整理。
(1) 按国别或地区分类。
(2) 按专业或部门分类。
(3) 按姓名的外文字母或汉语拼音字母顺序分类。
(4) 按姓名的汉字笔画多少分类。

以上这四种归类整理名片的方法也可以同时交叉使用，尽量做到有条不紊，这样在今后的联系交往中也会很方便。注意，不可随意将名片夹在书、报纸、杂志里，不要随意扔在抽屉里，也不要压在办公桌的玻璃板下。记住，名片是一个人的脸面，在保管上要慎重对待，这对人对己都是一种尊重。

五、模拟任务训练

(1) 某公司新建的办公大楼需要添置一系列的办公家具，价值数百万元。公司的总经理已决定向 A 公司购买这批办公用具。这天，A 公司的销售部负责人打来电话，说要上门拜访这位总经理。总经理打算等对方来了，就在订单上盖章，定下这笔生意。

不料对方比预定的时间提前了两个小时到，原来对方听说这家公司的员工宿舍也要在近期内落成，希望员工宿舍需要的家具也能向 A 公司购买。为了谈这件事，销售部负责人还带来了一大堆资料，摆满了台面。总经理没料到对方会提前到访，刚好手边又有几件事情急需处理，就请对方先等一会儿。这位销售员等了不到半小时就开始不耐烦了，一边收拾起资料，一边说："我还是改天再来拜访吧。"

这时，总经理发现对方在收拾资料准备离去的时候，将自己刚才递上的名片不小心掉在了地上，可对方并未发觉，走时还无意地从名片上踩了过去。但这个不小心的失误却令总经理改变了初衷，A 公司不仅没有机会与对方商谈员工宿舍的设备购买问题，连几乎到手的数百万元办公家具的生意也告吹了。

📖 学习要求

分组讨论：为何 A 公司销售员把到手的生意都谈没了？请学生分组分别扮演 A 公司销售员和公司总经理，讨论如何得体地拜访，如何正确运用名片礼仪，来谈成这笔生意。

项目二　交际交往礼仪

(2) 在一次聚会上,科技园综合科的刘科有幸认识了机关事务局的赵局长,两人交谈甚欢,且相互交换了名片。后来由于工作上的事情,刘科到机关事务局去办事,正巧在大厅碰到赵局长,两人很高兴,刘科张口就说:"王主任,您好,没想到在这儿遇到您,上次在聚会上……"赵局长显得有些尴尬。

📑 学习要求

讨论:结合名片礼仪知识,谈谈这则案例出现了哪些问题?应该如何处理才能避免这些问题?请学生分角色扮演再互评。

(3) 张女士与孙先生相遇了,由于孙先生的工作有所变动,孙先生主动递上了自己的名片。张女士也打开自己的手提包,准备拿出自己的名片与之交换,可是一摸,首先摸出了一张健身卡,再一摸是一张名片,高兴地递给孙先生,孙先生接过低头一看,是别人的名片。张女士尴尬地笑着,继续在包里找名片……

📑 学习要求

讨论:本例中为何张女士会出现这种尴尬的情况?应如何避免?请学生分组讨论,再上台表演,学生评议。

六、思考题

(1) 在社会交往中哪些情况下可以使用名片?
(2) 递交名片时应注意些什么问题?
(3) 如何得体又不失礼地向他人索取名片?
(4) 若别人向你要名片,而你不想给时,要用委婉的方法表达,不能直接回绝。想一下,这时你该如何说?

任务五　空　间　礼　仪

一、能力目标

(1) 能根据不同场合、情境、交往对象,把握好合适、得体的空间距离。
(2) 能运用空间礼仪,建立良好的社交形象。

二、任务情境

公司新招进的员工小王是个性情开朗、热情大方的小伙子,喜欢和人交朋友,平时和同事交谈时喜欢拍着对方的肩,和对方靠得很近,有时甚至凑到同事的耳朵跟前说话。可是,一段时间后,小王发现同事们有些不愿意和他说话,老远看见他就找个借口走了。小王很纳闷,不知自己哪里出了问题。

📚 学习要求

请你帮小王分析一下，问题出在哪里？他在与同事交往的过程中，有何不妥之处？应如何把握与同事交往的度？

三、相关案例

【案例1】

教师办公室，伴随着一声"报告"，正埋首在学生作业中的李老师抬起头来，班上的王新同学敲门而入，径直走到李老师面前："李老师，我要向你报告一件事……"高个儿的王新站在李老师面前，李老师不得不抬起头仰望着王新，这样脖子会仰得很酸，加上靠得很近，于是李老师站起来，拉着王新到办公室一侧的沙发上坐下，请王新慢慢讲。

【案例2】

张小姐与刘先生是在公司的联谊会上认识的，刘先生对张小姐很有好感，可是又不知如何表达，担心遭到拒绝。于是刘先生在与张小姐交谈的时候，刻意将手中的茶杯放在距张小姐茶杯很近的位置，刘先生见张小姐没有把自己的茶杯撤走挪开，又向张小姐略靠近了些。这次联谊会后，刘先生与张小姐的交往有了更多的进展。

❓讨论

请针对以上两个案例谈谈你的看法，评价一下交际对象的社交礼仪行为有何不妥之处，或者有何可借鉴之处。

四、知识链接

(一)空间礼仪的含义

俗话说，距离产生美。在人际交往中，适度的距离能增进相互的友谊，促进情感交流；不合适的距离却会适得其反，甚至带来尴尬、失意、挫败。在现实生活中，一些人往往因为不能合理地把握交往中的距离而错失一些交际良机，有的人则认为只有亲密无间才能体现出双方是铁哥们、好姐妹，因此一味地去拉近距离而令人反感。事实上，人与人之间的交往需要保持一定的空间距离，因为人人都需要一个属于自己的"小天地"，不愿意别人进入，哪怕是最亲密的人，有时也不愿意被打扰。所以电影、电视中常常出现这样的语言："请让我一个人待着""我想一个人待一会儿"等。有了空间的距离，人才更能体现尊严。尤其是在尊卑之间、职级之间、客我之间、亲疏之间等，更应体现出合适的空间距离。这个合适的空间距离，又可称为空间场。所谓空间场，是指每个人对周围空间大小的需求程度。

不同民族、不同性格的人对空间大小的需求程度是不同的。如性格内向、处事谨慎的人，对空间需求的程度较大，和这种类型的人交往，一定要把握距离；而性格外向、活泼开朗的人，对空间需求的程度相对较小，和这种类型的人交往很容易在短时间内就成为好朋友。不同民族的人习惯的"交谈者距离"也各有不同，如美国人习惯相互间交谈的距离是一臂之长，约 0.5 米；英国人交谈时习惯保持 1 米左右的距离；瑞典人、挪威人、丹麦人认为谈话时两人之间保持 1.2 米的距离比较舒服；意大利人谈话时几乎靠在一起，两人之间仅相距 30～40 厘米，他们认为这样的距离让人愉快；阿拉伯人交谈时也靠得很近，有时甚至是头靠头说话。因此，有时，在社交中往往会出现这样有趣的画面：一位英国绅士和一位意大利女士交谈时，意大利女士按照自己的交谈习惯(相距 30～40 厘米)自然向英国绅士靠近，而英国绅士则按照自己的交谈习惯(相距 1 米)自然向后拉开距离，结果，意大利女士逼得英国绅士节节后退，意大利女士感到莫名其妙。

工作中我们也会遇到类似的事情，有的同事说自己的人缘不好，同事们不愿与其交谈，百思不得其解。究其原因，原来是因为他说话时总是喜欢凑到别人跟前，总是喜欢和同事咬耳朵，无形中侵犯了他人的空间，同事们自然会不自在，不愿意和其交谈。

空间礼仪正是运用空间场知识，从而能从容地在社会交往中根据不同情况、不同场景把握合适、得体的交际距离，真正体现出对他人的尊重，促进人际交往和相互沟通。

(二)空间区域的划分

人对周围空间的需求程度有大小、强弱之分，一般情况下，空间距离可以分为"亲密区""个人区""社交区"和"公共区"四个区域。

1. 亲密区

亲密区又称为亲近区，一般指自己的身体向外 0.45 米的范围，这是一个私人距离，仅用于接纳身边最亲近的亲人、父母、亲密的朋友。其他外人如果进入这个区域，人们会表现得不自在，身体会作出"撤退"甚至"出击"的反应。因此，一般的朋友、异性，不要轻易尝试去触碰对方的亲密区，因为这是对他人的侵犯。

2. 个人区

个人区是指身体向外 0.45～1.2 米的范围，主要用于接纳日常的好朋友、同学、亲属等，适用于日常工作、生活场所和一般聚会场所与同学、老师、同事、邻居、熟人等的交往。注意，一般的朋友、异性也不宜轻易进入这个区域，与客户、上级、长辈、尊者交往时，也要尊重对方的个人区，不要轻易靠近。

3. 社交区

社交区又称为礼仪区，是指身体向外 1.2～3.6 米的范围，这是我们在办公室、聚会等很多工作、社交场合标准的社交距离，适合于礼节上较为正式的交往。这时，一般的同事、朋友、异性之间，客人与主人、上下级、长晚辈之间都可以在这个区域进行交往，如在办公室交谈、商务洽谈、招聘时的面谈、学生的论文答辩等。这个空间区域也是接待、服务岗位上最合适的距离,若太近,会侵占他人空间;太远,会迫使对方提高嗓门说话,费力、不舒服,也不礼貌。因此,礼仪区能更好地体现出对交往对象的尊重,也让彼此在心理上有一种安全感。在这个区域尤其要注重交往时的体态语言和礼仪规范。

有时,在银行这样的场合,当我们在现金柜前办理业务时,也应自动地与前面的人保持 1 米以上的距离,这也是出于安全和尊重的考虑,同时也可避免被怀疑。

4. 公共区

公共区是指身体向外 3.6~8 米的范围。这个区域一般用于演讲、会见、会谈、会议等。这个距离会给他人和自己带来一种安全感,容易获得对方的信任,便于双方沟通,也可避免产生误会,如不熟悉的人或不认识的人之间,保持这样的距离不会被怀疑在窃听、窥视等。注意,这是一个约定俗成的国际惯例,尤其是在和外国友人交往时更应注意这个距离。

当然,人际交往的空间距离不是绝对的,有时会随时间、空间、交往的深度和发展而有所变化。实际上,影响交往空间距离的因素还有很多,文化背景不一样,生活习俗不一样,年龄、性别不一样,所处的地位不一样,对空间距离的理解和需要就会不一样,甚至同一个人,由于情绪状态不同、交往环境不同,与人交往的空间距离也会不同。因此,我们在与人交往的时候,一定要注意把握好距离的分寸。

记住:亲切不等于零距离。没有距离,就没有朋友。只有把握好交往中合适的距离,才能在人际交往中游刃有余。

(三)影响空间区域划分的因素

当然以上交往距离、范围的划定,并不是"铁板"一块,有许多因素可影响空间区域的划分,不同的人所需的个体空间的范围有所不同,同一个人在不同心理状态下所需的个体空间也会有所变化。因此,交往空间仍有较大的伸缩性,有以下一些因素影响空间区域的划分。

1. 文化背景或民族差异的影响

具有不同文化背景的不同民族对交往距离的划定也是不同的。例如,地中海国家的人交往时允许有较多的身体接触,相互靠得较近;而北欧国家的人则相互离得较远,很少有肌肤相触。同是欧洲国家,法国人与英国人交谈时,法国人总是保持较近的距离,乃至呼吸之气也会喷到对方脸上;而英国人则会感到很不习惯,步步退让,以维持适合自己的空间范围。

2. 社会地位和年龄差异的影响

人与人交往距离的远近划定,社会地位和年龄也是很大的影响因素。例如,地位尊贵的人物,较之地位低俗的人需要更大的个体空间,一般是有意识地与下属和人群保持一定距离,更不能容忍这些人紧靠着他说话,乃至抚肩拍背或将气息喷到自己脸上。同样,年龄差异较大的人之间交往距离的人为缩小产生的感觉,较之同龄人之间会淡化一些,比如

抚摸儿童的头和脸,而在成年的同龄人之间这就是一种不敬的表示,会显得粗俗无礼。

3. 性格差异的影响

性格开朗乐观的人,乐意接近他人,也容易接纳他人,个体空间相对较小。而性格内向、孤僻自守的人则相反,不愿主动接近别人,喜欢把自己孤立地封闭起来,而且对靠近他的人也十分敏感,他们的个体空间一旦受到侵占,最容易产生不舒服感和焦虑感。

4. 性别差异的影响

性别的不同也是影响人们空间距离远近的一个因素。例如,女性相聚比男性相聚会站得近。女性和男性对空间位置的安排也不同:女性往往靠在她喜欢的人旁边,而男性则选择在他喜欢的人对面就座。女性最反感陌生人坐在自己旁边,男性最不喜欢陌生人占据自己对面的位置。而且男性会把坐在对面的"闯入者"视为竞争的威胁,女性则把坐在身旁的"闯入者"视为有意识的侵犯。

5. 情绪状态和交往场景差异的影响

人在心情轻松愉快时,就会允许别人靠得很近,此时个体空间就会缩小;而在生气郁闷时,个体空间便会非理性地扩张,甚至连亲朋好友都要被拒之于外。在拥挤的社交场合,如舞会、聚会等,人们的空间距离相对较小,彼此靠得很近,但会设法避免视线或呼吸的接触。反之,若在较为空旷的社交场合,人的个体空间就会自然扩大,当别人毫无理由地侵入时,便会产生怀疑和不自然的状态,甚至做好防卫准备。

五、模拟任务训练

(1) 模拟在拜访客户、向上级领导汇报工作的时候应与客户、上级领导保持的礼貌空间距离。

学习要求

学生分组,两人一组,分别扮演职员、客户、上级领导,模拟训练在拜访客户和向上级领导汇报工作的过程中应保持的空间距离。

(2) 某公司准备邀请当地知名的张教授到公司进行一个学术性的演讲,办公室小刘负责演讲会场的布置,帮小刘考虑一下如何运用空间礼仪的知识放置演讲台。

学习要求

学生分组,运用空间礼仪知识布置演讲会场,重点注意演讲台与听众席的距离。

(3) 小兰和小强从刚认识的朋友,到成为无话不谈的好朋友。后来,在工作中小兰又成为小强的上司。在两人从初期认识到成为好朋友,再到成为上下级关系,小兰与小强应该保持怎样的交往距离?

📖 学习要求

学生分组讨论：在三个不同的阶段，在不同的场合，小兰和小强应该保持什么样的交往距离。请同学们分角色扮演，模拟示范，然后评析。

六、思考题

(1) 在社会交往中人与人之间的空间距离有哪几个区域？各自适用的范围是怎样的？
(2) 如何根据交往双方熟悉的程度、性格、性别来判断确定空间距离？

课 程 思 政

交际交往礼仪是人与人交往的基本礼仪规范，它不仅是与人交往的尺度，也是自身道德涵养的体现。对于社会，礼意味着法纪法规、条例规范，本章学习是对秩序的维护，也是对人们的保护，能更好地践行"文明"与"和谐"的社会主义核心价值观，能加强中国人民对和谐有序的向往，与党的二十大报告指出的"要实施公民道德建设工程，弘扬中华传统美德，加强家庭家教家风建设，推动明大德、守公德、严私德，提高人民道德水准和文明素养"等精神紧密相关。

项目三　公共礼仪

　　人是社会人，除了个人生活、家庭生活之外，人们还必不可少地要置身于公共场合，参与社会生活。在这种情况下，与他人共处，彼此礼让、包容、理解、互助也是做人的根本。公共礼仪的基本内容，就是人们在公共场合与他人共处时要和睦、礼让、包容的有关行为规范。它是社交礼仪的重要组成部分之一，也是人们在交际应酬中所应具备的基本素养。一个人在公共场合的言行举止，往往会反映出他的本来面目，因此，我们一定要注意遵守公共场合的礼仪规范，体现自己的良好形象。

任务一　出行礼仪

一、能力目标

(1) 能在个人出行过程中遵守步行礼仪。
(2) 能在个人出行过程中遵守乘坐各类交通工具的礼仪。

二、任务情境

　　一位旅客说，他乘坐飞机时，最怕的就是周围有人脱鞋。他形容："如果将各地的臭脚聚在一起，那几小时的密闭飞行简直就是一种刑罚。"但这位旅客感到非常疑惑，他说："按理说，在公共空间里休息是不能脱鞋的，但有一次出国，我乘坐的是外航，人家空中小姐还给旅客提供拖鞋，这就意味着飞机上可以脱鞋休息。"那么，在飞机上到底能不能脱鞋呢？

学习要求

　　先请同学们在小组内讨论，然后在全班交流各自的观点，说一说怎样才不会失礼于人，请给出理由。

三、相关案例

【案例1】

　　台湾地区著名学者柏杨曾在《丑陋的中国人》一书中讲过这样一件事：某天，两个广东人在美国的大街上讲话，由于两人说话的声音很大，美国人以为他们在吵架，怕他们打起来影响社会治安，于是急拨电话报警。警察火速赶到，问两人在干什么，他们说："我们正在耳语。"

【案例2】

春节前的一列火车上有这么一家人：晚上8点他们上车后就开始聊天，吵得旁边的人头痛，到了半夜12点多，一个女孩居然打开收音机放歌曲，没过一会儿，他们又开始拉开嗓门大声说话。这伙人有说有笑，一直吵闹到早上5点他们下车。

【案例3】

有一次小张去三峡玩，由于是头一次乘船，所以兴奋得不得了。他和几个朋友站在甲板上高兴得又蹦又跳，当时有一艘船远远地开过来，他们几个就拿起脱下来的外衣又晃又跳，希望引起那艘船的注意。一开始，那艘船上根本没人理会他们，但是不一会儿就有几个人上了甲板，又过了一会儿，竟然有人拿起旗子冲着他们挥舞。小张他们一看有人打招呼回应，都乐坏了，更加起劲儿地摇晃手中的衣服。没想到几分钟后，本船的几个船员冲上甲板，一把夺过他们手上的衣服。小张他们几个人被吓了一跳，愣在了当场。原来，他们只顾高兴地在甲板上拿着衣服乱挥舞，另外一条船却以为他们遇上了麻烦，在用旗语求救。

❓讨论

请针对以上三个案例谈谈你的看法，评价一下一个人在公共场合涉及的礼仪行为规范。

四、知识链接

(一)步行礼仪

步行看起来是私人的事情，但我们无时无刻不生活在社会之中，无论是在公园、街道，还是在火车站、机场，或者在办公大楼、商务大厦，当我们出行在外时，总要在别人的眼前行走，因此总要顾及个人的良好形象。这就需要步行礼仪来帮忙。道路是最基本的公众场合，因而步行礼仪属于公共礼仪的一部分。这些无处不在的步行礼仪，能够体现出一个人的礼仪素养和基本素质。

1. 遵守规则

行路时要注意遵守各项交通规则。交通规则表面上是对个人行为自由的限制，实际上却保障了人们出行的安全和道路的畅通。交通法规对行人和各种车辆的行驶均有严格的规定，人人都应自觉遵守。遵守交通规则是步行礼仪最基本的内容。

首先，应注意各行其道。步行要走人行道，横过马路要走横道线，不要因为觉得过人行天桥或地下通道麻烦而翻越栏杆；在过人行道时不可埋头快跑，如果没有红绿灯，应特别注意避让来往车辆，以确保安全。

其次，在选择正确道路的基础上，还应注意遵守交通指示。过马路时切记红灯停、绿灯行，不要在绿灯还没亮起的时候，因为身边的路人都闯红灯，而不管束自己，跟着闯红灯；也不要因为过往车辆少，没什么危险，就去闯红灯。对红绿灯的遵守是市民素质最直

接的体现，贪图一时方便而破坏了红灯停、绿灯行的交通规则是没有礼仪素养的表现。在有信号指示或交通警察指挥的地方，一定要遵守信号和听从指挥。

2. 行路文明

行走时，应注意自己的走姿，做到沉稳、端庄、文明、敏捷。具体要求有：行走时应当上身挺直，目视正前方，不要弓腰、低头，不要东张西望，不要摇头晃膀；步幅、步速和双臂摆动的幅度最好保持一定的稳定节奏，尽可能地在步行时双脚后跟落地之后接近一条直线。

有人概括了行走时的七种不雅仪态：一是上看下看，左顾右盼；二是东跑西颠，方向叵测；三是驼背弯腰，缩脖摆胯；四是连蹦带跳，手舞足蹈；五是摇摇晃晃，东倒西歪；六是跑来跑去，虚张声势；七是走路带响，喧哗吵闹。这些不雅仪态都是我们应该极力避免的。

行走时不要哼小调或吹口哨；多人走路时不要倚仗人多而无所顾忌，高声说笑或横占半个马路而影响他人行走，应自觉排成单队或双队；不要在要道上与别人长谈，以免影响路人通行；如果走路时提着东西，应留神别让自己提的物品阻挡或碰撞了别人，一般情况下应提着物品走在人行道的外侧。

行走时应注意保持与他人的距离。应注意行走时勿与路人相距过近，勿尾随于他人身后，勿窥视、围观或指指点点，避免与对方发生身体碰撞，避免让对方产生一种不安全感。万一不小心撞到别人，务必要及时向对方道歉。在与朋友一起步行时，也要注意把握分寸，不要蹦跳嬉闹、大声喧哗、勾肩搭背、东张西望，几个人一起行走时，不可三五个人并排而行，挡住通道。

行走时应注意控制自己的速度，一般中速比较合适，忌行走时速度过快或者过慢，以免妨碍周围人的行进。有急事可快步走，最好不要在公共场合奔跑，以免引起路人恐慌。走路时要小心，不要埋头疾走，不要碰撞他人，若不小心碰到，应及时道歉，被撞到的人也没有必要一直责怪和埋怨，大家相互体谅，才会有真正的和谐。如果不小心碰到别人或踩了别人的脚，要主动向对方说声"对不起"，即使对方态度不好，也不要与对方发生口角。别人撞了自己或踩了自己的脚，应大度宽容，对主动道歉者说声"没关系"，不可口出怨言，斥责对方。

行走时要爱护公共卫生，不要在道路上随地吐痰，应吐在面巾纸或手绢上，以免影响市容；不要边走路边吃喝东西，更不要随便乱扔果皮纸屑，应将垃圾收集在一起，扔进马路边的垃圾箱里；不要随地吐痰，不要吸烟。这些行为不仅不雅观，而且还会给别人带来麻烦和困扰。图3-1所示就是一个行路不文明的示例。①

行走时遇到需要帮助的人应及时施以援手，给予力所能及的帮助，而不能视而不见，绕行走开。行走时遇有老、幼、病、残，不仅要主动让路，若有必要还应主动搀扶；若遇到有人问路，只要自己知道，就要热情地为对方指路，如果不知道也应礼貌地表达歉意。

---

① 图片摘自新浪网，http://bj.sina.com.cn/t/2007-07-10/1624144902.shtml。

如果自己不熟悉道路而向别人问路，应该注意态度，有礼貌地进行询问，而且最好不要向正在急于行走、正在指挥交通的交警或正在忙碌的人询问，最好选择那些看起来不怎么忙、比较悠闲的人询问。问路者要礼貌地称呼对方，可根据对方的年龄、性别和当地的习惯来称呼，不能用"喂""哎"等一些不礼貌的字眼来呼叫对方；当别人给予回答后，要诚恳地表示感谢，若对方一时答不上你的提问，也应礼貌地说声"谢谢"。

图3-1　注意行路文明

3. 注意位次

在外步行时，应注意行走时与别人的位次关系，把礼仪做到细微处，做生活中的有心人。

步行时不要满怀心事，只顾自己行走，应留心身边的行人，路上有残疾人、长辈、尊者、女士时，应恰当地调整自己与其行走的位次关系。具体做法是：应让残疾人、长辈、尊者、女士行走在马路内侧，自己走在靠近街道的一侧；如果是在狭窄的通道上与人相向而行，则应礼让，让其先行。

若自己与人同行，同样应注意位次关系。如果是与尊者同行，单行行进时，应遵守"前为尊，后为卑"的原则。前面行走的人，在位次上高于后面行走的人，因此，一般应当请客人、女士、尊者行走在前，主人、男士、晚辈与职位较低者则应随行其后。双行前进时，应遵守"内为尊，外为卑""左为卑，右为尊"的原则，自己走在道路的外侧或左侧。若是三人同行，应在不阻塞过道的情况下，让尊者走在中间。并行的三个人的具体位次，由尊而卑依次应为：居中者，居右者，居左者。需要注意的是，在尊者不熟悉道路的特殊情况下，自己可以主动上前带路，走在前列。

如果自己与女士同行，同样也应让女士行走在内侧或右侧，同时注意以下问题：需要调换位置时，男子应从女士背后绕过；当一个男子与两个以上的女子结伴而行时，男子不应走在女士的中间，而应走在女士们的外侧。

(二)乘车礼仪

各种车辆是我们现代社会最普遍的交通工具，我们有必要知道一些乘车礼仪。

1. 乘坐公共汽车的礼仪

公共汽车是大多数市民每天都会搭乘的大众化交通工具，虽是方寸之地，却更能显示

项目三 公共礼仪

出一个人的素质和礼貌，也能反映一座城市的文明程度。

1) 上车遵守秩序

在许多发达国家，市民在乘坐公共汽车时，都会按照先来后到的顺序自觉排队，车一到排队上车，不争不抢，大家都能上车。而在国内的很多城市，特别是上下班高峰期，公共汽车一到，大家争先恐后上车，挤成一片，导致互相碰撞、踩踏事件时有发生。有时一大早还没到单位，就因为挤公共汽车或者在公共汽车上发生的口角而有了一肚子气，这种现象真应该改改了。

在公共场合的排队礼仪规则是，只要两人以上，就应自觉排队按次序从前门上车，从后门下车。其实按次序排队，大家都能乘上车，既有效率，又有利于人文和谐；一拥挤反倒影响了大家的上车时间，也不利于和谐人际关系。排队时，应站在站台上，不要拥挤到马路上，妨碍交通。汽车进站后，要等车停稳之后，才能按照排队顺序依次上车，不要蜂拥而上，挤作一团，争抢上车。虽然上车要按次序，但是即使老人、小孩、病人或其他需要帮助的人排队的位置靠后，也应该让他们优先上车，同时还应该提供帮助。如果车内太挤，上不去了，就应该等待下一辆，不要扒门硬挤。

2) 乘车讲求文明

乘车并不是在车上随便一站就可以了，相反，一个人乘车的行为细节完全可以体现出他的礼仪素养。以下乘车礼仪，你都做到了吗？

上车自觉购票或者刷卡后应主动向下车的车门方向移动，待车到站停稳后再按顺序下车。不要为了图一己之便，堵在车门口，影响其他人上下车。车辆未停稳或车门开关时，禁止上下车。

如果车上仍有很多座位，应该避免坐老、弱、妇、孺专用的爱心座位；如果只剩下爱心专座，那么可以暂且坐下，但如果下一站有老、弱、妇、孺上车，应该起身让座；即使没有坐在爱心专座上，遇有老、弱、妇、孺上车也应当主动让座，不要与其抢座，或者故意装作没看见；切忌与他人挤坐；切忌随便乱坐，比如窗沿、地板、扶手、发动机盖等不安全的地方；坐在座位上应坐稳扶好，头、手勿伸出窗外；应收敛手脚，不要把腿伸到过道上，不要跷二郎腿，避免占用邻座的地盘；如果自己坐在靠近车内的一侧座位上，当你邻座靠窗的乘客欲下车时，应该及时转身，将双腿转到座位靠车内一侧，以便邻座的乘客通过。

如公交车上无座位，应找一个恰当的地方站立。在车厢中站立时要扶好站稳，以免刹车时碰着、踩着别人，如有可能，应与其他人的身体保持一定距离，不破坏对方的安全感和私密感。如果不小心踩到或碰到别人，应该真诚地道歉。一般来说，双层公共汽车第二层不准站立。

如果乘坐公交车时随身携带物品，应该将其放到适当的位置，不要让它占座位或挡路；有人通过时，应移动物品的位置，主动相让；下雨天带伞乘车时，在上车前应把雨伞折拢，将雨衣脱下叠好，不要把别人的衣服弄湿，雨伞无法折叠的，要靠近自己的身体竖起来，以免雨伞尖朝外，妨碍别人；乘车不要穿油污衣服，不带脏东西，以免弄脏别人的衣服，必须带上车的，要提醒别人注意，并放到适当的地方；在放置私人物品时，如有必要挪动他人的物品,务必要先征得对方的同意。

以下物品不宜带上公共汽车:易燃、易爆、易碎、有毒、有放射性、有腐蚀性、有刺激性气味以及其他可能危及行车安全或危害他人人身安全的物品,如油漆、汽油、储气罐等;活体禽、畜、宠物等动物;易造成车辆污损的物品、瓷器玻璃等易碎物。

乘车时应保持车厢清洁,空气畅通,避免在车内吸烟、随地吐痰、吐口香糖、吃东西、乱丢果皮杂物等,也不要随口将痰吐在车窗外,不要向车外乱扔废弃物。随着生活节奏的加快,许多人将早餐带到了公共汽车上,早晨的公共汽车往往成了餐车,人多拥挤的时候,容易使乘客携带的食品丢洒,一些液态食品(如豆浆、豆腐脑等)容易洒得满车都是。而且有的食品的气味也会影响车内的空气质量,如有人在车上吃韭菜馅儿的包子,其异味会直接影响其他乘客的情绪。

乘车时还应注意,在车内不要当众更衣、脱鞋,不要大声喧哗、嬉笑、打闹,即使遇到熟人,也不要远距离大声交谈,点头示意、打个招呼即可;要注意约束自己的小孩,不要让小孩在车内奔跑,以免影响到他人甚至发生安全事故;不要和驾驶人员说话,以免分散司机的注意力;夏天不穿背心、三角裤乘车;人多时在车上交谈显得很不文明,有事可以下车再谈。

以下几类人不宜乘坐公共汽车:赤裸者、醉酒者、无监护人的精神病患者、无成年人带领的学龄前儿童。

3) 下车提前准备

快到站时,注意提前做好下车准备,提前与前面的乘客调换位置,不要车到站了才从后面挤过人群下车,耽误大家的时间。准备下车时,如需他人让路,应有礼貌地先打一声招呼,或说"借光""劳驾",不要默不作声地猛冲,更不要发脾气或出言不逊。万一自己不小心碰撞、踩踏了别人,应立即道歉。如他人因此向自己道歉,则应大度地表示"没关系"。一定要在心里有这样的意识:在这样的公共场所,环境和时间都是大家的,只有时刻为他人、为公众着想的人,才能得到他人的尊重和理解。

2. 乘坐出租车、小轿车的礼仪

1) 乘坐出租车的礼仪

乘坐出租车,首先要注意站在交通安全的地方打车,不要在十字路口等交通容易堵塞的地方打车,以免影响公共交通,最好到街边的专用出租车停车位等候。

如果与你在相同位置等候出租汽车的有老、弱、病、残、孕等需要帮助的人,应该先让他们上车,自己等候下一辆出租车;如自己确有紧急事务要办理,上车前应该先向其他等车人致歉。

车停好后快速上车,上车后主动向司机问好,告诉司机自己要去的具体地方,注意从车的右侧上下车。现在很多城市的出租车出于安全考虑,把左侧的门锁死,乘客也只能从右侧上下车。如果随行上车的有多人,也应注意上下车的次序:上车时,年长者或女士先上;下车时,年轻者或男士先下。

一般乘客可以选择车内的任何一个位置,但如果你坐在司机旁边的位置上,司机会很

项目三　公共礼仪

高兴地与你交谈。出租车司机相当于一座城市的活地图，如果你是外地人，在与司机交谈的过程中可以了解到很多有用的信息，但应注意谈话以不影响司机开车为前提。

乘车时应保持车内卫生，不往车外吐痰、扔杂物，下车时将杂物顺便带走。在没有禁止吸烟的车上，如要吸烟，应征得司机同意，不可将烟灰弹落在车内，也不可将烟蒂扔到窗外。

2) 乘坐小轿车的礼仪

乘坐小轿车要注意上下车的顺序，特别是我们与尊者、长辈、上级、客户、女士同时乘坐时。首先要弄清车内的尊位，一般情况下车内的尊位是双排座的后排右座为上座，我们应主动打开车后排的右侧车门，请长者、上级、女士等尊者在右座就座，然后替其把车门关上，自己再从车后绕到左侧打开车门，在左座坐下。到达目的地后，我们应先下车，替尊者开车门，并协助其下车。如果是主人开车，车内的尊位是主人旁边的副驾驶座，表示与主人平起平坐，是对主人的尊重。如果遇有特别重要的政府高官、部队将领，这时车内的尊位是后排左座，因为这个位置在车内是安全系数和隐蔽系数最高的。

上下小轿车时要注意自己的仪态，一般男士宜采用侧进侧出式，女士宜采用背进正出式。男士在上车时，先单脚侧身跨进车内，不可先把头钻进去，身子还留在外面；下车时，也应先伸出一只脚踏在地面上，眼睛看着前方，上身自然侧身而出，起身的同时，迈出另一只脚，身体站稳后再缓缓离开。女士，尤其是身着裙装时，在上车时采用背进式，背对车内，先坐进车内，再一起将并着的双腿收进车内；下车时，先将双腿一起伸出车外，踏地，两眼平视前方，手扶着车门，再缓缓站起来，离开车位。无论男女，上下车时都切忌钻进钻出，注意自己的仪态要优雅大方。在自己的座位上就座后，应主动向周围不认识的人问好。当别人这样做时，应当予以回应。

无论是主人开车还是司职人员，都要注意开车平稳，遵守交通规则，安全行驶，既不要在快车道上开"蜗牛车"，也不要在慢车道上开"飞车"，超车时要有提前量，不要突然变道，不要频繁变道。夜晚开车时要适时地调整远近光灯，不要一直亮着远光灯行驶，这样不仅会严重影响对面来车的安全行驶，也是极不道德的。开车时，不要只顾着自己，要多为他人着想，遵守交通规则，才能真正地保障安全。

3. **乘坐火车的礼仪**

1) 候车礼仪

乘坐火车时至少要提前半小时到站，在指定的候车室排队、检票、进站、上车。

在候车室休息时，携带的物品要放在座位下方或前方，不抢占座位或多占座位，要注意自己的公众形象，不可以一人占据一条长凳，旁若无人地躺在上面休息，不要坐在地上，不可当众脱去自己的鞋、衣服。

应注意保持候车室干净、整洁，不可将自己吃剩的食品袋、食品盒、果皮纸屑到处乱扔，不要随地吐痰，应注意公共卫生；候车时注意与人交谈要控制音量，不要因为是在公共场所，就像高音喇叭一样四处宣讲、大声喧哗。公共环境是大家的，需要每一位公民共同维护。

进入站台后，要站在安全线后面等候，等火车停稳后，方可在指定车厢排队上车；上火车时一定要注意有秩序地排队上车，不要争先恐后，拥挤、插队，更不应从车窗上车，这时拥挤反而会拖延大家的上车时间，也容易发生安全事故；为了避免乘错车，在上车前最好再问一下乘务员，此列车是不是自己所要乘坐的。

2) 火车上的礼仪

上火车后尽快安放好自己的行李，行李应放在行李架上，不要放在过道上或小桌上，占用大家公用的过道，更不要直接踩在座位上放行李，然后留下两个赫然的"脚印"。

在座位上休息时注意不要影响他人，不要东倒西歪，不要躺卧在座席上、茶几上或过道上；不要靠在他人身上，或把脚跷到对面的座位上；上下卧铺或者整理卧铺动作要轻。

即使没到睡觉时间，上铺和中铺的旅客也不要长时间占用下铺床位。需要坐时，要先询问对方，得到允许后，要道谢。上下床时，动作要轻，注意自己鞋上的土，不要把下铺的床位弄脏。

同行者在乘坐火车时为了方便聊天、打牌，如果票位不挨着，可以考虑换票。但应注意，要先按照自己的座位号码就座，等旅客都坐好后，再和相应的旅客商量调换。如果对方同意了，要表示感谢；如果不同意，也不要勉强。

在车厢内可看书、看报、听音乐，不要吸烟，不要大声讲话，不随地吐痰，不乱扔废弃物，在其他旅客休息时，不要大声喧哗，如需交谈，可以到走廊上或列车两边的洗手池旁。使用火车上的公共厕所、洗手池时要注意"速战速决"，只能进行简单的洗漱，比如刷牙、用清水洗脸，女性最好不要在洗手间使用洗面奶洗脸或化妆，以免延长别人等待的时间。同时还应保持清洁，不要将自己的茶叶到处乱倒，特别注意不要将废弃物扔到火车外，以免发生安全事故，注意公共环境需要大家共同维护。在火车上应主动照顾老、弱、病、残，大家都在一列火车上，要互帮互助，一起度过愉快的旅程。

(三)乘船礼仪

有时出差在外、旅行游览会乘坐客轮、游艇等水上交通工具，轮船的空间比火车、飞机的空间大，乘坐也更舒适、自由，我们同样也要注意一些乘船礼仪。

没有船上生活经历尤其是身体虚弱的人，在乘船之前应该准备一些应急药品，在船上还应尽可能多休息，养精蓄锐。一旦在船上晕船、患病、犯病，应立即服药，并卧床休息。如果呕吐不止，身体虚脱，则应及时请船上的医生进行治疗，不要得过且过，使小病发展成大病，给周围的人带来麻烦。若自己周围的人晕船、生病，要给予对方力所能及的帮助，不要对其另眼相看或退避三舍，勿忘"同舟共济"之古训。

上船时应持票排队，注意安全，不要争抢，要相互谦让，一般船上的扶梯较陡，走道较窄，年轻人或男士应留意照顾女士、老人、儿童和残疾人。

乘船时要对号入座。我国的客轮舱位一般都划分了相应等级，有特等舱、一等舱、二等舱、三等舱、四等舱和五等舱等，不要争抢、抢占不属于自己的席位，也不要随便同不相识者调换座号或铺号。

一般情况下最好在自己的舱位附近活动，不要乱窜舱室；客舱的空间较为狭小，因此

项目三 公共礼仪

要注意及时漱口、洗澡，以消除体味、汗臭；与他人同住一个客舱时，一定不要吸烟；与不吸烟者同住时，更不能自得其乐地"吞云吐雾"；进行自娱活动时，注意不要妨碍别人休息，或者因此而给别人带来不便。

在客轮的甲板上休息时要注意安全，不要到不宜去的地方，不能随意在走道和甲板上奔跑追逐，不要随意触摸船上的各种开关和设施。在风浪大时最好回到自己的舱室。在甲板上晒日光浴时，着装应保持在绝大多数人都能接受的程度之内，不要过分地裸露身体。看好自己的小孩，不要让小孩在甲板上追逐、奔跑、翻越栏杆，这是非常危险的。这些行为都会给船上的人带来麻烦。

船在航行时，白天不要在船舷上舞动花衣服和手绢，晚上不要拿手电筒乱照，避免被其他船只误认为旗语或信号，造成麻烦和困扰。

一般船上都有相应的服务设施，如餐厅、棋牌室、歌舞厅等，可和同伴或邀请同室船友前往休闲。与同伴交谈时注意不要谈一些禁忌的话题，如翻船、撞船之类的话题。去船上餐厅就餐时，不必和同桌的每一个人都打招呼，但总碰面的，可以打个招呼，但不必作正式的介绍。在船上用餐吃鱼时，切勿将其翻身，也不要讲"沉"与"翻"等忌讳的字。有些船上的餐厅比较小，谁先到谁先用餐，那么用完餐的人应该马上离去，以便让后面来的人用餐。吃剩的食物、废弃的物品、果皮纸屑等，不可随手乱丢，更不能丢入水中污染环境。

下船时，要提前做好准备工作，与其他乘客要相互礼让，依次而下。与长者、女士、孩子一起下船时，可以用手相扶，或是请其走在自己身后。这样万一对方有个闪失，走在前面的自己还能有个照顾。

(四)乘机礼仪

飞机是目前世界上最快捷的交通工具，随着人们生活水平的提高，越来越多的人出行时都会选择乘坐飞机，飞机具有速度快、时间短、乘坐舒适等特点。乘坐飞机时要注意的礼仪有以下几个方面。

1. 候机礼仪

乘坐飞机一般要提前一小时到达机场，国内航班可以提前半小时或者45分钟到达，以便从容地办理登机手续以及行李托运等。提前检查并带好自己的身份证、机票和其他旅行证件，排队办理登机手续，有时可能办理手续的队伍排得很长，此时也要注意礼仪及素养，耐心等候，不可烦躁不安、大声吆喝。

除了随身行李外，大件行李尽量托运。按规定，手提行李一般不超过5千克。在国际航班上，对行李重量有严格的限制，经济舱的旅客可携带行李20千克左右，头等舱的旅客可携带行李30千克左右。尽量不要多带行李，因为飞机上的空间有限，自己多带了行李就会无形中占用他人的空间，这实际上是自私的表现。

在办理登机牌和过安检的时候，每个人都要自觉排队。有的人为几个朋友占位，一来好几个人都加进他的位置，这样做不太好。因为办理登机牌和过安检的队伍往往有好几个，旅客可以选择人较少的队伍排，而占位的行为会增加其他旅客的排队时间。

在过安检的时候，应提前做好准备，如事先将衣袋里的东西取出，将随身的小包打开，以免临时翻找耽误时间；应主动将机票、有效证件、登机卡等交安检人员检查，将身上的钥匙、电话等物品放在指定的位置，以配合机场工作人员尽快通过安检。为避免安检时耽搁时间或出现不快，也可将带有金属的物品装在托运的行李中。

过安检后，应将自己的证件、机票等收好避免遗失，按照登机牌的指示在相应的候机厅等候，注意听广播，千万不可像个冒失鬼一样误上飞机。因为如果你误上了飞机，而你的行李已办理托运，则所有的乘客都将无法起飞，不得不等你。如果久等你不到，所有托运了行李的乘客还得下飞机认领自己的行李，直到将无人认领的行李放下，飞机才能起飞，这样一来，把大家的时间都耽误了。因此，在登机前，一定细心，提前做好准备，随时检查。

2. 登机礼仪

登机时应按照秩序排队上机，不可拥挤，这是最基本的礼仪。登机时，乘务员会站在舱门前向每位乘客热情、亲切地问好、致意，作为乘客，应立即礼貌地点头致意或以语言问好来还礼。

登机后要有秩序地对号入座，迅速将自己的随身行李放在头顶上的行李舱内，注意不要太久地占用过道，以免影响后面的乘客通过过道。放好行李后，要迅速地坐下，如果是坐在靠走廊的座位上，当同排坐在靠窗座位的人要通过时，应立即起身让其通过。

3. 飞机上的礼仪

放置好自己的行李后，应尽快坐下来，飞机上的空间有限，坐下来后应尽量收缩自己的身体，不要占用他人的空间，不要坐得四仰八叉的。

起飞前，乘务员会给乘客示范氧气面罩的用法，会告诉大家降落伞的用法及安全过道门的位置，此时请保持安静。乘务员还会提醒乘客系好安全带，关闭电子产品，收好小桌板等，大家此时应主动配合，遵照执行。在飞机上还要遵守"请勿吸烟"的规定及其他一切规定，请一定配合乘务员，听从乘务员和空姐的安排。

飞机起飞后乘客可看报、听音乐、休息或者与同座交谈，看报时注意只拧亮自己眼前的阅读灯；休息时可以适当调整座位，但不要影响后排乘客的正常就座；如果要与同座交谈，请注意控制音量，不要影响他人，这是基本的素养。

飞行过程中乘务员会为旅客提供饮料服务或者用餐服务，飞机上的饮料是不限量免费供应的。但需要注意的是，在要饮料的时候，只能先要一种，喝完了再要，以免饮料洒落。而且由于飞机上的卫生间有限，旅客应尽量避免狂饮饮料。在飞机上是可以喝酒的，但只是为了促进饮食，不能像在饭店里一样推杯换盏，尤其要注意的是，千万不要酗酒。

在乘务员发饮料的时候，坐在外边的旅客应该主动询问里面的旅客需要什么，并帮助乘务员递进去；自己要整理好用完的饮料空杯或食物空盒，不可一片狼藉。主动或帮助身边的乘客将用完的食品空盒交给空姐。在这样的公共空间，互帮互助是一种美德。

乘坐飞机时也要注意仪态，不要跷着二郎腿摇摆晃动，也不可为了自己舒服，就把鞋

项目三 公共礼仪

脱掉，飞机上的空间是密闭的，这样不考虑他人的行为是自私的，也反衬了自己的无礼及素质低下。

在飞机上还要注意自己的神态，不要总是阴着一张脸，情绪紧张，好像总是担心安全似的，要相信机组人员，放松自己，切记不要谈"空难"之类的话题。

4. 飞机抵达时的礼仪

飞机抵达后还有一段滑行，乘客不要着急，要耐心等候。待飞机完全停稳，不要拥挤，拿好自己的行李，有秩序地下飞机，这时候空姐会站在舱口向你亲切地道别，别忘了也要向空姐表示再见、感谢。下了飞机后，托运行李的乘客凭自己的行李票等候自己的行李，很多国际机场都有传送带设备，也有手推车方便搬运行李。等候行李时不要着急，如果确实找不到行李，可通过机场行李管理员帮助查寻，并可填写申报单交航空公司。如果行李确实丢失了，航空公司会照单赔偿。

(五)坐电梯的礼仪

电梯在我们现代社会生活中随处可见，但是很少有人注意乘坐电梯的礼仪。然而，像这样的小事却不容忽视，讲礼仪正是要从这些小事做起。电梯分为两种：楼梯式滚动电梯和直升直降式电梯。

1. 楼梯式滚动电梯

现在的大型商场、地铁、火车站、飞机场等公共场所，一般乘坐的是楼梯式滚动电梯，乘坐这种电梯的礼仪是：左侧通行，右侧站立。也就是一踏上这种电梯，请自觉地站在右侧，不要站在正中央或者左侧，因为左侧是作为通道供有急事的人们快速通过的，这是国际惯例。

当我们与朋友一起乘坐商场、超市的电梯时，也请单行靠右站立，而不要并排站立，只顾着自己交谈方便，而挡住左侧通道。在这样的公共场合更能检验一个人的素质，真正的礼仪素养需要我们时刻想到他人，不要给他人带来不便。

2. 直升直降式电梯

现在的很多公司、办事机构，更多的是直升直降式电梯，这种电梯也分为两种：一种是有人值守的直升直降式电梯，另一种是无人值守的直升直降式电梯。乘坐这种电梯时也要注意很多礼仪。

首先电梯外面的按钮是升降钮，里面的按钮是楼层钮和开关钮，都要轻按，不要用钥匙等尖锐的硬物去按电梯按钮。按了电梯的按钮后，在电梯一侧等候，而不要站在电梯门正中等候，否则如果电梯到了，就会和从里面出来的人相撞。应该让电梯里面的人先出来，再进入电梯，不要抢，不要挤，以免出现安全事故。如果人数过多，应相互谦让，考虑乘坐下一部电梯，不要强行挤进去，以免超重。等候电梯时，若遇到熟人，要微笑着与人打招呼。乘坐时应遵循"尊老爱幼""女士优先"的原则，和老人、女士抢电梯是极其失礼的。

电梯是一个有限的空间，在这样一个狭小的空间里，应尽量收缩自己的身体，记住这个时候，收缩即是有礼。进入电梯后，如果要去的楼层较高，可尽量往里靠，背墙而立，最好不要背对他人站立，站定后尽量保持身体的平衡。眼神可望向电梯的楼层显示屏，不要将视线放在身边的人身上，这样会让人觉得不自在。

如果自己距离电梯按钮较远，不要伸长手臂越过他人的身体去按按钮，礼貌的做法是请靠近按钮的乘客帮自己按一下，例如，"劳驾，请帮我按一下12层，谢谢！"别人帮你按了之后，你应该说声"非常感谢"。

在电梯里也应尽量保持安静，尤其是在电梯满员的时候，因为这个时候无论交谈什么，对他人来说都无异于耳语，不太妥当。另外，在电梯内如果不小心碰到他人，应立即道歉，毕竟在如此狭小的空间被碰触到，难免会使人产生不舒服的感觉。在电梯内绝对不可以吸烟。

在公司和一些社交场合，当自己与客人、朋友、长辈等一起乘坐电梯时，要注意进出电梯的顺序。如果乘坐的是有人值守的电梯，也就是这种电梯会有一位专门的电梯服务员在电梯内提供电梯服务，负责开关、升降电梯，那么应该请尊者、长者、女士、上级先进先出。如果乘坐的是无人值守的电梯，那么这个时候，可以自己先进电梯，后出电梯，因为电梯外面的按钮是升降钮，里面的按钮是开关钮，这样可以为客人、长辈、女士服务，用电梯按钮来控制电梯。有的人往往站在电梯口，用胳膊不断地阻挡电梯门，请他人先进去，其实这是不对的。所以，一定要注意这个顺序问题。感觉电梯里可能会超载的时候，就要请客人先上，如果自己上电梯后超载的铃声响起，应迅速地出来。如果有个别客人迟迟不进入电梯，影响了其他客人，在公共场合也不应该高声喧哗，可以利用电梯的唤铃功能提醒他。

出电梯的时候，如果人很多，要对周围的人说"对不起，我要出去"。和在公交车上一样，站在门口的人为了不妨碍里面的人出去，可以先走出电梯让出空间。最后出电梯的人，可以在走出电梯前按一下"关门"按钮，这样可以为等电梯的人节省时间。

五、模拟任务训练

(1) 掌握商务接待场合的步行礼仪规范。

以4人为一组，其中2人扮演客人(1人为经理，1人为秘书)，2人扮演主人(1人为经理，1人为秘书)，表演4人单行行走和4人并排行走。

(2) 掌握乘坐电梯的礼仪规范。

以4人为一组，3人扮演客人，1人扮演公司接待员，表演进出电梯的礼仪。

(3) 掌握乘坐小轿车的礼仪。

以2人为一组，1位男同学，1位女同学，分别表演男女上下小轿车的仪态。

六、思考题

(1) 单行行走、并行行走应注意什么样的礼仪？

(2) 在乘坐公交车时，应注意什么样的礼仪顺序？
(3) 乘坐自动扶梯时我们一般站在哪一侧？为什么要将一侧留出空间？
(4) 乘坐飞机时应注意怎样的饮食礼仪？

任务二　公共场所礼仪

一、能力目标

(1) 能做文明宾客。
(2) 能做文明公众。

二、任务情境

一天，几位客人入住了某市的丽晶大酒店。客人入住后，即刻到二楼的餐厅去用餐，用餐时几位客人喝酒喝高兴了，在餐厅里又唱又闹，其中有一位客人随口"啪"的一声把痰吐在铺有地毯的地板上，另一位客人由于饮酒过量，面色苍白，没来得及去洗手间，就埋头呕吐起来……旁边用餐的几位客人见此情景，纷纷皱起眉头，快速用完餐离开了餐厅。在几位客人离店办理结账手续时，客房服务员检查房间，发现房间一片狼藉，到处都是污迹，床单被拖到地上，有明显擦过鞋子的痕迹，地毯上还有烟灰、烟洞。

学习要求

请同学们讨论：本例中几位客人在住店期间的行为有何不妥之处？在酒店住宿应注意哪些礼仪规范？

三、相关案例

【案例1】

刘小姐接到舞会的请柬，非常高兴，在参加舞会那天，她刻意将自己打扮了一番，穿上超短迷你裙和露脐装，化了浓妆，涂着鲜艳的口红，喷上香水，高高兴兴地去参加舞会了。可是在舞会现场，刘小姐却感到别人都用异样的眼光看自己，她不知道自己哪里不对劲了。

【案例2】

听说《金沙》剧组最近在全国巡回演出了，小梁和小王很高兴，相约一起去看演出。她们渴望看《金沙》已经很久了，她们买了票一起到了剧场，坐下来欣赏心仪已久的演出。可是前面那个人个子太高了，小梁不得不偏着头看，两人正看得投入，突然旁边一人的手机响了起来，那人拿出手机旁若无人地开始通话……

?讨论

请针对以上两个案例谈谈你的看法,讨论一下在舞会、晚会以及其他一些公共场合应注意的礼仪行为规范。

四、知识链接

(一)宾馆礼仪

酒店宾馆是一个集住宿、餐饮、购物、商务等于一体的综合性经营场所。在宾馆住宿期间应注意相关礼仪。

1. 办理入住

入住宾馆一般可以提前预约房间。最好提前用电话预约,告诉宾馆前台服务员准备哪天入住、住几天、需要什么样的房间、申请住房人的姓名、当天到达宾馆的大概时间,并问清房价,许多宾馆都会在一定的时间内保留预订。到时只需到宾馆总台处报出自己的名字,签上名字即可入住。如果比预定时间到达晚很多,为避免被取消房间,要尽快用电话通知宾馆。另外,如果要取消房间,有礼貌的做法是及时打个电话取消,宾馆就可以把房间租给别人。

如果没有电话预订,那么在住店前首先要在酒店前台办理住宿登记等手续,要配合酒店总台服务员出示自己的有效证件。办好住宿登记手续后,酒店的客房就是自己的一个休息场所或临时办公地点,但客人对这个房间拥有的只是使用权,而不是所有权,所以要自觉地遵守酒店的一些规定。

2. 文明居住

酒店是一个优雅、文明的地方,住店期间要注意文明有礼。

首先要注意着装文明,酒店虽然是你暂时的"家",但毕竟还有其他客人居住,不要穿着睡衣、拖鞋等出现在走廊、大堂等公共场合,因为睡衣和拖鞋属于个人隐私,这些个人隐私最好是在私下的场合穿着,不要暴露在大庭广众之下。这是一条国际礼仪标准,一定要注意。

入住期间要注意进出时的礼节,当遇到酒店员工向我们礼貌地打招呼时,我们也应礼貌地回应。进出自己的房间时,注意开、关门要轻,不要因为过重的开关门声而影响其他客人休息。

在房间内也要注意电视机的音量,不要以为是自己一个人居住,就可以把电视机的音量开得很大。不要在房间内大声喧哗、奔跑,以免影响他人休息。一个真正具备良好礼仪修养的人,他的礼仪不是做给别人看的,而是克己、自尊、敬人等美好道德情操的体现。

如果自己要休息,或不想被他人打扰,可以将"请勿打扰"的标志灯调为亮的状态,或者在门外挂上"请勿打扰"的牌子。

到别的房间拜访他人,须先敲门,待征得他人同意后方可进入他人房间。注意拜访时

项目三 公共礼仪

间不要太久，不能影响他人正常休息。

如果入住宾馆的有同行人员，在出入房间时应注意一定的顺序。如果没有特殊原因，出入房间时应该是位高者先进或先出。如果有特殊情况，比如需要引导，或者室内灯光昏暗，或者男士和女士两个人单独出入房间，这时标准的做法应该是陪同接待人员先进去，为客人开灯、开门，出的时候也是陪同接待人员先出去，为客人拉门引导。

3. 注意安全

入住酒店后，一定要注意安全，最好先熟悉酒店环境，阅读房间门后的消防逃生路线图，熟悉所在房间的具体位置和逃生楼梯的方位。

进入房间后，要查看房门的锁及侧锁是否能锁上，查看窗户的安全性。如果有人敲门，最好先从猫眼看清来人后再确定是否开门，以防陌生人闯入房内。晚上就寝前一定要将防撬链扣好、挂好。

珠宝首饰、大额现金、重要文件等贵重物品不要放在房间内显眼位置，可锁在房间内的保险箱里，或交予总台专门保管。

4. 爱护设施

要爱护房间内的设施，如桌、椅、灯具、浴具等，使用时应正确使用，不要用力拧、砸、敲，若有损坏要予以赔偿。不要以个人喜好而随意搬动房间内的家具，要保持房间的原貌。最好不要躺在床上吸烟，不要在房间内乱弹烟灰，以免烧坏床单或地毯，甚至引起火灾。一般酒店备有专门的擦鞋布，不要用枕巾、床单等来擦鞋，这样很不道德。

5. 离店礼仪

离店时要注意检查自己的物品，不要丢三落四。走前检查房间，不要把房间弄得太脏。除了房间内的洗发水、牙刷、肥皂、信封、信纸之类的一次性小物品外，不要"顺手牵羊"拿走房间内的毛巾、烟灰缸等酒店物品。离店时在总台办理好离店的一切手续，要向你所遇到的酒店员工表示感谢，就算今后可能不再入住这家酒店了，也要给他人留下一个好印象。

(二)舞会礼仪

舞会是一个高雅、文明的场所，是一种非常普遍的社交形式，它是人们喜爱的一种社会文化活动，可以培养感情、交流信息、加深友谊。舞会的气氛固然轻松随意，但种种礼仪却不可忽视，通过舞会能很好地表现一个人的风度、道德水准和礼仪修养。

1. 组织舞会的礼仪

1) 确定舞会的类型、时间、地点、规模、邀请对象的范围

组织舞会首先应根据需要确定舞会的类型。舞会一般分为正餐舞会和晚餐舞会两种。

正餐舞会通常于傍晚举行，舞会开始约一小时后用晚餐。参加正餐舞会的客人最迟应于舞会开始后半小时内到达，一般按座位姓名卡就座。客人基本到齐就座后，就可以开始

跳舞了。

晚餐舞会不论是开始还是结束，都比正餐舞会晚得多，在晚上 10:00～11:00 开始，次日凌晨结束。晚餐舞会上并不正式吃饭，而是从午夜 12:00 或次日凌晨 1:00 开始供应一些简单的食物。

其次要尽早确定时间，尽早确定舞会邀请对象的范围。舞会的规模可根据具体情况而定，大型舞会一般安排在节假日进行，小型舞会可安排在周末，舞会时间可安排在晚餐后 7:00～11:00，每次舞会时间以两三个小时为宜。

舞会的场地最好选择宽敞、平滑、典雅的地方，场地大小要根据舞会的人数而定。场地大、人员少，会显得冷清；反之，又会造成拥挤、混乱。一般来说，舞池内平均两平方米容纳一对舞伴比较合适。

舞会邀请的男女客人应大致相等，被邀请的对象一经确定，应尽快发出请柬，以便客人及时作出回复或安排。舞会的请柬通常以女主人的名义发出，也可以夫妻的名义发出。独身男子也可以发送请柬举办舞会。

2) 舞会的会场布置

舞会的会场布置要欢快、热烈，场地空间可用彩色花环、气球、彩带、彩灯等加以装饰。灯光应事先调整好，不要太亮，也不要太暗，太亮不容易调动情绪，太暗又会让人觉得压抑，最好用彩色节日串灯，让灯光显得柔和、暗淡。舞会的音乐伴奏十分重要，乐队的位置也很重要，可准备一支或两支乐队，还可准备一些唱片。在舞曲的选择上要注意有不同节奏、不同风格的曲子，快的、慢的、热烈的、抒情的交替进行，可使舞者在跳舞过程中有张有弛，始终保持饱满精神。一定要提前调试好音响，保证音响的立体效果。

3) 确定好主持人和服务人员

一场大型的、正规的舞会要事先确定好有经验的主持人和服务人员，主持人可以专门聘请，也可以由主人担任；一般的小型舞会可不设主持人，但应有专门的接待服务人员，负责迎送、引导、接待、舞会现场服务等各种服务。

4) 组织好舞会

舞会在组织上应有张有弛，跳舞半小时或者一小时，可以休息几分钟，放几支悠扬舒缓的曲子，让大家交流一下，中间可以穿插几个小节目或小游戏，这样不仅能使参加者得到休息，而且可以活跃气氛。舞会的主持人或主人要善于控制、调节舞会的节奏、气氛，以使整个舞会自始至终保持热烈、欢快的气氛，以及健康、文明、优雅的情调。

2. 参加舞会的礼仪

交际舞会是高雅、文明的场所，可较好地反映一个人的修养和风采，参加舞会者一定要注意一些礼仪。

1) 舞会前的准备

参加舞会应注意着装礼仪。参加舞会者的着装要高雅、整洁。在一些正规的大型舞会上，如果对方邀请时有服装方面的要求，请一定按照要求着装，以符合舞会气氛，体现对舞会主办方的尊重。一些一般性的舞会在服装穿着上不作特殊要求，但也要注意着装整洁，一般男士宜着西服套装，女士宜着长裙装、西服或晚礼服。服装的颜色和款式要和舞

项目三　公共礼仪

会的氛围搭配、协调。

通常舞会的主办者邀请的男宾应多于女宾，以免女宾无人伴舞。因此在参加舞会前，男宾可以打电话给主人，请求带另一男伴参加，但通常不带另一女伴。

参加舞会前应保持口气清新，心情开朗。参加舞会前，要避免吃有刺激性气味的食物，如葱、大蒜、韭菜、酒等，若吃了则应设法进行必要的处理，以清洁口腔；参加舞会要有一份好的心情，好的精神悦人悦己。

2) 舞会上的礼仪

如男宾携女宾同来，进入舞厅时，应女士在前，男士在后，不要双双挽臂而行。舞会开始时，女主人在客厅迎接每一位到来的宾客，并将新来的客人向旁边的来宾作介绍。

舞会上应保持仪表端庄、优雅大方，言谈举止要彬彬有礼，注意自己的站姿、坐姿、舞姿，不要在舞池内奔跑，不要坐时跷"二郎腿"或不停地抖脚，应控制自己的身体，不要摇摆不定、左倾右倒，保持微笑、亲善的表情。注意自己与人交谈时说话的内容和音量，不可涉及不健康的内容，不可高谈阔论，故意吸引他人注意。

注意公共卫生和秩序，不可乱扔果皮纸屑，吸烟应到专门的吸烟区。如在舞会上遇到熟人，可大方地打招呼，但不必刻意停下来攀谈、叙旧。如要寻人，应缓步沿舞池边缘用目光寻找，不可穿过舞池和人群寻找。

应注意舞会上的邀舞礼仪。在正规的舞会上，一般第一支舞曲由主人夫妇和主宾夫妇一起共舞，第二支舞曲由主人邀请主宾夫人，主宾邀请主人夫人一起共舞。这两支舞曲跳完以后，第三支舞曲响起时，参加舞会者就可以纷纷入舞池跳舞了。而在一般性的舞会上却没有这些要求，舞曲响起后，男士就可以走到女士面前，邀请女士跳舞。男主宾应轮流邀请其他女宾，而其他男宾则应争取先邀请女主人共舞。男子应避免全场只同一位女子共舞。如果是正餐舞会，每位男宾应首先邀请坐在自己左侧的女宾跳舞，然后再邀请其他女宾。

男士邀请女士共舞，如果女士的丈夫或是父母在旁，则应先向其丈夫或父母致意，以示礼貌。男士邀舞时，应点头、鞠躬，面带微笑，右手前伸，具备绅士风度，对女士说："您喜欢这支舞曲吗？可以请您跳支舞吗？"一般情况下女士不宜拒绝男士的邀舞，在表示同意后起身与男士共同步入舞池。

如果不想接受他人的邀请，只要做得得体，也不算失礼。最佳的拒绝方法是说"我想暂时休息一下"或者"这首舞曲我不太会跳"，以便给邀请者一个台阶下。

如果女士觉得自己累了，或者已有人邀请，或者出于其他某种原因，可以礼貌地告诉男士："对不起，先生，我有些累，想休息一下，一会儿再与您跳如何？"或者说："对不起，先生，这支舞已经有人邀请我了，下一曲与您跳吧！"当然，这时女士也不应该马上接受其他人的邀请，否则就是对前一位发出邀请的男士不尊重。若遇两位男士同时邀请同一位女士跳舞，大家应表现出应有的绅士风度，在舞会上争风吃醋抢舞伴是很没风度、很失礼的。

一般情况下，女士不用主动邀请男士，但特殊情况下，需要邀请长者或者贵宾时，则可以不失身份地表达："先生，请您赏光"或"我能有幸请您跳支舞吗？"需要注意的是，一般情况下女士可以拒绝男士的邀请，而男士一般不宜谢绝女士的邀请。

跳舞时，允许中途换舞伴，但不能同性共舞；一个人不宜单独跳舞；男士不要与别人争舞伴，对于其他男士邀请自己的女伴，要表现得宽容大度；参加舞会的人可以有意识地多交换舞伴，以扩大自己的社交面。

跳舞时要注意舞姿优美。男士应轻握住女士的手，不可握得太紧，右手轻搂住女士的腰部正中，但不可搂得太紧，以免让人觉得局促不安。起舞时动作要轻柔、自如，男士要熟悉舞步，不要踩到女士的脚。视线一般自然地望向别处，这样近的距离如果对视是很不自在的。两人之间保持适度的距离，一般间距在 15~46 厘米比较合适。跳舞时可适当交谈，选择适宜的、健康的或者与舞会相关的话题，不可涉及对方的年龄、婚姻等隐私话题。跳完一曲后，男士应再次向女士鞠躬，表示感谢。

要尊重主人为舞会所做的一切安排，不要对舞会安排进行批评，不要随便要求改动舞会的既定程序，不要仅凭个人兴趣和愿望要求临时改换舞曲或延长舞会时间。

3) 舞会结束后的礼仪

参加晚餐舞会，不必非留到舞会结束。舞会结束后，应邀者一般应主动向邀请者致谢，握手道别，也可以不惊动主人，不辞而行。当女伴打算回家时，男舞伴应立即允诺，并主动示意送行。男士可以送女士回家，但须先征得女士的同意，也可由主人安排送参加舞会者回家。如果男士打算先行离开，应向女舞伴说明理由，请求原谅。

3. 晚会礼仪

晚会是指在晚上举行的以演出文娱节目为主要内容的群众性聚会，是一种常见的群众性文娱活动形式。出席晚会时，要遵守一些晚会礼仪。

1) 着装礼仪

出席晚会时，着装要端庄、文雅，一般男士宜穿西服套装或者礼服，女士宜着套裙、旗袍或礼服。

2) 入场礼仪

一般参加晚会要提前一刻钟左右入场，以熟悉环境。为了维持演出秩序，保障晚会的质量，一般正规晚会开始后，迟到的观众不得入场，否则会影响其他观众，也是对演员的不尊重。迟到观众一般只能在中场休息时入场。

3) 就座礼仪

一般情况下，观众应当自觉配合组织者的安排，持票排队有秩序地入场，凭票对号入座。有的晚会现场会有专门的领位员，可请其带路或予以指点。如果没有领位员，则最好从一侧向前行进寻找自己的座位，不可为了走捷径，从他人座位跨越、穿过。

在走向自己的座位时，如果前面的座位已有观众入座，应先向对方说"对不起"，再侧着身快速通过，尽量不要与对方的身体碰撞，如果碰到要及时说"对不起"。已入座的观众也应礼让他人通过，收缩自己的身体，避免相互碰到。

如果自己的座位已有人就座，不可与对方争吵，应主动出示自己的门票，必要时可请领位员或工作人员来协调处理。

入座时要注意轻坐，坐姿文雅，不可在座位上东摇西晃，或者坐得东倒西歪、前仰后

项目三 公共礼仪

合,坐下后不可脱掉鞋子。入座后也不要再反复地进进出出,以免影响他人。

4) 观看晚会的礼仪

观看晚会的时候要保持安静,文明观看,注意不要与同座交头接耳、窃窃私语,这会影响后面和旁边观众的观看。

观看晚会时,请一定把自己的手机等通信设备调成静音状态,更不可旁若无人地接打电话,这种行为是最让人厌恶的。

观看晚会时不要吸烟,也不要吃东西,尤其是带壳的东西,吃东西发出的声音会成为一种噪声,引起他人的反感。

观看晚会时不要无精打采,甚至睡觉、打呼噜,这对观众和演员极其不尊重,也暴露了自身素质的缺乏。

观看晚会时还要注意不要戴着帽子,或坐得过高,不要随意拍照,或者乱用闪光灯。观看晚会过程中应适时用掌声对演员的精彩演出表示欣赏和肯定。

5) 退场礼仪

晚会结束时,观众应用掌声对演员的精彩演出表示感谢。注意要有秩序地退场,做到井然有序。退场时若人数过多,可稍为等候,不可争道抢行,制造混乱。

(三)剧场礼仪

剧场在这里泛指用于举办音乐会、戏剧表演和电影播放的场所,参加这些艺术活动时,应该重视个人礼仪,使个人形象与艺术殿堂相得益彰。

下面我们以交响音乐会上的礼仪为例来介绍剧场礼仪。

交响乐又称为交响曲,源于古希腊文的"和谐"之意,交响乐被用作音乐作品的名称,最早出现于18世纪上半叶,为歌剧的管弦序曲。现代意义上的交响曲是指一种用大型管弦乐队演奏的器乐套曲,从创作到演奏都要求有高超的技巧,它不仅能表现重大的题材,还饱含丰富的情感和深刻的思想,属于一种高雅艺术。

文艺复兴时期就有了交响乐这一说法,但当时的含义和现在完全不一样,当时的交响乐泛指一切多声部的音乐,其中包括声乐和器乐。海顿、莫扎特和贝多芬三位大师将交响乐发展到了巅峰,特别是贝多芬,把交响乐的内涵发展到了一个新的境界,现代意义上的交响乐也就在这一时期形成了。之后交响乐不断地发展,融入了更多的元素和内容,表现形式也更加自由,色彩更加丰富,感情更细腻,表现手法也更多样化。

现在国内越来越多的人喜欢上了交响乐,开始走进音乐厅去接触和欣赏交响音乐会。因此,我们有必要学习一下交响音乐会上的礼仪。

1. 交响音乐会开始前

1) 服饰讲究

正式的交响音乐会是需要着晚礼服出席的,台上的表演者也是着正装演出的,因此出于对艺术家和演职人员的尊重,也应该着正式的礼服参加。国内有时要求没有这么严格,但也需要穿着整齐,大方得体,不能穿着T恤、短裤之类的休闲便装进入音乐会。

2) 到会时间

交响音乐会对音效的要求非常高,因此参加交响音乐会都应提前或准时进入会场,以免影响演奏的效果。如果迟到了,须等到恰当时机再进入会场,如一个乐章结束或中场休息时。

3) 其他细节

进入会场后应对号入座,不得随意乱坐,以免影响会场秩序。坐姿应端正优雅,不可前倾后仰,影响他人。

在交响音乐会开始之前,一定要关闭手机或把手机调至静音状态,不能带入发出噪声的物品。不能带入食品或饮料,以免吃时发出声响。

2. 交响音乐会进行中

乐曲演奏过程中,不得随意发出任何声响,不得在会场上随意走动和中途退场,也不可在会场中窃窃私语、交头接耳,或低声讨论和评价。

看到精湛的表演时,有的观众会忍不住拍照留念,但一定要注意不能使用闪光灯,以免影响演奏者的发挥。

尤其需要注意的是鼓掌的礼仪,把握时机很重要。出于对演奏者的尊重和支持、对精彩表演的喝彩以及对交响音乐的喜爱,鼓掌是必要的,但要把握分寸,不能根据自己的情绪随意鼓掌,那样会影响演奏者的情绪和他人欣赏。

不能在乐章之间鼓掌,因为对篇幅较长的作品而言,一个段落的结束,只表明情绪或速度的变换,并不是一部作品或组曲的停止。在乐章之间鼓掌,会影响听众的欣赏体验。只有一个组曲结束或演奏完一部作品方可热烈鼓掌。

3. 交响音乐会演出结束

音乐会全部演奏完毕后,不能匆匆退场离去,应起立为演奏者热烈鼓掌,等候演奏人员的谢幕或加演,此时掌声越热烈,越能表示对表演的肯定和称赞。待演奏人员谢幕结束后,方可有序地离开。

(四) 体育场馆观赛礼仪

各种体育赛事的现场观赛礼仪体现了各种运动项目在历史发展过程中所积淀的文化内涵和体育精神,也反映了现场观众的文明素质和当地社会的文明程度,是比赛顺利进行的重要保障。观赛礼仪要求每个观众争做热情、懂行、文明的高素质观众,做奥林匹克精神的实践者和传播者。其基本要求如下。

1. 提前入场、有序退场

观众应尽量提前入场,对号入座,主动礼让老、弱、病、残、幼。比赛完全结束后再有序离场。

观众入场前应根据场地要求着装。有些场地、场馆对观众穿鞋有特殊要求,应提前了解,做好相应准备。不带易燃、易爆等危险物品及打火机、酒瓶、凳子、刀具等硬件物品

项目三　公共礼仪

入场；不带易拉罐等罐装物品入场；不带宠物入场。尽量提前或准时入场；如有安全检查规定，应积极配合；如开车前往，应按规定路线行驶、停车。有序入场，注意礼让老、弱、妇女、儿童及外国朋友入场，如有需要，应为其引路指座。

比赛中，若要提前退场，应在不打扰他人的情况下尽快离开。比赛结束时，应向双方运动员鼓掌致意。退场时，应按座位顺序退场，向最近的出口缓行或随着人流行进。应主动将饮料杯、矿泉水瓶、果皮果核等杂物带出场。

如果比赛中突然停电，观众应保持安静，坐在自己的座位上，不随意走动。手中持有小手电或荧光棒的，可以打开照亮，但不要使用打火机、火柴等明火照明。如比赛延期，要听从工作人员的指挥，借助应急灯灯光，按照安全出口指示灯的指示有序退场。

2. 热情喝彩、鼓励各方

观众应深刻领会奥林匹克精神，关注比赛过程，欣赏运动技巧，无论胜负，都应对所有参赛运动员的精彩表现给予热烈的掌声。在北京奥运会男子单杠决赛场上，出现了这样感人的一幕：来自德国的一位实力强劲的选手，在出色地完成了一系列高难度的跳跃、翻腾后，在最后下杠的关键时刻，意外地出现了重大失误，重重地摔在了垫子上。这突如其来的一幕，让现场的观众惊呆了，但短暂的惊讶过后，他们马上给予了这位运动员热烈而充满善意的掌声，鼓励他重新站起来。懂得欣赏运动员在比赛过程中所展现出的顽强的意志品质，这样的观众才称得上是真正高素质的观众。

3. 尊重国歌、表示敬意

对各国运动员在比赛中的表现应给予应有的礼遇。当赛场上宣布举行升国旗、奏国歌仪式时，现场所有人员都应起立、脱帽，身体转向旗杆方向，等待升旗。升国旗、奏国歌仪式开始后，应肃立并面向国旗行注目礼，跟着乐曲用正常音量唱国歌。如果是升他国国旗、奏他国国歌，观众也应像尊重本国国旗、国歌一样肃立，行注目礼。

4. 举止得体、行为理智

进入观赛场地后，要将手机关闭或设置为振动状态，如有事，可用短信交流，或当比赛告一段落时，走出现场接打电话；观赛时不随意走动，不吸烟，不吃带响声的食物，不乱抛垃圾杂物；不说脏话，不喝倒彩，不嘲讽侮辱运动员、教练员、裁判员及其他观众；不损坏公共设施，理智对待输赢。观看比赛时，着装也是体现一个人文明素养的重要方面，夏天的露天赛事阳光灼热，但观众千万不要赤裸上身。

啦啦队在入场、退场和助威时要有组织、有秩序地进行。使用的口号、标语及所呼喊的内容要健康，不要有污言秽语，不要恶语伤人，不要变相做广告。要尊重裁判，理智对待比赛结果。要了解比赛项目的有关知识，适时助威、喝彩。要掌握时机，如果使用锣鼓、乐器助威，要注意节奏，有张有弛。啦啦队要遵守赛场纪律，文明助威，不与其他啦啦队人员发生争吵。经过允许带入场内的口号牌、横幅尺寸不宜过大，在不影响正常比赛和其他观众观赛的前提下方可亮出。

5. 了解赛制、有所不为

不同的比赛项目有不同的特点，不同的运动项目的观赛礼仪也有不一样的具体要求。要做到文明观赛，首先要了解比赛的规则和运动员的战技战术，这样才能够很好地欣赏比赛。比如，运动员有仰视动作、须高度集中注意力等比赛项目，拍照时不可使用闪光灯，以免刺激运动员的眼睛，影响运动员比赛；有的比赛在裁判员发令时，不可鼓掌欢呼或发出噪声，以免影响运动员听发令声；有的比赛由于存在一定的危险性，观众千万不要走入禁区，以免发生安全事故等。因此，观看奥运比赛不仅要有热情，还要"懂行"。

比如，观看垒球比赛加油助威时，要注意和比赛进程合拍，控制好节奏，不要一味地狂呼乱喊。在投球和击球最紧张的时刻，运动员的注意力高度集中，此时观众应保持安静，以免影响运动员发挥，待球击出之后，就可以尽情喝彩，观众的助威呐喊将有助于激发运动员的斗志。如果场上出现精彩的本垒打，观众应给予热情欢呼。简言之，为了更好地欣赏比赛，观众最好先了解一下比赛的基本规则，找到比赛的看点，充分享受观赛的乐趣。为了创造一个让运动员充分发挥水平的良好氛围，观众也要注意自己的行为举止，做到文明得体、热烈而节制。

同大多数的技巧性项目一样，体操选手需要在一个相对安静的氛围中进行比赛。特别是当运动员准备走上器械做动作前，他们需要排除一切杂念、凝神定气，将全部精力都集中在所要完成的动作上。这时，如果观众能够自觉地为运动员营造一个安静的赛场环境，将十分有利于他们创造佳绩。

羽毛球是中国人最喜爱的体育运动之一，但是有些观众喜欢在赛场上一边看比赛，一边做"场外指导"。他们高喊"杀球""吊球"，仿佛在指挥运动员如何打球。有的观众会认为，这样喊可以很好地带动赛场气氛，但实际上这样做会打乱运动员的战术思路。运动员对此无可奈何，观众的热心却帮了倒忙。

五、模拟任务训练

(1) 掌握在宾馆入住期间的礼仪。

学习要求

① 准备一间教室，布置成酒店的大堂、餐厅、客房。

② 学生分组，4～6人一组，分别扮演酒店礼宾生、总台接待员、餐厅服务员、住店客人、拜访客人。

③ 通过角色扮演模拟住店期间的礼仪，要求符合礼仪规范。

④ 学生评议。

(2) 掌握舞会举办的礼仪，思考如何在舞会上表现得体，符合礼仪规范。

学习要求

① 准备一篇致辞、一份舞曲目录、一份邀请客人的名单、一套音响等。

② 推选一位舞会主持人，模拟舞会主持。

③ 模拟练习参加舞会的礼仪。

(3) 掌握参加晚会的礼仪。

学习要求

① 将一间教室布置成剧场，要求学生分组、分角色扮演领位员、演员和客人。

② 模拟参加晚会的礼仪，如何才能着装得体、表现得体，符合礼仪规范？

③ 学生评议。

六、思考题

(1) 在酒店宾馆住宿，离开的时候应注意哪些礼仪？

(2) 参加舞会应选择什么样的服装？

课 程 思 政

通过本章的学习，就是要让更多的公民认识到在公共场合与他人共处时要和睦相处、礼让、包容。要认识到一个人在公共场合的言行举止，不仅代表其个人，而且还体现的是集体乃至整个社会的良好形象。每个公民都一定要注意遵守公共场合的礼仪规范，这是我们每一个公民的职责。这样可以更好地培育和践行社会主义核心价值观，不断提高公民道德水平和社会文明程度，广泛动员社会各界积极参与道德建设，从而形成见贤思齐、崇德向善的良好社会风尚。

项目四 接待礼仪

接待是人们在日常生活与工作中经常会遇到的事情，"接待无小事""接待显形象"都说明了接待是非常重要的，只有掌握了相关的接待礼仪知识，才能让客人满意，才能在接待工作中不出纰漏。这样既可以塑造自己的良好形象，又可以提升组织的知名度与美誉度。本项目分别从前台接待、办公室接待和会议接待三个方面进行讲解，为学生以后的接待工作提供更多的参考。

任务一 前台接待

一、能力目标

(1) 能针对不同类型的来访者，礼貌规范地进行接待。

(2) 能针对不同的电话内容，恰当地进行电话交流。

二、任务情境

江河企业的营销部经理李刚去拜访一家私营企业的董事长，到了企业才得知董事长去外地开会了。前台接待员何青热情、周到地接待了李刚，虽然没见到董事长，但是李刚却有宾至如归的感觉。

📑 学习要求

如果你是何青，你该如何接待？先请同学分组讨论并模拟表演，然后在全班展开讨论，看看哪一种接待方式更好。

三、相关案例

【案例1】

南方公司的王萌是一名新员工，她在前台负责接待来访的客人和转接电话，还有一个同事小李和她一起工作。每天上班后的一到两小时是她们最忙的时候，电话不断，客人络绎不绝。一天，有一位与人力资源部何部长预约好的客人提前20分钟到达。王萌马上通知人力资源部，被告知部长正在接待一位重要的客人，请对方稍等。王萌转告客人说："何部长正在接待一位重要的客人，请您等一下，请坐。"正说着电话铃又响了，王萌匆匆用手指了一下椅子后，赶快去接电话。客人面有不悦。王萌接完电话后，赶紧为客人送上一杯水，与客人闲聊了几句，以缓解客人的情绪。

? 讨论

请针对以上案例评价王萌的接待工作做得怎样。

【案例2】

有一位宾馆客人在前台结账后，突然想起还有一个很重要的外线电话没打，就要求前台服务人员再次为他开通房间的外线电话，遭到前台接待员的严词拒绝。这位客人非常生气，在前台愤怒地指责接待员，引来了不少客人和员工围观，前台接待员也因此受到大堂经理的责罚。接待员觉得很委屈，不知道自己什么地方做得不妥。

? 讨论

请针对以上案例谈谈你的看法，评价一下材料中涉及的前台接待礼仪行为。

四、知识链接

前台是一个单位的脸面或名片。前台接待员是单位的"形象代言人"，因此前台接待员的礼仪规范程度，对塑造单位形象起着非常重要的作用。

(一)前台接待概述

1. 前台接待的含义

前台接待是指当来客踏入单位第一步时，便有以主人的身份存在的人员招待来访者，从而达到某种目的的社会交往方式。它便于使陌生的人与单位建立某种联系，缩短沟通的时间，也能通过第一时间的服务，为来客留下良好的第一印象，塑造单位或企业的形象。

2. 前台接待的分类

前台作为一个单位的第一窗口，越来越受到重视，根据不同单位、行业的不同类型，前台接待大致可以分为以下几种。

(1) 酒店前台接待，又叫宾馆前台接待，是指在酒店或宾馆等进门的首要醒目地方设置一个接待场所，可以为客人提供相应的接待服务。

(2) 公司前台接待，是指在公司或企业设立的前台接待站。

(3) 餐馆前台接待，是指在餐馆、酒楼等餐饮行业设立的接待场所，通常包括门口迎接、待客泊车两种前台接待。

除此之外，常见的还有写字楼前台接待、银行前台接待、医院前台接待、行政机关前台接待等。

3. 前台接待的基本内容

前台接待的主要工作有以下几种。

(1) 迎送客人和同事上下班。

(2) 接待来访者。

(3) 接听电话。

具体到各种类型的前台接待，还有一些细微的差别，下面进行一些说明。

酒店前台接待，熟悉酒店的基本情况，可以快速、准确地为客人提供问询、登记、入住、结账，以及电话预订、转接等服务。

公司前台接待，主要工作是礼貌地迎送客人，第一时间为来访客人提供咨询、沟通等服务，也为公司内部人员提供接待准备，同时进行电话咨询等服务。

餐馆前台接待，根据各自的分工不同，门口迎接接待主要是在前台欢迎客人，并根据客人的要求安排协调座位，引导入座，把接待工作递交给餐桌接待员；待客泊车接待是为客人节省停车时间，为有车一族提供更贴心的服务。

写字楼前台接待，需要熟悉写字楼内所有单位的名称和位置，能够迅速地为来客提供服务。

银行前台接待，一般是大堂经理接待，主要是介绍新业务，协调和解决银行网点的相关问题。

医院前台接待，通常情况下称为问询处或导医处，为不熟悉医院情况和工作流程的人员提供问询、解释、引导等帮助。

行政机关的前台接待，大多设置为门卫值班室，基本工作是收发信件，做好来访登记，谢绝推销人员或闲杂人员进入办公区。

(二)前台接待的礼仪要求

前台接待的礼仪要求主要是针对公司和企业类型的前台接待提出的。

1. 基本仪态及形象要求

(1) 前台接待员应具备优雅、得体、自然的举止，坐、立、行都要保持良好的仪态。要保持规范优美的站姿，给人以端正挺拔的感觉；要养成优雅的坐姿，给人以文雅稳重的感觉；要学会正确的走姿，给人以轻快洒脱的感觉。

(2) 前台接待员始终要保持良好的精神面貌，妆容以淡妆为宜，服饰注重大方得体或按单位具体要求穿着，面对来访者或接听电话时，都应保持微笑，把热情传递给对方。

2. 迎送客人和同事上下班

作为前台接待员，要迎送客人和同事上下班，其上班和下班时间就要相应提前和往后延迟。通常情况下，每日上班应提前十分钟，下班也应推迟十分钟，应着装整齐、面带微笑地以礼貌规范的站姿在前台向客人和上下班的同事主动问候、送别，可行注目礼或点头礼，以便营造和传递和谐、融洽的工作气氛。

3. 接待来访者

来者都是客，每一位来访者对单位或企业来说都是尊贵、重要的客人，前台接待员对其都应该表示出热情友好的态度，都应该一视同仁地进行接待，全心全意地为来访者提供满意的服务。

项目四　接待礼仪

(1) 当遇到有客人来访时，前台接待员应立即起身站立，朝客人轻轻点头，微笑致意，使用礼貌用语主动热情地和客人打招呼，并问候客人。

① 如果是陌生的客人，可以使用"您好，请问您找哪一位""您好，请问有什么可以帮您的""您好，请问有预约吗"等礼貌用语。同时，需要问清客人的姓名及单位或公司名称，可使用"请问先生(女士)贵姓""请问您是哪家公司的"等语言。

② 如果是认识的客人，可以使用恰当的尊称，最好能正确称呼客人的姓氏和职务。如"您好，王经理，今天有什么可以帮您的？"这样，会让人感觉非常亲切和自然。

(2) 接下来，前台接待员需要耐心倾听客人的来意，然后根据客人的需求和目的，给予积极适当的帮助。

① 咨询、办理业务及其他。仔细听清客人咨询的问题后，如能解答，应耐心细致地回答；如不能准确回答，应表示歉意，并帮其询问相关业务部门再作答或联系相关部门人员出面回答，不能以"不知道"来搪塞客人。

② 有预约联系的情况。前台接待员在确认来客找谁和有预约后，应请客人稍等，立即为其联系。联系好后，应用规范的手势指引来客找到具体的办公地点，或告知办公室的门牌号。前台如有两位接待员，应由其中一位接待员引领客人到要找的人的办公室，先敲门得到允许后再请客人进入，并主动进行茶水服务，然后及时返回前台。

如果遇到预约好要找的人员正忙，应主动向客人解释原因，最好能告知等待的时间，请其稍等，并招呼客人到休息室稍作休息，引导入座，并提供茶水、饮料及报纸杂志等。要找的人员长时间仍未出面招呼客人时，前台接待员应帮其再次联系，提醒要找的人员有预约客人正在等待，根据情况向客人作出反馈。

③ 没有预约联系的情况。来访者没有进行预约，但明确找哪位后，前台接待员可以打电话给相关同事或领导秘书或助理，告知哪个单位的谁来访，请示是否方便接待。

请示技巧：尽量不要让客人感觉到直接联系的是来访者要找的当事人，这样便于委婉拒绝，既不会使来访者觉得尴尬，也可为接下来的工作留下回旋的余地。

④ 如果客人要找的人不在，应该明确告诉对方本单位人员到何处去了，何时回来。询问来访者是否愿意等待或预约，也可以请来访者留下姓名、电话、地址，以方便下一步的联系。

(3) 当客人洽谈完业务离开单位时，前台人员要起身礼貌送行，常使用"请慢走""谢谢光临""欢迎下次再来"等礼貌用语，给客人以宾至如归的感觉。

(4) 来访者接待时的注意事项。

① 需要引导来访者到达单位目的地的，要用正确的引导手势和姿态。

② 需要为来访者奉茶的，一定要诚心诚意，讲究礼仪。中国古话有"茶满欺人"的说法，要留意小的接待细节，让来访者觉得热情、周到。

③ 需要为客人引导的，要注意使用正确的引导方法，特别要注意电梯和楼梯的引导规范。一般情况下，乘坐电梯时，接待人员要遵守"先进后出"的原则，即先进入电梯为客人按住电梯开门键，方便客人顺畅地进入电梯，到达后按住电梯开门键，待客人都出电梯后再离开；引导客人上楼，引导者应让客人走在前面，下楼则应走在客人的前面。

④ 有客人未预约来访，又是直接找单位领导的，需要谨慎处理。一般不直接回答领导在或不在，可以委婉地告诉对方"我帮您看看他是否在"，并客气地询问来意："请问您找他有什么事？"前台接待员要根据客人的回答灵活处理，做到随机应变。

⑤ 认真做好来客的登记，谢绝衣着不整的闲杂人员或不速之客进入正式工作区域。

4. 电话接待

接听电话虽然可以不直接面对客人，但来者都是客，接听电话同样要讲究礼仪，要尊重来电者，通过声音传递出对访客的礼貌与尊敬。图4-1所示为接听电话示例。

图4-1　前台接听电话示例

1) 接听电话的基本要求

(1) 前台接待员接听电话时要始终保持轻松、愉快的心情，面带笑容，保持自然规范的仪态，声音自然温和，语气友好，语言清晰，使用准确的普通话发音，通过电话给对方传递出礼貌、热情的优质企业形象。

(2) 电话一般在铃响三声内接听比较礼貌，因故在三声铃响之后才接电话的，要说"对不起，让您久等了"之类的敬语。

(3) 随时做好记录的准备，在电话机旁准备好便笺和笔。接电话时建议左手拿听筒，右手拿笔，便于迅速、快捷、准确地记录。通话内容中若含有时间、地点、联系方式、金额等信息时，要注意重复这些内容与客人进行核对，以免出现错误。

(4) 通话结束，礼貌地使用规范结束语，例如，"请问还有什么需要？"待客人挂断电话后再轻轻放下话筒，挂断电话。不可将"嘟、嘟"声留给客人。

2) 电话接转礼仪

(1) 前台电话铃响后，接待员要自报家门，使用规范用语"您好，这里是××公司"。

(2) 根据来电者的不同需求，分类恰当地转接到来电者要联系的人的办公室。

如果来电者知道分机号码或联系人的具体名字，可礼貌地说"请稍等，我马上为您转到他的办公室"，并立即为其接转。

如果来电者直接找单位领导或负责人，必须将电话转接到秘书或助理处，由秘书或助理来安排接待，以免让一些无关紧要的电话打扰领导，影响其正常工作。

如果接转电话不顺畅或占线，应礼貌地告诉来电者："对不起，让您久等了，需要转

项目四　接待礼仪

接的电话正占线，您需要等一下吗？"假如来电者同意，可以说"那我继续为您转接"，保留电话不挂线，但一分钟以后需要再次确认；假如来电者表示不愿意等待，接待员需要询问"请问您有什么需要我转告的"，若有，应进行详细记录。

如果来电者不能确定和谁进行通话，接待员须询问来电目的后再作出判断，帮助来电者联系可以帮助他的人。

如果明确知道来电者要找的人不在办公室，可以确定地告诉来电者："他现在不在办公室，请问您有什么需要？"也可以请来电者留下联系方式或留言，为其转交。

3) 电话接待的注意事项

(1) 与来电者交流的过程中，需要使用正确的尊称，如经理、先生、女士等，不可随意称呼。

(2) 不要在未得到允许的情况下随意说出单位领导或同事的行踪或联系电话。

(3) 在有需要的情况下询问来电者的信息时，如遇对方不愿意透露姓名或相关信息资料，不可强求，更不能失礼、失态。

(4) 在接到拨错的电话时，要保持风度，礼貌解释。

(5) 接到投诉电话时，要虚心诚恳地倾听和做好详细完整的记录。可以作出解释的，应耐心地作出合理开导；无法解释的，应及时转告相关部门，做好反馈，不可随意推诿和拒绝来电者。

(三)前台接待的禁忌

作为单位形象和窗口的前台，工作是否规范将直接影响他人对单位的印象、评价和信任度，因此，前台接待工作不可有半点的懈怠与马虎，需要特别注意以下几点。

1. 仪表仪态

(1) 不能穿着休闲装(如吊带背心、短裤等非正式服装)在前台进行接待，这是非常不庄重、不礼貌的行为。

(2) 前台接待员不允许在前台岗位上随意化妆，修剪指甲。

(3) 不能在没有接待的情况下随意伏趴在前台桌子上或倚靠在椅背上。

(4) 不能满脸愁容、无精打采地工作。

(5) 不能在前台吃零食或用餐，更不能一边接听电话一边吃食物。

2. 日常工作

(1) 前台人员忌私自离岗和外出。如遇特殊情况离岗一般不应超过 10 分钟；若急需外出，也要先请示相关负责人，并找到临时接待员，做好相应交接后方可离开。

(2) 前台人员忌将私人情绪带入接待工作中，把怨气发泄到来访者身上，使用不礼貌的语言，接待态度冷冰冰，接待氛围死气沉沉。

(3) 前台人员忌不遵守工作时间。因为前台迎接客人和同事上下班是一项重要的工作，所以前台接待必须遵守工作时间，以维持正常的日常工作。

(4) 前台人员忌在工作岗位上随意与同事闲聊，或大声讲话引起旁人的注意。

(5) 前台人员忌占用工作电话长时间地拨打私人电话，或太忙的时候故意不接电话。

(6) 前台人员忌对来访者视而不见或对来访者的要求生硬拒绝。

(7) 前台人员忌擅自对来访者或来电话者告知虚假信息或作出虚假承诺。

五、模拟任务训练

(1) 杜敏是一家酒店的前台接待员，在前台经常会遇到这样一种情况：一边正在接听预订酒店的电话，一边又有客人来到面前。杜敏每次都能处理得很好，既不耽误接听电话，又不怠慢来客。她是如何处理的？

📚 学习要求

小组讨论，抽2~3个小组代表上台进行试演，全班讨论确定最佳方案。

(2) 佳丽文具公司的销售经理赵兵与尚可公司的经理张中预约下午到尚可公司商谈购买办公室用品事宜，赵兵准时赴约，却从前台得知张中经理临时有要事须耽误半小时再回公司，无奈赵兵只好等待。作为前台接待员，应如何接待赵兵？

📚 学习要求

分组模拟表演，全班讨论评价。

(3) 一家企业招聘前台接待员，薪水颇丰，前来应聘者不少。经过初试，挑选出了四位容貌气质都不错的应聘者，企业决定试用上岗。一号应聘者上岗日，为了让自己始终保持较好的肤色，一有空就悄悄拿出镜子来补妆；二号应聘者上岗日，恰巧遇到电话和来访者都很多，实在忙不过来了，就直接将电话扣在一旁；三号应聘者做事非常认真，但因为是初来，午餐时间没找到合适的地方休息，想想反正是休息时间，就将午餐拿到前台来吃了；四号应聘者长得特别标致，工作也很细致，但下班后喜欢在背后评论来访者的长相、衣着。如果你是这家企业人事部门的负责人，你会选择哪位作为前台接待员？

📚 学习要求

小组讨论，得出结论并说明理由。

六、思考题

(1) 如果一次通话占用了较长的时间，此时又有新的电话打进来，则前台接待人员应该如何处理？

(2) 餐馆前台接待工作包括哪些方面？

(3) 小萌正在前台整理记录资料，忽然看见两位客人直接往办公区走去，小萌赶紧叫住他们。客人有些不耐烦地说："我们昨天刚来过，是找销售部钱经理的，昨天有点事没

办完。"小萌说:"对不起,请你们稍等一下,我马上帮你们联系钱经理。"电话接通后,钱经理说:"我不想见那两个人,请你帮我挡一下。"

假如你是小萌,你如何为钱经理挡驾?

(4) 某大型集团公司的总裁何琼女士到成都来出席某大型活动,应邀入住金沙大酒店。当她第一次进入酒店时,站在门厅的迎宾服务员便立刻向她微笑致意:"您好!欢迎您光临我们的酒店。"没过多长时间,何女士再次来成都办事,恰巧也是入住金沙大酒店,一进门厅服务员便认出她来了,边行礼边热情地说:"何女士,欢迎您再次光临,我们已为您准备好客房。"随即陪同何女士一起上了楼。时隔数日,当何女士第三次踏入酒店大厅时,那位服务员马上脱口说出:"欢迎您第三次光临,我们酒店感到十分荣幸。"事后,何总裁决定本集团的人员到成都出差都入住金沙大酒店,并对下属说:"该酒店的服务水平很高,住得舒服。"

请思考:何总裁为何作出这样的决定呢?

任务二 办公室接待

一、能力目标

(1) 能根据不同的要求,合理制订出规范的接待方案。
(2) 能热情、周到地做好办公室接待工作。

二、任务情境

森宝药业集团公司准备为一家外资企业推荐一套自己集团目前生产的最先进的国外输液管生产线,经过前期沟通后,外资企业的副总决定带人到森宝药业集团公司进行实地考察并落实合作事宜,森宝药业集团公司接到消息后,迅速安排办公室相关人员负责此次接待。

如果你是办公室负责人,你会怎样安排这次接待?

学习要求

先请全班同学分组讨论,并汇集意见总结出办公室接待的一般程序。

三、相关案例

【案例1】

一位客人走进达能食品有限公司经理的办公室,陶秘书正在办公桌前打印一份文件,见到客人走进来,便向客人点点头,并伸手示意客人先坐下。10分钟后,他为客人倒茶,并通过电话帮客人联系好要找的部门。当客人告辞时,他在办公桌前起身向客人道别,并目送其走出办公室。但事后,陶秘书却受到了经理的批评。

> **讨论**
>
> 陶秘书为什么受到了经理的批评?

【案例2】

> 李辉刚大学毕业就被分到一所学校的办公室工作,人际交往开始变得频繁起来。一次,他随主任出去接待客人,所见人员多是些年龄较大或有一定职位的人。李辉选择了靠里的位置坐下,认为这样坐不碍事,也不会影响上菜。用餐期间,有人说道:"小李,你坐的位置可是最尊贵的位置,得喝酒三杯吧。"虽然此人并不是有意嘲讽,只是玩笑,却也令小李的脸红了,很尴尬。

> **讨论**
>
> 李辉忽视了哪些接待礼仪规范?正确的做法是什么?

四、知识链接

(一)办公室接待概述

外单位的客人到本单位来访,无论是办事、学习、交流,还是求助、合作、调研,一般都会由办公室接待人员进行接待,接待人员的精神面貌、工作作风、专业程度、待客礼节都代表着单位的形象,是单位的"门面"。

1. 办公室接待的类型

办公室接待主要包括日常的公务接待、来访接待、电话接待和信访接待等。

最常见的是公务接待,即上下级之间、平行单位之间开展公务活动时进行的接待,一般需要负责来宾的迎送、陪同、具体行程安排、住宿、食宿以及交通等内容。任何一个环节都必须认真对待,高度重视,统筹安排,这样才能让接待工作顺利、圆满地完成。

2. 办公室接待的原则

1) 热情相待

对来访的客人,无论职位高低、熟悉与否都要一视同仁,要表现出热情、真诚之意。

热情相待主要表现在以下几个方面。

(1) 主动与客人寒暄、问候,亲切招呼,主动作自我介绍,与客人热情握手。

(2) 对待来访客人要一心一意,不能有意无意地冷落客人,要以客人为中心,把自己的其他事务放在第二位,专心为客人服务,不能三心二意。

(3) 注意主次分明。接待来访的客人时,正在被接待的客人要视为最重要的客人,对于后到的客人也要接待,但要分清主次,不能因此而忽视了正在接待的客人。

(4) 告辞须由客人主动提出,客人在接待人员诚恳挽留后仍要离开,接待人员才能起身送行,与之握手,送别致意。

项目四 接待礼仪

2) 耐心细致

接待来访客人要细心，讲究善始善终，不能虎头蛇尾。考虑问题要周到全面，多站在来访者的立场考虑问题，注意接待中的细节，兼顾来访者的特殊要求，善于观察来访者态度的细微变化，尽可能地为其提供帮助、解决问题，让客人感到宾至如归。

3) 规范有序

办公室接待要有接待制度，从而使接待工作制度化、规范化，形成一定的接待流程，让接待工作进行起来能得心应手。同时，对接待人员要进行必要的相关礼仪知识培训，使其在接待中使用规范的礼仪，提升单位的整体形象。

4) 合理节约

办公室接待有一定的接待经费，但必须合理地使用这些经费。对必要的不能省略的开支，绝不吝啬；对无关紧要的内容，要适当考虑，能节约的，要合理节约，不要铺张浪费。

(二)办公室接待的规格

办公室接待规格是指接待工作的具体标准，即接待的隆重程度和迎接人员的身份安排。它不仅能体现出接待工作的档次，还能体现出对来宾的重视程度，因此办公室确定接待规格时一定要全面考虑、慎重安排。

1. 接待规格的基本内容

(1) 接待规模的大小。

(2) 接待方主要人员身份的高低。

(3) 接待费用支出的多少。

2. 接待规格的确定

按照常规，接待规格应根据来访者的身份、职位高低来确定。接待规格需要适中，不能过高，也不能过低，过高可能会影响单位的正常运转和领导工作，过低则可能怠慢了客人。以接待者身份与来访者身份对等为宜。

接待规格要事先确定，并拟订合理的方案，提早做好准备。接待规格主要有以下几种。

1) 高格接待

高格接待是指主要接待人员或陪同人员比来宾职位要高的接待。

如上级单位派人到下级单位进行指示、调研，兄弟单位派人来商谈重要事宜，下级单位有重要事情请示，都应采用高格接待，单位主要领导可以适时出面陪同。

2) 低格接待

低格接待是指主要接待人员或陪同人员比来宾职位要低的接待。

如上级领导或主管部门领导路过或到基层视察，接待外地来的参观团等，都可作低格接待。在这种接待中要特别注意热情、礼貌。

3) 对等接待

对等接待主要是指接待人员或陪同人员与来宾职位大致相等的接待。

这是接待工作中最常见的一种。一般来的客人是什么级别，本单位也应派相应级别的人员接待作陪。

(三)办公室接待礼仪

办公室接待水平的高低能够集中反映办公室和单位的整体形象，能够展示出接待人员的综合素质和能力水平，而掌握正确的接待礼仪，对于推动和开展单位的工作有着十分重要的作用。

办公室接待的基本礼仪规范如下。

1. 充分做好准备工作

如果事先约定好有客人来访，就应该提前做好各项准备工作。

1) 环境准备

办公室平时就应保持整洁、优雅的环境，桌椅摆放有序，办公用品、资料收拾得整齐规范。在客人到来之前，还应进行必要的清洁工作，以体现对客人的重视，营造出舒适的办公和待客环境。

如果是专门的接待室或会议室，要提前检查环境卫生，保持桌椅、沙发的清洁，提早打开窗户，让空气清新，适当摆放绿色植物。

2) 物品准备

在客人来访之前，要准备好招待客人必备的物品，如茶杯、茶叶、开水、烟灰缸等。根据具体情况，还可以准备水果、饮料、点心等物品。

如需要记录讨论内容的，还应提前备好钢笔、铅笔和便笺。

3) 全面掌握来访信息

接到来访接待任务后，首先要主动与对方联系，掌握客人的基本情况，包括来访者的姓名、人数、性别、单位、职务、级别等；其次要了解来访者的目的、来访要求、活动方式以及准确的行程安排，还要确定对方的联系人，及时沟通情况，若有任何变化，要能在第一时间得到信息，以便调整接待方案。

4) 制订接待方案

根据客人的来访目的、活动时间、要求，以及客人的职务高低确定接待规格，拟订出详细的接待方案，然后报分管领导或主要负责人审阅。

接待方案的具体内容一般包括以下几个方面。

(1) 接待活动的名称。

(2) 接待活动的时间、地点。

(3) 接待规格、对方参加人员的名单及职务。

(4) 活动的具体内容(如座谈汇报、参观考察等)。

(5) 本单位的出席领导、陪同人员、接待人员。

(6) 活动日程安排。

(7) 住宿、餐饮标准及安排。

(8) 交通车辆安排。
(9) 安全保卫安排。
(10) 宣传报道安排。
(11) 纪念品赠送。
(12) 经费开支预算。
(13) 注意事项。

接待方案中的每项任务、每一个环节都最好细化到责任人，便于下一步的落实。方案拟订完成后须经领导审阅修改方能定稿。

5) 安排落实任务

接待方案确定后，要严格按照方案有序地进行，通知相关人员做好各项工作的准备，明确接待人员的职责和具体任务，使各个接待环节衔接妥当。

(1) 根据人数安排好接待场所。如果客人较少，接待场所过大则会显得空落落的；如果客人较多，接待场所过小则会显得拥挤。注意，要提前检查接待场所的环境情况和卫生情况，不要等客人到达后才发现灰尘满地，这样会显得极不礼貌。

(2) 接待地点的座次顺序要讲究规范，印制座牌前须确认好来宾的姓名，一定不能出错，摆放好后须检查。

(3) 需要接站的，应提前安排并通知接站人员做好准备工作，确定好来宾抵达的时间、地点，所乘的交通工具等。如互不认识的，应准备好接客牌，上面可以写"迎接××先生"或"迎接××访问团"等，以便客人辨认，使其感觉到接待方的周到、热情。

(4) 宾馆的安排，要根据来宾人数、职务、性别来预订，最好预留空间，以应对特殊情况的发生。

(5) 餐饮安排要严格按照接待标准，尽量突出地方特色，注意了解客人的就餐方式和习惯，点菜要兼顾全面和适中，也要量力而行，不要铺张浪费。

(6) 车辆的协调、调度要事先落实稳妥。如果客人自带车辆，应提供好一切可以提供的便利，如停车场的安排、交通图等；如需接待方提供车辆时，应尽力满足。

(7) 如果有重要领导来访，安保工作一定要"谨小慎微"，不但需要制订预案，在思想上还要高度重视，以应变特殊情况，而且需要注重细节，从严要求。

(8) 如需准备汇报材料的，要提前安排。宣传报道则应注意统一口径，掌握分寸，并报经上级有关部门批准。有关的图文报道资料，一般应向接待对象提供，并应自己存档备案。

接待人员落实接待任务时应注意协调配合，忌不听从指挥，盲目单干。

2. 热情、周到地做好接待服务

1) 热情迎接

客人对接待方欢迎与否是非常敏感和重视的，因此，当客人到来时应表示热烈欢迎。

(1) 迎候。根据客人身份，如果是重要的客人，一般应由职务相当的人员前去客人抵达的机场、车站、码头或是下榻之处迎接。这种方式的迎接通常会事先告知对方并提前到达迎宾地点，不能搞突然袭击，也不能迟到让来宾久等。倘若事先约定的接待方人员因特殊原因不能前往，接待人员须向客人作出礼貌的解释。

(2) 致意。接到来访客人，应向对方真诚地表示欢迎，致以亲切问候，可以说"一路辛苦了""欢迎，欢迎"，并相互进行介绍和热情握手，初次见面的还可互递名片。

2) 正确引导

迎接到来访客人后，接待人员按日程安排带领客人参观或到达接待室、会议室，需要进行正确的引导。

(1) 使用规范的引导手势。手势是一种形体语言，办公室接待人员适当地运用手势，可以体现形象性，也能增强感情的表达。

一般而言，手势分为高位、中位和低位三种。高位手势，手位位于头部与肩部之间；中位手势，手位位于腰与肩之间；低位手势，手位处在腰线位置。

在接待过程中，迎接客人、指引高处、远处时使用高位手势；表示请进、引路、介绍时使用中位手势；请坐时使用低位手势。要注意手势与身体姿态、表情、眼神的协调配合，手势运用应准确、规范、大方、自然。

(2) 引导礼仪。接待人员在引导客人时，不能背对客人，一般应侧身向着客人，保持130°左右的角度，走在客人左前方两三步距离。如遇走廊、过道，应让客人走在内侧。进出房门时，应主动为客人开门或关门，首先让客人通过。

引导途中要主动向客人介绍单位景观或接待安排情况，让客人对我方的接待安排有大致了解，以便向其征求意见。

3) 讲究礼仪次序

(1) 让座。接待人员将客人引入安排好的接待场所后，为表示敬意，要主动安排其就座，并请客人先行入座，不能站着和客人谈个没完。

让座需要懂得礼仪座次，要礼貌让座，不能乱让或让错。通常情况下，礼仪座次安排以面门为上，以右为尊，居中为上。

(2) 乘车。上车时，接待人员应为客人打开车门，让其由右侧车门上车，然后自己再从车后绕到左侧车门上车。车到目的地后，接待人员应先下车，为客人打开车门，请其下车。

乘车座次一般以右为上，左为下，后为上，前为下。

如果是小型轿车，由专职司机驾驶的，座次尊卑顺序是：后排右座、后排左座、后排中座、前排右座，如图 4-2(a)所示；如果由接待方职务对等领导亲自驾驶，则应把前排右座让给客人中的尊者，其余人坐在后排，如图 4-2(b)所示；如果是多排座的中型商务轿车，无论何人驾驶，均以前排为上，后排为下，以右为尊，以左为次，如图 4-2(c)所示。

乘车时尤其要注意姿态优雅，切忌钻进钻出。特别是穿着裙装的女性，上车时最好背对车门坐下后，再将双腿和头部收入车内；下车时则应面对车门，待双脚着地后，再将身体移出车外，避免出现尴尬场面。

4) 诚心奉茶

客人落座后，应诚心敬茶。

接待人员应事先将茶具清洁好，即使是平时备用的洁净茶杯，也要再用开水烫洗一下，让客人觉得很讲卫生，避免因茶杯不洁而出现不愿饮用的尴尬局面。

项目四 接待礼仪

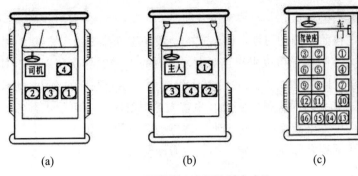

图 4-2 不同排座车辆的乘车座次

奉茶时要双手端杯，对有杯耳的杯子，右手拿杯耳，左手扶杯托，不可将手靠近杯口，注意讲究卫生和礼貌。

不能随意放置茶杯，要轻放，不要莽撞，以免茶水泼洒出来，一般应放在客人右手附近，且杯耳朝外。敬茶时，可以用手示意，并微笑说"请用茶"。

不要直接用手取茶叶，分量多少要掌握好，让茶水浓淡适中，不能过浓或过淡。如果客人停留的时间较长，茶水过淡要重新添加茶叶冲泡时，最好选用同一种茶叶，不要随意更换茶种。

沏茶时，动作要轻、要缓，通常有"浅茶满酒"的习惯，要求茶水不能倒满杯子。而且斟茶应注意适时，客人谈兴正浓时，不要频频斟茶。

5) 亲切会见

会见时进行交谈是办公室接待过程中的一项重要内容，是接待成功与否的重要一环。

(1) 在与客人交谈的过程中，一定要认真倾听，不要东张西望、无精打采，露出不耐烦的表情或有其他不礼貌的行为。对客人的谈话应表示尊重，适时点头作出反应，有不同观点时也不能马上打断，要待客人谈完后再阐述自己的看法。一般情况下听完对方的谈话后，都应发表一些自己的想法，相互交流意见，如果只听不谈也是对客人不尊重的一种表现。

(2) 谈话的语气和态度要温和适中。谈话时要尊重他人，不要恶语伤人，不要强词夺理，更不要以势压人。

(3) 谈话内容应围绕活动的主题进行，因为拜访者和接待者双方的会谈是有目的的，因此谈话应尽量简短概括，不要拖泥带水，半天进入不了主题。如果是陪访，或者朋友之间的交流，要找双方都感兴趣的话题，不要只谈自己的事情或自己关心的问题，而不顾对方是否愿意听或冷落对方。

(4) 接待谈话用语的选择应该因人而异，区别对待。如果是国内来宾，应该使用规范语言，即普通话。语言的规范与否，与你的形象，以及你所在单位的形象有密切关系。

(5) 要注意坐姿。同时不要频繁看表、打呵欠，以免对方误解。

6) 宴请接待

一批客人原则上只安排一次宴请接待，接待方的陪同人员不宜过多，最好与客人相等。宴请时要根据接待方案提前打印好席卡，安排好座次，使参加宴会的人员入席时井然有序，这也是对客人的尊重。

宴请客人时，按照中国的习惯，圆桌式的一般座次安排是由主方的 1 号领导坐在面对房门的位置，主方 2 号领导可以坐在正对面，客方的 1 号领导坐在主方 1 号领导的右边，2 号客人坐在主方 1 号领导的左边，3 号客人坐在主方 2 号领导的右边，4 号客人坐在主方 2 号领导的左边，其余陪同人员可随意。主客人数对等时，也可以主客各一半，仍然要注意体现以右为尊，主方坐圆桌的左边一半，客方坐圆桌的右边一半。

安排座次时还须视具体情况而定，不能生搬硬套。

7) 礼貌送别

无论接待什么类型的客人，当客人提出告辞时，一般都应加以挽留。不能一听说客人要走，接待方马上站起来相送，这会让人感觉有逐客之意，一定要等客人起身后，再起身相送。

送别客人时，应与客人热情握手告别，欢迎客人下次再来。根据接待方案，准备好交通工具，为客人提供方便。如果准备有纪念品，要及时赠予客人。

如为客人安排了饯行宴会，要注意和接待时的规格对等。

3. 重视接待细节

细节决定成败，办公室接待也同样需要重视接待细节，让客人乘兴而来、满意而归。

(1) 在确定接待规格时，要注意客人是否曾经来访过，如曾经来访过，接待规格一定要前后保持一致，这样才能体现出对客人的尊重。

(2) 为客人安排交通工具或预订机票、火车票时，要注意档次，根据客人身份来选择车辆的档次、飞机的舱位、火车票的软卧程度等，并且讲究有始有终，客人来时和离开时都要兼顾到，做到细致入微，以体现出待客有礼。

(3) 接待客人时，如客人提有重物，应主动接过来，但一般情况下不要帮客人拿随身携带的公文包。

(4) 对于接待过程中临时出现的一些小意外或纰漏，不能视而不见。因为客人一般对细节也较为敏感，只是出于尊重接待方而未声张，如果接待人员就此敷衍了事，会在客人心中留下缺憾，但如若接待人员能巧妙、委婉地加以适当解释或补救，会很好地化解客人心中的不满情绪。

(5) 要多与客人下榻的宾馆进行协调，尽可能地将客人的生活安排得舒适、周到。特别是重要客人来访时，接待人员要及时通知宾馆，为了避免让客人在大厅等候，通常在客人抵达前帮客人办好入住手续，并将住房安排表或房卡交与客人，以便客人迅速、便捷地入住。

(6) 在接待中，对客人提出的确实办不到的或无能为力的事情，要委婉拒绝，说明原因，以求客人谅解。

(四)办公室接待禁忌

在办公室接待客人时，要注意以下几个方面的接待禁忌。

1. 忌讳接待失礼

当有客人来访时，办公人员妆容不整，穿着便服，办公桌上的东西乱七八糟，不向客人作介绍，不让座于人，不为其奉茶倒水，隔着办公桌与客人讲话，或把客人携带的礼品当场打开进行评价等，这些行为都是极不礼貌的，在接待来访客人时一定要避免发生。

2. 忌讳怠慢客人

当有客人来访时，虽进行了接待，但一直心不在焉，对客人的谈话没有任何反应，也不作任何回答；自己手上的事情没有做完，就让来访客人长时间等待；对于没有预约的客人随便应付了事，推脱责任。这些做法都会怠慢客人，是办公室接待最忌讳的。

五、模拟任务训练

(1) 行川中学的办公室主任和两位秘书准备到育才中学去参观该校的图书馆建设，事先与育才中学办公室取得了联系，确定好时间后，行川中学一行三人来访，育才中学办公室应如何进行接待？

学习要求

小组讨论后上台试演，全班对其接待礼仪的运用和规范程度进行评价、讨论。

(2) 办公室的小张手上有一份重要文件需要处理，正巧这时来了一位客人，小张热情地进行接待。结果发现这位客人没有既定目的，而且没完没了地闲谈，小张应如何处理而不失接待礼节？

学习要求

小组讨论思考：抽2～3个小组代表上台试演。

(3) 沿海一家企业准备与内地一所学校合作办学，企业负责人决定在本月的28日带队一行8人到这所学校签订合作协议并到该地区考察一番，接到任务后，学校办公室迅速着手准备。

学习要求

请拟订一份详细的接待方案。

六、思考题

(1) 如果有客人随意翻你的书架或办公桌上的资料，你该怎么办？

(2) 韩国某政府机构为韩国一项庞大的建筑工程向英国工程公司招标，经过筛选，最后剩下了四家候选公司。韩国某政府机构派遣代表团到英国亲自去和各家公司进行商谈。代表团到达伦敦时，第一家候选公司没有复核飞机抵达时间，未去机场迎接代表团。人生地不熟的代表团只好自己找了一家宾馆安顿下来，然后联系第一家候选公司，这家候选公司的办公室接待负责人赶紧道歉，韩国代表团同意第二天上午 9 点在英国这家公司的办公室会面。第二天，英国公司的经理及接待负责人早早地在办公室等候，但直到下午两点才接到客人的电话，说："我们一直在宾馆等候，可是始终没有人来接我们。对于这样的接待，我们不能接受。我们已订了 6 点的机票飞赴下一目的地，再见！"

请思考：

① 本来可能达成的合同为什么飞走了？

② 接待工作应注意哪些礼仪？

(3) 1962 年，周总理到西郊机场为西哈努克和夫人送行。亲王的飞机刚一起飞，我国参加欢送的人群便自行散开，准备返回，而周总理这时却依然笔直地站在原地未动，并要工作人员立即把那些离去的同志请回来。这次总理发了脾气，他严厉起来了，狠狠地批评道："你们怎么搞的，没有一点礼貌！各国外交使节站在那里，飞机还没有飞远，你们倒先走了。大国这样对小国客人不是搞大国主义吗？"当天下午，周总理就把外交部礼宾司和国务院机关事务管理局的负责同志找去，要他们立即在《礼宾工作条例》上加一条，即今后到机场为贵宾送行，须等到飞机起飞，绕场一周，双翼摆动三次表示谢意后，送行者方可离开。

请思考：

① 总理为何会发火？

② 接待工作人员违反了什么送客礼仪规范？

任务三　会 议 接 待

一、能力目标

(1) 能根据不同的会议内容，做好会议前的准备工作。

(2) 能熟悉会议中和会议后的接待服务工作。

(3) 能根据不同的会议内容，正确安排座次。

二、任务情境

某市教育局准备召开该市中小学关于实行教育改革的工作会议，由新民中学出面承办此次会议。新民中学将如何做好此次教育工作会议的接待工作？

学习要求

先请全班同学分组进行讨论，拟订接待方案，再请1～2组同学进行模拟表演。

三、相关案例

【案例1】

> 年末，某企业召开总结大会，企业近百名员工全体参加。会上有一项议程是表彰企业10名作出突出贡献的优秀员工，由企业高层领导、董事会的成员亲自为其颁发奖状，以此来鼓励员工。到了颁奖时刻，10名代表整齐上台，却没有人将奖状递送到领导手中，一时冷场。待奖状送上台后，慌乱中发的奖状已全然不能对号入座，10名优秀员工只好重新确认写着自己名字和荣誉的奖状，台下一片哗然。

讨论

请针对以上案例谈谈此次会议接待所出现的问题，并说说正确的做法。

【案例2】

> 国内某饮料企业开发了一种新型的果汁饮料，准备举行一场新品发布会。为了大力宣传新品，该企业邀请了国内著名饮料专家和电视、广播、报纸、杂志等多家新闻媒体参加，并将发布会的时间定为周五上午九点开始，考虑到来宾众多，还选定了一家离城较远的环境幽雅的有较大会议厅的宾馆。结果来宾因堵车大多未能准时到达，来的客人也不多，发布会因此延后一小时，会后的宣传报道也较杂乱，影响较小。

讨论

请找出此次发布会中接待安排工作方面的失误，应该如何做？

四、知识链接

会议接待是一项非常烦琐和细致的工作，包括会前的准备、会中的接待、会后的服务等几个重要环节。

(一)会议前的筹备工作

会议接待服务要细致、周全，不仅在会议开始前要做好大量的前期铺垫工作，而且在会中、会后还要考虑方方面面的问题，做好统筹安排和部署，从而保证会议的顺利召开。

1. 确定接待规格，拟订详细的接待方案

会议的接待规格需要根据会议的规模、会议的种类、主题以及参加会议的主要来宾的身份等来确定。

一般而言，上级单位主持召开的会议，会议规格应较高。如果是内部会议，则可以尽量简化，不拘形式；如果是邀请了上级领导参加的会议，则要让会议办得隆重些。召开大型的发布会、表彰会、洽谈会等也要热烈而隆重。

会议接待方案主要包括：接待对象和目的、接待方针、接待规格、接待内容、接待日程、接待地点、接待任务的具体分工情况、接待经费等。

2. 确定邀请对象，发放会议通知和日程

会议的邀请对象一般应根据会议的内容和要求来确定，要多征求各部门和领导的意见，不能独断专行，更不能出现差错，应该到会的，一定要通知到，不应参加会议的，就不要通知，要符合身份。大型的会议一般覆盖面要广，如可以对外宣传的，还应邀请媒体记者来参加，以增强会议的透明度。

会议通知必须写明开会的时间、地点、会议主题、会议要求、参会人员、应带的材料、会务费，并附上会议接待的联系方式、日程安排等内容，便于参会人员了解会议的基本情况。

如果是重要的会议，通知后应附回执，以此确定受邀请人是否参加会议及具体的参会人员名单。

如果有外地人员参加的会议，通知时要附上到达的会议地点和住宿处的具体名称、地址及交通路线，以及是否有接站服务等相关内容。

普通的会议或临时性的会议可以通过打电话来通知参会单位或人员，但重要的会议必须有书面的正式通知，并提前发出，以便让参会者提前做好准备。对不是进行直接送达而是通过投递的方式送出的通知，须打电话确认收到与否，以免误事。

3. 会议会场的选择

1) 会场大小适中

会场的大小一般应根据参加会议人数的多少和会议的主要内容来综合考虑。普通的会议，可选在能容纳相应人数的会议室；大型会议，可选在大礼堂等场所。

2) 会场地点合理

会场地点的选择要考虑交通是否便利，应照顾大多数参会人员能够方便到达。如果开会时间在上午较早时段，同时又需要召集分布较散的参会人员，则尽量不要选择城市中心，否则可能会出现交通拥堵，容易造成参会者迟到。还须注意选择的会场附近是否有噪声，如大型工地施工等，否则可能会影响会议质量。

3) 会场设施设备齐全

选择会场还须考虑和检查会场的音响设备、灯光、通风系统等是否完好，其他配套设施是否完善，这些都是保证会议顺利进行的关键，任何一件设备出了问题，都将直接影响会议的质量。

通常大型会议都要摄像或拍照，用于宣传或作为资料保存，因此摄像、拍照的设备也须事先准备好，并检查机器的好坏和电量的充足情况。

4. 会场的布置

一般大型的会议，应在场内悬挂关于会议的主题横幅，如"热烈庆祝×××会议顺利召开！"同时，在门口悬挂或张贴表示欢迎的标语，如"热烈欢迎参加×××会议的参会人员"，若有上级部门的重要领导来参会，标语还可以写成"欢迎××领导莅临××指导工作"。

如果是庆祝、表彰等的会议,会场内可以摆放鲜花、盆景,以营造喜庆、轻松的气氛;如果是较严肃、庄严的会议,主席台上则可以悬挂国旗或国徽。

通常较正式的会议都须摆放茶杯、饮料,并且摆放要整齐、美观。

5. 会议资料的准备

会议资料要提前准备齐全,印制足量,装订整齐,把需要发送的所有资料整理好后用文件夹装好,根据需要配上笔和笔记本,便于参会人员阅读和记录。

(二)会议的座次安排

会议的座次通常应按来宾的身份、职务高低来安排,接待人员必须在会议开始前安排妥当,如临时有变动,要立即调整座次和桌签。

1. 大型会议

大型会议,一般都分为主席台和听众席。主席台上的座次安排要符合礼仪规范,并且提前打印好就座于主席台上人员姓名的桌签,以方便领导对号入座,避免上台后互相谦让。人员较多时,还应准备座次方位图,便于来宾入座。

但凡有必要确定并排列具体位置的主次尊卑按国际惯例,要遵循"以右为尊"的原则,但按照政务礼仪,主席台上的座次讲究前排高于后排,中央高于两侧,左座高于右座。

以下座次按政务礼仪标准排列。

如果主席台上的人数是单数,1 号领导居中,2 号领导在其左侧,3 号领导在 1 号领导的右侧,4 号领导在 2 号领导的左侧,5 号领导在 3 号领导的右侧,以此类推,如图 4-3 所示。

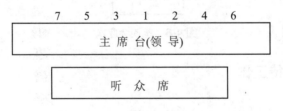

图 4-3 主席台(单数)座次

如果主席台上的人数是双数,1 号、2 号领导同时居中,2 号领导仍在 1 号领导的左侧,3 号领导在 1 号领导的右侧,4 号领导在 2 号领导的左侧,5 号领导在 3 号领导的右侧,以此类推,如图 4-4 所示。

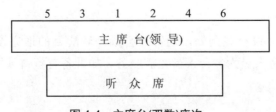

图 4-4 主席台(双数)座次

2. 小型会议

小型会议的座次，视具体的内容而定。

如果是向上级领导汇报情况的会议，通常上级领导及陪同人员坐在面门或朝南一方的主宾席上，主要领导居中，汇报单位坐对面，座次排列方式与主席台上的一致，如图4-5所示。

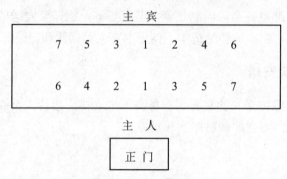

图4-5　汇报会座次

如果是同级单位之间进行座谈、交流的会议，通常是本单位领导及陪同人员坐在面门一方，同级单位的来宾坐在对面，座次排列方式与主席台上的一致，如图4-6所示。

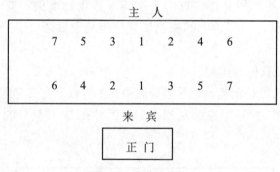

图4-6　座谈会座次

(三)会议前的接待工作

1. 会前检查

在会议正式开始前一两个小时，应进行一次全面、细致的检查，对考虑不周或没有落实到位的工作进行及时补救，尤其要注意会场的音响、灯光，主席台上的座次安排，领导的桌签有无错字，茶水是否准备等细节。

2. 签到服务

较正式的会议都会设有签到处，通常在会场外较醒目的地方设置签到台，备好签到簿、签字笔，配备接待人员为参会人员礼貌服务。如准备有资料须发放的，由接待人员双手递上。

3. 引导服务

参会人员签到后，会议接待人员应热情、礼貌地根据与会者身份将之引入会场指定位置就座，引导时须注意礼仪规范。

(1) 使用正确的规范手势。摊开手掌，五指伸直并拢，拇指不要翘起，掌心斜向上方，手掌与地面成45°夹角，以肘关节为轴，前臂自然上抬伸直，腕关节不要弯曲。

(2) 保持良好的身体姿态。呈标准站姿的同时，上体可稍向前倾，但肩不能上提。

(3) 配合恰当的面部表情。引导过程中，一定要面带微笑，体现出对来宾的尊重、友好和欢迎。运用手势时，目光要与来宾交流，并注意兼顾对方是否能看到目标。

如果是重要领导，则可先将其引入休息室，由单位领导陪同，待会议正式开始前几分钟再引入主席台就座。

4. 接待服务

参会人员在引导下入座后，接待人员应及时倒茶送水。倒茶时注意水壶与杯口的距离，不能将水壶口直接放在杯口上。注意杯盖的内口不要直接与桌面接触，应将其倒放在桌上，倒茶时手指也不能接触到杯口。倒水时要轻，不要将茶水洒到桌上，更不要弄到参会人员的身上，那是非常不礼貌的。

如果参会人员还有其他的需求，要尽力热情地帮助并提供周到的服务。

(四)会议中的接待礼仪

会议进行过程中，接待人员应随时注意观察参会人员的茶水情况，一般对少于 1/2 的茶杯要及时添水。通常从参会人员的左侧添水，要注意尽量不影响参会人员或身旁的其他人员，动作要轻盈，茶杯轻拿轻放。既不能动作太大或声响过大，吸引众人的目光，也不能毛手毛脚或慢吞吞的。

如果会议设有颁奖表彰环节，要有专门的礼仪人员组织领奖人员依次按顺序排队上台领奖，还要有礼仪人员将事先分好的奖状或证书交与颁奖领导。

会议中如需播放乐曲，要事先统一安排好，特别是选好音乐，并调好位置，待会议开始后，相关工作人员就要"严阵以待"，按规定流程依次进行。例如，大会需要奏国歌的，当听到主持人宣布"全体起立，奏国歌"时，国歌声就应该立刻响起。

在会议进行过程中，如果有事需要告诉参会人员，接待人员应走到该参会者身边，轻声相告，不要影响其他人。

如果有急事需要联系主席台上的领导，则最好写成便条进行传递通知，避免接待人员在台上频繁走动或耳语，分散参会人员的注意力，影响会议的效果。

会后若有合影留念等活动，在会议进行中，接待人员就要提前做好准备，将场地、椅子等布置好，如需安排座次，要迅速在椅背上贴上名签。同时，摄像师和照相师也要准时到位，保证会议议程的节奏。

会议开始后还应精确地统计到会人数，包括邀请人数、通知人数、参会人数，若是重要会议，还要统计缺席人员的名单和原因等。

如果在会场上因操作不慎出现了小差错，接待人员绝不能慌乱，应不动声色地尽快处理，尽量不要惊动参会人员，更不能在会场内来回奔跑。如果影响了个别参会人员，要诚恳道歉，保证会议能正常有序地进行。

在会议结束前，要将各位领导及参会人员的车辆妥善安排好，便于送别领导或与会者，方便他们离开。如停车场较远，会场门口场地又较宽敞，应提前将车辆开至会场门口，按礼宾先后次序停放整齐，以方便领导或与会者会后上车。

(五) 会议后的服务

会议结束后，接待人员要做好善后服务工作。如果安排有照相、参观、会餐等活动，接待人员应按分工及时引导参会者到照相地点，或引领其参观，参观途中须作必要的介绍，或安排车辆送参会人员到会餐地点用餐。

参会人员要离开时，接待人员要礼貌送别，根据情况安排车辆或与客人告别。

会后要及时清理会议文件和编发简报及新闻，特别要注意及时回收需要回收的文件资料或意见。

(六) 会议接待中的注意事项

参加大型会议接待的时候，要特别注重个人的仪容、仪表，应穿着正装或统一的接待制服，妆容要淡雅、庄重，发型要大方、得体，佩戴好工作牌，以最佳的精神状态来接待参会人员，为其留下良好的印象。

接待时，行为举止要规范礼貌，多使用敬语，有事情要和参会人员商议的，要多用询问的口吻征求意见，不能带有命令的语气。

会议接待的分工一定是事先明确的，但出现特殊情况时，接待人员要灵活应变，填补接待空缺或弥补接待漏洞，以免影响会议的正常进行和给参会人员留下不良印象。

会议进行中，接待人员在会场内不要随意走动，最好将手机调为振动状态或关机。

需要为参会人员作出解释时，要耐心、细致，如果对问题不清楚，忌回答"不知道"，也不能随意编造乱回答，可以说"我帮您问一下"，但一定要注意及时反馈信息。

五、模拟任务训练

(1) 金口县统计局的领导将带队到所辖洪方区的统计部门去视察工作，听取汇报，洪方区统计部门对此次汇报会应做何准备？

学习要求

小组讨论准备的内容，全班进行交流。

(2) 威远县档案工作会议正在进行中，坐在主席台上的张副局长因为口渴不断喝水，负责主席台接待服务的接待员小刘见到张副局长茶杯里的茶水过半，就马上前去为其添水，来来回回在台上跑了好几趟，引来了不少关注的目光。

📑 学习要求

小组展开讨论，对小刘的接待工作予以评价。

(3) 天通通信公司召开业务研讨会，会期为半天，与会人员为 50 人，须安排午餐，负责这次研讨会接待工作的李经理及其下属应如何安排较为妥当？

📑 学习要求

小组展开讨论，确定最佳方案。

六、思考题

(1) 举行双边洽谈会，座次应如何排列？

(2) 会议即将开始，接待方接到通知，主席台上一位重要领导临时有事，不能来参加了，会议接待需要作何调整？

(3) 会议接待着装有何禁忌？

(4) 迪彩公司举行盛大的新品展示会，邀请了社会各界人士参加。原定当主持人介绍完新品后，由礼仪小姐手持该公司最新的产品，在优雅的音乐声中缓缓亮相。当主持人宣布"让我们聚集所有闪光灯，一起去见识××产品吧"，可这时音乐并未响起，礼仪小姐一时也不知道怎么办，事先排好的节奏也一下子乱了，令台下期待的观众大失所望。

请思考：观众为何会大失所望？

课 程 思 政

"接待无小事""接待显形象"，接待不仅可以塑造组织良好形象，还可以提升组织的知名度与美誉度，文明高效的各类接待能促进社会的进步与发展。党的二十大报告中指出，要不断夯实精神文明建设的物质基础，更要坚持协调发展的理念，提供强有力的组织保障、物质保障、机制保障，动员全社会的能动性和积极性，用更大力气推动社会主义精神文明建设，不断满足人民群众多样化、多层次、多方面精神文化需求，为中国式现代化提供坚强思想保证和不竭精神动力。

项目五　交谈礼仪

美国语言学家多罗西·萨而诺夫认为，"说话艺术最重要的应用，就是与人交谈"。交谈是人际交往的最主要、最重要的方式，是其他交际方式无法替代的。了解交谈礼仪，掌握交谈技巧，让自己的谈吐自然、得体、亲和，已经成为现代都市人不可缺少的能力。本项目分别从日常沟通、电话交谈、谈判等方面进行讲解，以促进学生更好地进行人际交流，树立良好的社交形象。

任务一　日　常　沟　通

一、能力目标

(1) 能恰当、得体地与人进行沟通。
(2) 能在日常沟通中认真聆听别人的话语。
(3) 能正确地选择交谈话题。

二、任务情境

张波是班里新来的同学，酷爱音乐，只是来班上好几天了都不愿意和同学们交谈。如果你是班长，很想和张波交朋友，应该如何与他交流沟通？

📖 学习要求

先请几位同学面向全班进行模拟表演，然后全班展开讨论，看哪一种做法更好，说明理由。

三、相关案例

【案例】

> 小王是刚刚参加工作的秘书，一次奉命接待公司的一名客户。客户来到公司，小王看见了，上来就说："陈先生，我们经理让你上去。"这位陈先生一听，心想：我又不是你的下属，凭什么让我上去就上去，哪有这样做生意的？一气之下就对小王说："你们要想做生意，自己来找我，我回宾馆了。"

❓ 讨论

如果当时秘书小王说了"请"字，就不会出现这样的场面了。讨论一下，我们在与人见面交谈时应该注意哪些礼仪？

项目五 交谈礼仪

四、知识链接

(一)日常沟通的语言要求

语言,是人类用以表达思想、交流情感、沟通信息的特有工具。话说得好,可以拉近人与人之间的距离,达成目标,形成有效沟通;话说不好,可能会造成人与人之间的误会,甚至产生对立与争斗。俗话说"言为心声""酒逢知己千杯少,话不投机半句多",在日常生活中,表达同样一个意思,在语言上却有美丑之分、文野之别。谈吐礼仪的目的是通过传递尊重、友善、平等的信息,给人以美的感受。语言礼仪与一般语言的不同在于它不能使用侵犯他人的攻击性语言,而是通过文明、礼貌的语言建立起情感沟通的纽带,在使用轻松、诙谐、明快、幽默、委婉、庄严、赞美的语言所营造的自然、愉快、兴奋、亲切、可敬和舒畅的氛围中培养和增进友谊。可见,语言在人际沟通中的作用是举足轻重的。

1. 准确、恰当的称谓

与他人沟通时选择什么样的称呼,一要看对方的身份,二要看双方的关系。与人交往,不用称谓是极不礼貌的,用得不对,也同样让人不愉快。所以与人交谈一定要准确、恰当地称呼对方。例如,某公司经理已经由原来的副经理提拔为经理,而你却一直还称他为某某副经理,就会让人心生不满。在正式的人际交往中,常采用的是职务称呼或者职业称呼,如"王部长""张局长""李医生""刘律师"等。如果不清楚对方的具体职务或职业,以"同志""先生""老师"等相称为好。

2. 表述要具体、准确

在交谈中,要使对方能正确理解自己的话语,达到良好的沟通效果,表达的意思就要准确无误。如果在交谈时词不达意、前言不搭后语、毫无逻辑,就很容易被人误解,达不到沟通的目的。因此,在与人交谈沟通前必须明确"为什么沟通""想表达什么""沟通的目的是什么",要把思路整理清楚;交谈中应尽量做到吐字清晰、言简意赅,避免使用似是而非、模棱两可的语言。例如,"请你抓紧时间把资料准备好",这句话就不够具体。如果说成 "请你在下午五点之前把明天开会用的资料准备好"就要好得多。

3. 使用礼貌用语

在与人交谈沟通中要习惯使用礼貌用语,如"请""谢谢""劳驾""拜托""对不起""没关系"等。使用礼貌用语,是人类文明、社会进步的标志。使用礼貌用语是最直接表达对他人的尊重的方式,同样也会得到他人的尊重,是自身形象素质的体现。对于初次相见的客人、长辈等称呼时应使用"您",而不是"你",以示对对方的尊重。

4. 语言要委婉、谦逊

交谈是一门艺术,同样的内容,可以有多种表达方式,有的容易让人接受,有的让人

听了就心生反感。我们在与人交谈沟通的时候要掌握分寸,不该说的不说。例如,伤人自尊的话、侮辱别人的话永远都不能说。不该说时不说,特别是对方处于气愤、焦虑、恐惧等恶性情绪状态时。此外,遣词造句应当委婉、谦逊。要避免强硬的、高压式的、命令式的、措辞激烈的话语,要给对方留有余地,不要武断。如"一定""只有""完全不可能"等不留余地的词语就应该避免使用。在交谈时可多采用先肯定再否定的表达方式。例如,"是的……但是……"这样的语句如果放在批评和提意见的谈话中,就显得委婉,也容易让人接受。例如,"你看这样是不是可以呢?""你看这样好吗?"等。切忌把与人交谈当成辩论赛,要牢记沟通的目的,克服逞强的心理。

5. 语气、语调要亲切自然

1) 音量大小适度

讲话时声音不宜过高、过大,适中即可。其标准是:让所有参与者都能听清楚,而又不干扰与之无关的人。明朗、低沉、愉快的语调最能吸引人,放低声音比提高嗓门声嘶力竭地喊叫更能让人听起来舒适。其实低声交谈更能反映一个人的涵养。谈话音量的大小还取决于你交谈的场合。例如,你在嘈杂的喜宴上小声说话,人家能听得到吗?相反,如果你到"烛光轻音乐"的西餐厅高谈阔论,能不引人注目吗?

2) 讲话速度快慢适中

讲话速度快一般表示紧张、激动、愤怒、欢畅、兴奋的心情,或叙述急剧变化的事情,或反映人的活动、热情的性格,或是责备不满的人和事;中速一般用于表示平和的感情或叙述一般的事情;而慢速一般表达沉重、沮丧、悲痛的情感。因此,讲话时要依据实际情况的需要来调整快慢,一般情况下的交谈讲话速度最好适中,应尽可能娓娓道来,给他人留下稳重的印象,也给自己留下思考的余地。

3) 语调柔和

语言美是心灵美的外在表现,"有善心,才有善言"。因此,应加强个人的思想修养和性格锻炼。理直气和更能诚服于人。在交谈时语调要亲切自然,既不要嗲声嗲气、矫揉造作,也不要生硬蛮横。语调是一个人内心情感的反映。同样一句话可以把人说笑,也可以把人说跳,这就是由于语调不同而导致的结果不同。人在高兴时,语调往往清朗欢畅;在悲伤时往往低沉抑郁;在平静时语调柔和宁静;在愤怒时语调快速重浊。例如,同样一句话"这是你的",高兴的语调就表示不错,真好;惊讶的语调就表示真没想到,表示赞赏;怀疑的语调就表示可能吗,表示质疑;轻蔑的语调表示"根本算不了什么",表示不屑等。

6. 适度表现幽默

交谈过程中也许会出现不和谐的地方,交谈者的随机应变、适度幽默可以化解尴尬局面,增强语言的感染力。例如,一次,大病初愈的冯小刚接受《艺术人生》的访谈,主持人朱军出于对他的关心,花了好几分钟时间询问他的病因、病情。最后连他老母亲不幸去世的事情也翻出来了,显然偏离了访谈主题。这时冯小刚发现了话题的不妥,一句"这倒

好，艺术人生成专家门诊了"不伤大雅的幽默话不仅将话题拉回到了"艺术"上来，也让朱军有台阶下，并博得了观众的开怀大笑。可见，幽默不仅反映出一个人随和的个性，还体现了一个人的聪明、智慧以及随机应变的能力。需要注意的是，幽默不是卖关子、耍嘴皮。幽默要在入情入理之中引人发笑，给人启迪。幽默的使用还要根据具体情况具体分析，对于第一次见面的人，对于长辈、女性，一定要慎用幽默；同时，幽默还要注意"度"，把握好分寸，一旦过了头，就可能被对方误解为取笑与讥讽，使大家感到不愉快。

7. 有效赞美他人

赞美是沟通顺利进行的有效良方，是交流双方互动的最佳润滑剂，是人际交往中的一个法宝。人性的弱点——喜欢批评人，却不喜欢被批评；喜欢被赞美，却不喜欢赞美人。

在潜意识里，我们都渴望别人关注，渴望别人赞美，这是人的一种天性。因此，我们和人交流时，要以欣赏的态度去肯定对方，根据不同的对象从不同的方面去赞美他们，从而取得良好的效果，让别人感到愉快。当然，赞美绝不是阿谀奉承，赞美的意愿应该是发自内心的，一定要真诚，而且措辞要恰当，不能太夸张。

(二)日常沟通的技巧

1. 选择恰当的话题

1) 既定话题

既定话题是指交谈双方事前已经约定好的话题。它适合于正式交谈，如商务接洽、问题讨论、工作探讨、征求意见等。如果交谈有既定话题，一定要记得在交谈中围绕主题进行，要就事论事，切勿脱离主题。

2) 高雅的话题

选择内容文明、格调高雅的话题。高雅的话题是指主题内容文明、优雅，格调高尚、脱俗的话题。如文学、艺术、哲学、历史、地理、建筑等，这类话题适合各类交谈，也能够体现自己的见识、阅历、修养和品位。但要注意选择双方都感兴趣的内容，忌不懂装懂。

3) 轻松愉快的话题

轻松愉快的话题是指谈论的主题是一些令人轻松愉快、不觉劳累厌烦的话题。交谈时允许各抒己见，任意发挥。这类话题主要包括文艺演出、时装、美容美发、体育比赛、电影电视、休闲娱乐、旅游观光、名胜古迹、风土人情、名人逸事、烹饪小吃、天气状况等。

4) 对方喜欢的话题

选择对方感兴趣的话题。例如，年轻人对足球、通俗歌曲、电影电视的话题有较多的关注，而老年人对健身运动、饮食文化之类的话题较为熟悉；公职人员关注的多是时事政治、国家大事，而普通市民则更关注家庭生活、个人收入等；男人多关心事业、个人的专业，而妇女对家庭、物价、孩子、化妆、衣料、编织等更容易津津乐道。

5) 选择对方擅长的话题

如果对交谈对象比较了解，那么在交谈中，应尽可能选择对方擅长的话题，给对方一个展示自己的机会,这样很容易让对方谈得开心。谈话的本质是一种交流与合作,因此在选择交谈话题时,应根据对方的性别、年龄、性格、民族、阅历、职业、地位而选择对方擅长的话题。如果完全不考虑这些因素,交谈就难以引起对方的共鸣,很难达到沟通和交流的目的,甚至出现对立的情况。该交谈话题适用于各种交谈。

6) 流行、时尚的话题

如果不能确定对方的兴趣、爱好,那么不妨选择时下流行的话题。流行、时尚的话题是指以当今正在流行的事物作为谈论的中心。例如,网络、房价、股市、当红的明星、热播的电视剧等,都是不错的交谈话题。它适合于各种形式的交谈。

2. 运用恰当的体态语言

美国心理学家艾伯特·梅拉比安把人的交流表达效果总结为一个公式:

$$有效表达=语言(7\%)+声音(38\%)+表情(55\%)$$

【案例】

> 意大利悲剧家罗西有一次应邀为外宾表演,他在台上用意大利语念了一段台词,尽管外宾听不懂他念的是什么内容,但却为他那辛酸、凄凉的语音、声调、表情所感染,大家禁不住泪如泉涌。当罗西表演结束后,翻译解释说,刚才罗西念的根本不是什么台词,而是大家面前桌子上的菜单。

体态是一种无声的语言,交谈中的体态变化,可以折射出心理状态的变化,所以我们在交谈的时候应规范自己的体态,不要让不良的体态传递出不应交流的信息。因此,交谈中除了注意自己的语言外,还要通过表情的变化、坐姿、站姿及手势等的变化来反映、强化自己的思想情绪。

首先,面带微笑、表情自然。微笑是世界通用的语言。微笑是善良、友好、赞美的表示。微笑是表情中最能赋予人好感,也是人与人之间最好的一种沟通方式和愉悦心情的表现方式。对人微笑,必能体现出你的热情、修养和魅力,也易得到人的信任和尊重。在与人交谈时,面带微笑,会使对方感到受尊重,自然也就乐于与你交谈。交谈时,要善于使自己的表情随着交谈内容的变化而变化,切忌一脸茫然、冷漠。但表情不宜过分夸张和激烈,要让人感到自然、真实、亲切。

其次,富有表现力的动作语言,特别是手势,它是体态语言中最丰富、最具有表现力的传播媒介,做得得体适度,往往可以加强交谈效果,增强感染力,活跃交谈气氛,有利于体现个人风度魅力。但要注意手势应随着交谈内容和情绪的变化而变化,不宜单调重复。手势的使用一定要规范适度、自然亲切、恰当适时、简洁准确,忌手势过多、幅度过大、变化过快。

视线的接触是人际间最能传神的非语言交谈,眼神所传递的思想感情也是最自然、最诚实的。眼睛是人类传递信息最有效的器官,有礼貌而又有成效的交谈,应该是将自己的目光同对方的目光放在同一水平线上,注视对方的眼睛,使对方从心里感到双方地位平等。

最后，在交谈中还应注意站姿、坐姿的正确性。

3. 不要随意打断对方的谈话

要尊重对方，不要随意打断对方的谈话。如果确实有地方没听清楚或不理解，要等对方的话告一段落后再插话。例如，"对不起，请允许我插一句""不好意思，打断一下，刚才您的话是不是这个意思……"说完之后，请对方接着说下去。切勿在对方谈话的时候突兀地打断，这是非常不礼貌的行为，也会让对方感到不被尊重与重视。

4. 礼貌地加入他人的谈论

如果想加入他人的谈话中，首先要征得他人的同意，在得到他人的允许后再加入。例如，"不好意思，打扰了，看你们聊得很热闹，请问我能参加吗？"千万不要毫无声响地站到别人身旁，这样既没有礼貌，又会落下偷听的嫌疑。

5. 注意提问方式

提问是交谈的一项重要内容，在交谈中要注意提问的方式。恰当的提问可以从对方那里了解到自己不熟悉的情况，有时还可以打破冷场，避免僵局。提问既然是为了使交谈有效、深入地进行下去，就要注意内容以及提问的方式。在提问之前应考虑对方的背景、学识、阅历等，不要问对方难以回答的问题，例如，超出对方知识水平的问题；或者是别人不愿意提及的问题。提问的措辞也有讲究。例如，一名教士问教主："我在祈祷时可以抽烟吗？"这个请求遭到了教主的断然拒绝。另一名教士也去问教主："我在抽烟的时候能祈祷吗？"他的请求得到了允许。可见，提问的方式不同，交谈的结果也不一样。

6. 顾及在场的所有人

交谈的对象不止一人的时候，交谈时不要只对着主宾或自己的熟人说话，而不顾及在场的其他人。虽然交谈有主有次，但也不应该冷落在场的其他人。要常用眼神与其他人进行交流，最好能选择一个大家都感兴趣的话题，让每个人都能发表自己的意见。

(三)日常沟通中的禁忌

与人交谈时有些问题与内容属于个人隐私，提及了会破坏交谈的气氛，导致尴尬的场面，使交谈无法顺利、友好地进行，影响沟通的效果。因此，如果在交谈中涉及以下几方面的问题，我们应该自觉避免。

1. 政治及宗教信仰

不要和初次见面的人，尤其是客户、外国人谈论政治及宗教信仰，以免引起不必要的争论和麻烦。

2. 涉及对方隐私的情况

隐私是指个人不希望被他人了解的事情，包括以下内容。

- 对方的婚恋状况。包括：有没有恋人、结婚没有、有几个孩子等。
- 对方的收入支出情况。包括：工资、奖金等各种收入，以及"你买了几套房子？现在一定增值了吧？"诸如此类的问题。
- 对方的个人经历。例如，"你以前在哪家公司就职？"
- 年龄，特别是女士的年龄。询问女士的年龄在交际场合被认为是极不礼貌的行为。
- 家庭住址和联系方式。在与国外友人交往的时候尤其要注意这一点，因为在国外，人们把工作和生活分得很清楚。除非对方主动告知你联系方式，而你主动向对方提及这个问题是不礼貌的。

3. 非议他人的话题

不要议论不在场的其他人，不要传播流言蜚语以及一些小道消息，无中生有。非议他人的行为是非常失礼的，这样只能体现出谈话者缺乏教养，是搬弄是非的人。在交际场合中这类人是极不受欢迎的。

4. 有伤对方自尊的话题

交谈对象在谈话时出现了错误或不妥，不应嘲笑，伤其自尊，特别是在人多的场合尤其不可。在交谈过程中，切忌乱开玩笑，口出无忌，或者挖苦对方，让对方当众出丑下不了台。更不能把别人的生理缺陷当作笑料，无视他人的人格。如果对方对一些问题不愿回答也不要纠缠不放。要尊重交谈对象，有伤对方自尊心的话题应力求避免谈论。

5. 令人不愉快的话题

与人交谈时，一般不要涉及降职、失业、落榜、挫折之类不愉快的话题，也尽量不要涉及疾病、灾祸、凶杀、死亡等令人反感的话题。如果在交谈中无意涉及了这些令交谈对象感到伤感、不快的话题，一旦反应过来就应立即转移话题，必要时要向对方道歉。

6. 不要做一些不礼貌的动作

为尊重对方的谈话，首先要做的就是必须保持端庄的谈话姿态。抖腿、挖鼻孔、哈欠连天等都是不礼貌的。尤其不要一直牢牢地盯着别人的眼睛，这会使对方觉得窘迫不安；也不要居高俯视，这会给人以高高在上的感觉；不要目光乱扫、东张西望，这样会使对方觉得你心不在焉或是另有所图。

(四)日常沟通中的聆听礼仪

一般在交谈中，人们倾向于以自己的意见、观点、感情来影响别人，因而往往谈个不停，似乎非如此无法达到交谈的目的。实际上，与人交谈，只做一个好的演说者不一定成功，还须做一个好的听众。要使双方的沟通畅通无阻，就必须善于倾听他人的谈话。善于聆听的人，懂得"三人行，必有我师"的道理。

"上帝赋予我们人类两只耳朵一张嘴，就是为了让我们少说多听。"外国曾有谚语：

项目五　交谈礼仪

"用 10 秒的时间讲,用 10 分钟的时间听。"社会学家兰金也早就指出,在人们日常的语言交往活动(听、说、读、写)中,听的时间占 54%,说的时间占 20%,读的时间占 16%,写的时间占 10%。所以,聆听在人们的交往中居于非常重要的地位。

由上面的内容我们可以了解到,倾听是一项情商重于智商的活动,认真聆听别人的谈话,有重要的作用。

首先,可以从别人的谈话中获取大量的知识和信息。可以说,人们大部分知识和信息的获取,靠的是倾听。"听君一席话,胜读十年书",因此,希望大家做个有心人,不要忽视别人的声音。有的时候,认真倾听会触发你的灵感。例如,在第一次世界大战中,由于飞机和大炮的使用,战争的残酷性大大超过了以往的战争,死伤的人数在不断增加。一次,一位平易近人的法国将军亚德里安去医院看望伤员,他认真倾听战士们讲述逃生的经历。其中一位战士说道:"德军炮击时,我正在厨房值班。炮弹飞来,弹片四处横飞。我急中生智,把铁锅举起扣在头上,很多同伴都牺牲了,而我仅伤了胳膊。"将军耐心倾听完伤员讲述,触动了灵感。他想,如果战场上人人都可以顶着一只铁锅形的帽子,伤亡就会大大减少。于是,将军立即组织科研小组进行研究设计,第一代"钢盔"诞生了。后来,各国军队纷纷效仿。据美军统计,在第二次世界大战中,美军由于配备了钢盔,使 7 万名士兵免于阵亡。

其次,有利于理解他人的思想、情感。在社会生活中,我们交往的对象是人,认识他人,能充分体现人的社会性。通过认真聆听,我们可以了解对方的思想、情趣、喜好、思维特点以至破绽,从而有针对性地与人交往和交谈。试想如果不认真聆听他人的谈话,就不能理解对方的观点和想法,接下来的交谈又怎么能够做到有针对性呢?

再次,有利于搞好人际关系。良好的人际关系必然有益于生活的愉悦和事业的发展。谁都不愿意与那些漠视自己的人交朋友。认真聆听他人的谈话,满足对方的说话欲望,专注对方的表达,尊重对方的意见,能让他体验到亲切感和信赖感,最能打动和赢得人心。对方从你认真聆听的态度上感到你的诚恳以及对他的重视,从而得到理想效果,给人留下良好的印象。

最后,聆听还可以掩饰自己的不足。人无完人,任何人都有自己的缺点和不足,任何人对世界的了解都是有限的。不等对方把话说完,或把意思表达清楚,就急着回应,要么失之偏颇,要么牛头不对马嘴,这样沟通就很难进行。在现实生活中,总有那么一些人,喜欢暴露甚至炫耀自己的无知。岂不知言语是铁,沉默是金;言多必失,多说招怨,瞎说惹祸。

1. 倾听时要认真与专心

在听对方说话时,应该目视对方,以示专心。不要随意打断对方的谈话,要细心体会对方话语中的含义和情绪,并积极作出相应的反应。不要漫不经心地听,如果听的时候做一些无关的小动作,或东张西望、左顾右盼、心不在焉等,都是一种无礼的、没有教养的表现。要让对方感觉到你是认真地在聆听,感受到你的诚意和对他的尊重。

2. 集中精力、耐心地倾听

在对方阐述自己的意见、观点时，应该认真地听完，并真正领会其意图。倾听他人的谈话时不要带着成见与结论去听。不要轻率地对对方所谈的观点、意见妄加评论和批驳。即使对方的观点、看法与自己不符，或者是自己对话题不感兴趣，也要表现出良好的耐心，不能表现出不满的情绪。如果对方言语过分，也应冷静听完，不要急于反驳，要表现出良好的素养。

3. 鼓励的言语与眼神的交流

谁都不愿意对牛弹琴，因为这很令人沮丧。因此，我们在倾听时应该作出适当的反应。为了表示对他人交谈的内容感兴趣，可以恰当地运用眼神，最佳的眼神交流是温和微笑地注视对方。专注、期盼的眼神表示你非常感兴趣，很想继续听下去，这会营造出愉快、友好的谈话氛围。讲话的人总是希望与听者进行交流，希望被人理解、被人接受，听者偶尔的提问和提示，会使讲话的人产生被认同、被接受的感觉，所以可以在适当的时候插话、提问题，给讲话人以鼓励。从听众那获得认同和激励，既是一件令人愉快的事情，又能增强自信心和认识自身价值。良好的心态，会使人语言更流畅，思路更开阔，思维更敏捷，认识更深刻，也更有利于沟通效率的提高。因此，要在适当的时候插话、赞美，比如，"真的啊，太有趣了""你的看法和我的差不多，我也是这样认为的""你讲得太好了""真是太精彩了""很有道理"等。

4. 恰当的举止

倾听别人谈话时，要配合适当的动作。如身体稍微向对方倾斜，表示出强烈的兴趣；当对方谈到与你的观点一致的时候，点头、微笑表示赞同等，鼓励对方继续说下去。切忌对方说话时，作出对着他人打哈欠、伸懒腰、不时看表、看手机等表示不耐烦的举动。否则对方就会觉得话不投机，也许就会闭口不再说话，有可能友谊的大门也就对你关闭了。

有一次，一位企业主管当主考官，对几位男女学生进行面试。这几位学生一进来，就把开着的手机摆放在桌子上，主管看了，直摇头、叹气！结果，一个都没有被录用。事后，有人问他，他说："这些人，当然不能录用！""为什么？""因为面试时，应该很专心地聆听主考官的问题，结果，这些人却心有旁骛，心中还惦记着'手机'，那……对不起，我们不要聘请不懂'倾听他人'、不懂'尊重他人'的员工。"

五、模拟任务训练

(1) 如果你是某职业学校的应届毕业生，在一次人才招聘会现场，不经意地听到旁边两个闲谈的经理人的谈话。其中一个经理人的公司需要几名毕业生，而刚好你所学的专业符合要求。面对如此情况，你是否有兴趣加入他们的谈话？如果有兴趣，请问你准备如何加入他们的谈话？

项目五　交谈礼仪

📑学习要求

　　分组由学生试着扮演任务中的角色，抽准备较好的小组上台表演。表演结束由全班同学进行讨论，最后得出最佳的结论。

　　(2) 你是公司职员小张，今天公司来了一名反映产品质量问题的老人，老人由于年纪偏大，表达不是很清楚，而且一说就是老半天。面对这样的情况你应该如何处理？

📑学习要求

　　提示学生面对这种情况时应该如何处理，然后让学生选出代表进行表演，加深学生对知识点的理解与记忆。

　　(3) 李海写了一篇文章，老师看了以后觉得不满意，提出了以下修改意见。第一种：这篇文章总体来说写得不错，不过如果能够这样写，应该会更好，你看怎样？第二种：这地方描述不对，应该这样写，还有那里也不应该那样写。这篇文章呀需要改动的地方太多了，你是怎么写的？面对以上两种修改意见，你更能接受哪一种呢？为什么？

📑学习要求

　　学生讨论后发言，教师结合知识点进行点评。

六、思考题

　　(1) 交谈时能询问女士的年龄吗？为什么？
　　(2) 设想你分别与一位老人、一名初中生进行交谈，你将如何选择交谈的话题？

任务二　电　话　交　谈

一、能力目标

　　(1) 能礼貌、规范地接打电话。
　　(2) 能正确、规范地使用移动电话。

二、任务情境

　　15 日上午，华凤公司的小王秘书接到领导指示，要她马上电话处理以下几件事情。
　　(1) 通知销售公司所有品牌的经理于 16 日上午 9:30 在公司会议室开会。
　　(2) 通知 A 客户于当日下午 4 点在王总办公室谈合同价格。
　　(3) 取消下周四公司将召集的中层干部会议。

📖 学习要求

以小组为单位，根据提供的情境，同学们自行设计情节对白，模拟表演，然后全班讨论该如何正确地接打电话。

三、相关案例

【案例1】

顾客李小姐新买的某品牌的手机出现了故障，可她忘记了该手机的维修电话，于是只得拨打了销售电话。公司的一位小姐接了电话，她是这么说的："怎么打到这里了，这里是销售不管服务。"李小姐稍作解释后，公司小姐不耐烦地说："你等着我帮你看一下维修的电话。"谁知这一等就是好几分钟，期间断断续续地从电话那头传来接电话小姐与同事谈话聊天的声音，但就是没有人再来接听李小姐的电话。试想李小姐对这个品牌的手机还会有好的印象与评价吗？

【案例2】

朱先生到医院探访病人，公司的同事来电话，铃声打扰了另一床正闭目养神的病人。朱先生接起电话就谈上了工作。尽管电话时间不长，但那位被打扰的病人一直脸色不悦。

❓讨论

请针对以上两个案例谈谈你的看法，评价一下材料中涉及的社交礼仪行为。

四、知识链接

1876年，"电话之父"——贝尔发明了电话。之后，电信事业逐渐发展起来，当今世界已进入信息时代，电话已经非常普遍了，它已经成为人们交流信息、联络情感不可缺少的工具。每个人都可以很容易地学会使用电话，但正确地使用电话却不是每个人都能做到的。电话的使用，直接反映出电话使用者的素质。在日常工作和生活中，大家肯定遇到过这样的事：休息的时候被无关紧要的电话吵醒；有人在公共场所大声接打电话；会场上，电话铃声"此起彼伏"，甚至连发言的人也要接听电话，让所有人等候；电话拨通后，听到"喂，喂，找哪个？""你是谁？""有什么事儿？"……由此可见，有很多人还是不懂电话礼仪。不会打电话、不会接电话同样会在很大程度上影响人际交往。那么，电话礼仪都需要注意些什么呢？

(一)电话基本礼仪

1. 表情：要面带微笑

拿起电话，你就应该面带微笑。也许你会问："对方又看不到，干吗要注意表情？"但是，你可知道，笑是可以通过声音来感觉到的，你的微笑、你喜悦的心情会传给对方，

感染对方。因此，你要像对方就在你面前一样，带着微笑讲电话。

2. 姿态：要保持端正

在通话过程中，应该保持端正的姿势，身体挺直，不要东倒西歪，驼着背、弯着腰，这样的话，对方听到你的声音就是懒散的、无精打采的。因此打电话时，要尽可能注意自己的姿势。

3. 声音：要清晰柔和

在某种意义上，声音是人的第二外貌，电话是一种"不曾谋面"的交谈。因此我们在通话时，声音应当清晰悦耳、温和有礼，吐字准确，语速适中，语气亲切、自然。讲话声音不要太大，让对方听清楚就可以了。也不要矫揉造作、装腔作势，让人浑身起鸡皮疙瘩。

4. 中途避免做其他事

打电话时，如果你中途离开或者做其他的事情，例如，与其他人说话、吃东西、看书报、听音乐等，都是极不礼貌的行为。如果这时你确实有一件非常紧急的事情需要处理，应该向对方道歉，说明原因，并以最快的速度完成，不要让人久等。如果需要的时间比较长，你应该向对方道歉，然后另约时间再打过去，但这种情况最好不要发生。

(二)打电话的礼仪

1. 选择适宜的通话时间

(1) 若是公务电话，应尽量在对方上班半小时以后或下班半小时之前通电话，因为这段时间对方可以比较从容地听电话。公务电话千万不要打到人家家里去占用他人的休息时间。打电话还要尽量避开对方的公务繁忙时间、通话高峰时间或心情不愉快的时间等。最好选择对方专心致志、心平气和的时间打电话，这样效果才会比较好，打电话的目的才能达到。

(2) 若是亲友间的电话，就餐的时间不宜打，休息时间也不宜打电话。除非万不得已，晚上 10 点之后、早上 7 点之前、午休时间不要给别人打电话。

(3) 节假日不是重要事情不要打电话。尽量不要占用对方的节假日，给对方一个休息的时间与空间。

(4) 如果电话是打给国外，还要注意时差的问题，以免打扰他人。例如，北京同纽约的时差为 12 小时，北京下午 3 点时，纽约人睡得正香，如果忽视时差，把他人从睡梦中惊醒是十分不礼貌的行为。

2. 注意通话空间的选择

任何一个懂得礼仪的人是不会在公共场所打电话的，如影剧院、会议中心、图书馆等地方。如果在公共场所的确需要打电话，应该尽量找一个无人的地方，而且要尽量压低声音，不能影响他人。

3. 注意通话的时长

每次通话时间的长短都要有所控制。通话时间宜短不宜长，电话礼仪有一个"电话三分钟原则"，就是通话的时间尽量控制在三分钟之内。在打电话时，应当自觉地、有意识地控制通话时间，尽量不要超过三分钟的限定。当然，如果有重要事情要商谈，那就另当别论了。总之，打电话要尽量做到长话短说，废话不说。

4. 事先整理好通话的内容

通话之前应该核对对方的电话号码、公司或单位的名称及接话人的姓名，写出通话要点及询问要点，准备好纸和笔以及必要的资料和文件。打电话者是电话交谈的主导者，要做好充分准备，免得接通电话以后结结巴巴、语无伦次，让人不得要领。尤其是给上司或者业务往来方打电话时，应该给对方留下沉着、思路清晰的印象。

5. 注意礼节

在未谋面的情况下，打电话时，每个人所讲的第一句话，就是留给对方的第一印象，所以应该谨慎。接通电话后，应主动问好，自报家门和说明来意。例如，"您好，我是金桥公司业务经理张山，请找西华公司公关经理王欢小姐。"

打电话要坚持用"您好"开头，"请"字在中，"谢谢"收尾，态度温文尔雅。如果电话是由总机接转，或对方的秘书代接的，在对方礼节性问候之后，应使用"您好""劳驾""请"之类的礼貌用语。

在通话时，若电话因故障在通话过程中中断，应由打电话者再打回去，拨通后，须稍作解释以免对方误解。

一旦自己拨错电话，要向对方表示歉意。切勿直接挂断电话，不作任何解释。

6. 终止电话

打电话时谁先挂断电话呢？社交礼仪的标准化做法是：身份地位高者、年长者先挂。不宜"越位"抢先。如果双方年龄、地位相当，按礼仪标准应由打电话一方挂断电话，不可只管自己讲完就挂断电话，那是一种非常没有教养的表现。

(三) 接电话的礼仪

1. 迅速、礼貌地接听电话

电话铃响后，首先应做到迅速接听，力争在铃响三次之前拿起话筒，礼仪上有"铃响不过三遍"之说，这样做是为了避免让打电话的人焦急不安或不愉快。一般情况下，最佳接电话的时间是在电话铃响过两次之后接听，不要只响一次就接听，那样会显得比较仓促，也不能拖许久才接电话。如果电话刚好不在身旁或正忙于其他事而无法及时接听电话，致使电话铃响了三声以后才接听，应该向对方道歉并作出解释。此外，接电话时的第一句话也是很讲究的，在商务交往中，接电话时的第一句话一般都是："问候语+单位名称"。例如，"您好！这里是南方航空公司。""您好！环宇广告公司，请问有什么能够

项目五　交谈礼仪

帮您的？"一般的人际交往在接听电话时也应该礼貌地运用问候语。忌接电话时用"喂，你是谁，干什么呀"之类的粗暴语气。

2．认真倾听并作出相应回答

接电话的时候，一定要专心致志，认真倾听，不要随便打断对方讲话，要搞清楚对方来电的目的，并尽可能迅速地作出相应的回答。当然，认真倾听并不是完全不出声，还要注意呼应对方，比如，用"嗯""好的""知道了"等短语作为呼应，让对方感觉到你确实在认真倾听。

3．复述来电的重要内容

通话完毕之前，对对方所讲的重要内容可作必要的重复，比如对通话中提及的时间、地点、电话等重要内容重新核实一下，防止自己的记录或理解出现差错。

4．认真做好电话记录

接听公务电话时，一定要有电话记录的习惯，以免因为事务繁忙或时间关系而忘记电话的内容或记忆不准确。因此，在商务礼仪中应认真做好电话记录。如记好时间、地点、人物、事件经过、处理意见等要点。

5．规范地代接电话

假如对方要找的不是自己，而是自己的同事，如果同事在身边，应请对方稍等，然后热忱、迅速地帮对方找同事来接电话。如果对方要找的同事不在，不能只说一声"他不在"，"啪"就把电话挂掉。如果对方愿意，可代为转达电话内容，这时要认真、准确地做好记录。重要留言还应该再复述一次，以免有误。代接代转电话时，要注意及时传达，尊重隐私，不要充当"包打听"。永远不要对打来的电话说"我不知道"。

6．真诚地致谢

最后的道谢也是基本的礼仪。来者是客，以客为尊，电话交谈完毕时，应尽量让对方结束通话，向他道谢和祝福，等对方放下话筒后，再轻轻地放下电话，以示尊重。

(四)使用移动电话的礼仪

在个人电话礼仪规范中，移动电话的使用是很重要的组成部分。随着手机的日益普及，手机礼仪越来越受到人们的关注。人们在使用移动电话时，应该自觉遵循礼仪规范，不要破坏了公共秩序。

(1) 在严肃的、安静的、特定的场合，如阅览室、剧场、病房、音乐厅、会议室、法庭和课堂，应关掉手机，或调至振动状态。

(2) 注意安全使用手机。在飞机上应关掉手机，以免干扰通信，影响飞行安全；在驾驶车辆时，不宜使用手机通话，避免交通事故的发生；在加油站也不准使用手机，否则可能会引起火灾等事故。

（3）在人员较多的场合使用手机，应侧身或背过身去通话，或找一个僻静的场所通话。切勿当众大声讲电话。

（4）短信，是随着手机的出现而出现的一个新生事物。随着手机的普及，收发短信也成为人们日常生活交往中的一部分。首先，收发短信也应注意时间，试想深更半夜突然来个短信，你会怎么想？其次，短信内容要文明健康。发短信一般应在短信末署名，标明自己的身份。最后，收到短信后，应及时回复。

（5）讲究手机携带的文明。一般情况下，手机可以放在随身携带的公文包里，也可以放在上衣口袋里(夏天，穿一件单薄的衣服，不适宜放在衣服口袋里，否则会影响衣服的外观效果)。手机不使用的时候，不要拿在手上或挂在脖子上。参加重要会议时，可以把手机暂时交给会务人员或秘书保管。

五、模拟任务训练

（1）张刚是顺达公司的销售员，刘梅是宏立公司的公关部经理。张刚有事需打电话给刘梅。请学生分别扮演此二人。

学习要求

表演接打电话双方的开场对话。抽 2～3 个小组代表上台试演，以加深对接打电话礼仪的理解。

（2）如果有电话找你同事，同事不在，请你代接并转告同事。

学习要求

学生模拟代接电话之人，并要求学生简要地设计一下电话记录。

（3）王经理正在与一名客户进行电话交谈，这时另一名重要客户来到办公室拜访。如果你是王经理，正确的做法应该是什么？

学习要求

老师提示知识要点，再让学生进行模拟表演以加深印象。

六、思考题

（1）安静的自修室突然响起了一阵手机铃声，引起大家的侧目。请问，我们在使用手机时应遵循哪些礼仪规范？

（2）如果发现自己拨错电话了，你应该怎么解决？请简单地谈谈你的做法。

项目五 交谈礼仪

任务三 谈 判 礼 仪

一、能力目标

(1) 能做好谈判的各项准备工作。
(2) 能运用谈判技巧灵活得体地应对各种谈判。

二、任务情境

兴旺公司要进行一次关于某商品交易的谈判，如果你是谈判小组的成员，谈判组长让你做谈判前的信息收集工作，请问：你将如何进行信息的准备工作？

学习要求

以小组为单位，讨论信息收集的准备工作，列出工作清单。

三、相关案例

【案例1】

> 小王：赵总，你好，我是大华公司的销售人员小王，这是我们产品的资料，你看你们是否感兴趣？
> 赵总：放这里吧！我有时间了看，如果感兴趣的话给你打电话。
> 小王：你看看，我们的设备质量好，而且价格也便宜……
> 赵总：对不起，我还有个会，我会和你联系的，好吗？
> 小王：……
> (小王刚走，赵总顺手将小王的资料扔进了垃圾桶。)

【案例2】

> 老李：赵总，您好，我是大华公司的销售人员老李，这是我们产品的资料，你看你们是否感兴趣？
> 赵总：放这里吧！我有时间了看，如果感兴趣的话给你打电话。
> 老李：如果用我们的设备，会比贵公司现在用的×型号的设备效率提高30%，而且节能10%……
> 赵总：效率提高30%？还节能，你是哪家公司？赵总停下工作，随即翻阅了老李带来的资料。
> 老李：……

讨论

同样的一家公司推荐同样的产品，怎么会有两种不同的待遇？请针对以上两个案例谈

谈你的看法。

四、知识链接

(一)谈判概述

谈判有着悠久的历史。自从人类有了社会交往活动以来，就有了谈判。古今中外人类的各种活动中，无论是传说还是文字的记载，都有各式各样的谈判。谈判几乎涉及社会生活的每个领域，每个人都会参与，如与他人发生冲突、争执，为谋求职位的面试，与小商贩讨价还价，与领导讨论个人升职加薪，以及代表企业与其他谈判者磋商合同等。谈判活动贯穿了人的一生。随着社会、政治、经济竞争的加剧和现代文明的进步与发展，交流、理解、沟通与协调成为人类历史发展的大趋势，社会对现代人的谈判能力的要求日益提高。谈判能力已成为现代人必须具备的基本能力之一。谈判能力最能综合反映一个人的交际能力、交流与沟通的水平、思维的艺术与行为的技巧、变通与配合的能力、对事物的变化把握与控制的能力。

许多人只是凭经验、凭直觉来从事谈判活动，常常会出现盲目、草率的行为。随着人类社会的发展和文明的进步，谈判作为一种有效的沟通手段比以往任何时候都更加广泛地运用到了社会生活的各个领域。

谈判是包含社会学、心理学、行为学、管理学、语言学、逻辑学、公共关系学和众多经济、技术科学的一门综合性科学。

什么是谈判呢？美国谈判学会主席尼尔伦伯格对谈判作了如下定义：只要人们为了改变相互关系而交换观点，或企求取得一致并进行磋商，即是谈判。他认为：需要和对需要的满足是谈判的共同基础。

英国谈判学家马什则认为：所谓谈判是指有关各方为了自身的目的，在一项涉及各方利益的事务中进行磋商，并通过调整各自提出的条件，最终达成一项各方较为满意的协议的一个不断协调的过程。马什特别强调在这一过程中"调整各自提出的条件"的重要性。马什的理论观点对于商务领域有着极现实的指导作用。

对谈判的含义要把握两点：一是"谈"，就是谈各自的合作意向，谈其必要性，谈采取的措施和实施的手段；二是"判"，就是对合作引起的责任、风险、盈亏、分配、权利、义务等，作出明确的范围、界限、标准和时限等方面的判定。

因此，谈判一般是指人们为满足各自的需要或妥善解决某些问题所进行的协商活动。

(二)谈判的准备

中国有一句古话"凡事预则立，不预则废"，意思就是不论做什么事，事先要有准备，就会获得成功，不然就可能会失败，不要打无准备之仗。谈判是一项十分复杂的工作，很容易受到多方因素的影响，所以我们在谈判之前一定要做好充足的准备，调查清楚各种情况，制订不同的谈判方案，做到未雨绸缪、胸有成竹。一般来说，谈判的准备工作包括以下几方面的内容。

项目五　交谈礼仪

1. 信息的准备

信息准备既是一项经常性的工作,又是一项根据谈判项目的需要临时集中精力进行的活动。谈判人员应坚持经常、随时地搜集与本企业谈判有关的多项资料,密切注意市场的变化情况,为本企业谈判随时提供有用的资料。谈判人员也要根据某一个具体的谈判项目,进行专题的调查研究,了解分析和利用特殊的技术资料,为该项谈判的筹划、决策提供依据。

1) 对方资料

谈判对手的信息资料是商贸谈判应具备的最有价值的资料,具体包括以下几个方面。

(1) 对方的基本情况。了解对方的法人资格、资信状况、法定地位、经营范围等,这些是谈判的基础。对于这些基本情况应予以审查或取得旁证。另外,还要了解该公司的历史沿革、主导产品、产品性能、市场占有率、商场竞争近况、公司规模和管理水平等。

(2) 对方的真正需求。应尽可能摸清对方此次谈判的预设目标。只有真正了解到对方的需求,才能有针对性地激发其成交的动机。在谈判中,越是有针对性地围绕需求谈判,交易就越有可能取得成功。

(3) 对方参加谈判人员的权限。应尽可能多地掌握对方谈判人员的身份、分工,对方谈判人员的规格越高,表明对方对谈判越重视;谈判人员的权限越大,谈判达成的可能性越大。如果对方委派规格较低的人参加谈判,对于他们是否得到授权及授权范围要了解清楚,因为在谈判中,同一个没有决定权的人谈判是浪费时间,甚至会错过最佳的交易时机。

(4) 对方的谈判作风和个人情况。谈判作风是指在反复、多次谈判中所表现出来的一贯风格。个人情况包括年龄、学历、资历、爱好、社会文化背景等。

(5) 了解对方谈判所持的立场、态度及最后期限。只有认识对方所持的立场、态度及要求的可能性、合理性,才能求同存异,确定自己的目标及在谈判时应持的态度和立场。了解对方的谈判期限,以便针对对方的期限,控制谈判的进程。

2) 市场资料

市场资料是商贸谈判可行性研究的重要内容。包括:交易商品市场的地理位置、运输条件、政治经济条件;交易商品的市场需求量、供给量及发展前景;商品的市场价格、优惠政策等。总之,市场情况瞬息万变,构成复杂,竞争激烈。市场情况对企业的谈判活动会产生重大影响,谈判者要密切关注市场的变化,根据市场的供求和运行规律,选择有利的市场。

3) 相关的环境资料

(1) 政治状况:必须了解谈判方国家的政治制度和近期政府的政策走向。

(2) 法律制度:除了要熟知我国现有的法律外,还要认真了解当事各国的法规及一些国际性法规。

(3) 商业习惯:商业习惯不同会使商贸谈判在语言使用、礼貌和效率以及接触报价、谈判重点等方面存在极大的差异。

(4) 社会文化:社会文化主要包括文化教育、宗教信仰、生活方式和社会习俗等。

(5) 财政金融:应随时了解各种主要货币的汇兑率及其浮动现状和变化趋势。

2. 了解自己

谈判充满了讨价还价、妥协和让步，所以必须充分了解自己，评估自己的实力。了解我方在谈判中的优势、劣势，既不要自卑，又不能轻敌。通过有关信息的分析，弄清自己当前面临的谈判形势，这是制定谈判目标和确定谈判立场的前提。

3. 确定谈判目标

谈判目标是谈判的核心和灵魂。目标的选择正确与否，直接关系到谈判的成败。谈判目标一般由企业决策层提出意向，再经企业有关部门和人员进行可行性研究，反复推敲而定。按照目标的可实现程度，谈判目标可分为基本目标和争取目标。

4. 制订谈判计划

谈判计划是根据谈判目标设定的，是各阶段的谈判内容和实施步骤。它应包括各阶段的谈判主题、基本原则、议程和进度估计等。

5. 成立谈判小组

考虑到谈判人员的知识结构、谈判经验、个人性格、应变能力等因素选择最恰当的人员，组成最理想的谈判小组。谈判人员的人数一般以五人以下为宜，分为主谈人、助手、专家和其他谈判人员。如果是重大谈判，可以在谈判开始前进行模拟谈判，使谈判小组成员获得经验，提高谈判能力。

(三) 谈判时的礼仪要求

1. 仪表要求

参加谈判时，一定要注意自己的穿着打扮，因为得体的穿着打扮不仅是自身素养的体现，也表明自己对谈判的高度重视。参加谈判前，应认真修饰个人仪表，尤其是要选择端庄、雅致的发型。男士通常还应当理发、剃须，女士通常应当化妆。谈判时的妆容应当淡雅清新、自然大方，不能浓妆艳抹，或使用浓香型的香水。谈判人员要规范着装。参加正式谈判时的着装，一定要简约、庄重，切不可"摩登前卫"、标新立异。一般而言，选择深色套装、套裙，白色衬衫，并配以黑色皮鞋，才是最正规的。

2. 保持风度

在整个谈判进行期间，每一位谈判者都应当自觉地保持风度。具体来说，在谈判桌上保持风度，应当主要兼顾以下两个方面。

1) 心平气和

在谈判桌上，每一位谈判者都应做到心平气和，处变不惊，不急不躁，冷静处事，既不成心惹谈判对手生气，也不自己找气生。在谈判中始终保持心平气和，是每一位聪明的谈判者都应保持的风度。

2) 争取双赢

谈判往往是一种利益之争，因此谈判各方无不希望在谈判中最大限度地维护或者争取

自身的利益。然而从本质上来讲,真正成功的谈判,应当以妥协即有关各方的相互让步为结局。也就是说,谈判不应当以"你死我活"为目标,而是应当使有关各方互利互惠、互有所得,实现双赢。在谈判中,只注重争利而不懂得适当地让利于人;只顾己方目标的实现而指望对方一无所得,既没风度,又不会真正赢得谈判。

3. 尊重对方,认真倾听

在谈判期间,一定要礼待自己的谈判对手。具体来讲,主要应注意以下两点。

1) 尊重对方,认真倾听

尊重对手,就是在谈判过程中要对对手真诚、礼貌、尊重。在整个过程中,不管发生什么情况,都始终坚持尊重对手,无疑能给对方留下良好的印象。在谈判过程中,态度友好、面带微笑有助于消除对手的反感、漠视和抵触心理。认真倾听对方的发言不仅是尊重对方的表现,还有助于获得对手的尊重与好感,更重要的是这样可以获得大量信息,了解对方的需求,准确把握事实的真相,洞察对方的真实意图,以便及时调整谈判策略。

2) 讲究礼貌

在谈判过程中,不论身处顺境还是逆境,都切记不可意气用事、举止粗鲁、表情冷漠、语言放肆,不懂得尊重谈判对手。在任何情况下,谈判者都应该待人谦和、彬彬有礼,对谈判对手友善。即使与对方存在严重的利益之争,也切莫对对方进行人身攻击、恶语相加、讽刺挖苦,不尊重对方的人格。

(四)谈判的技巧与禁忌

1. 谈判的技巧

1) 讲究气氛的营造

谈判的气氛,直接影响着整个谈判的进程和结局,因此,要尽力创造轻松、诚挚、友好、合作的气氛。双方谈判人员按照约定时间到达谈判地点,相互问候落座后,此时不必立刻开始谈判,不妨先谈一些非业务性的话题,以营造和谐的气氛,然后再轻松地把话题引到谈判的正题上。这段时间虽然短暂,讨论的内容也与整个谈判主题关系不大或者根本无关,但这个阶段却很重要,因为它为整个谈判打开了一个良好的开端,为谈判确定了基调。

2) 讲究谈判的语言艺术

(1) 客观性。谈判语言的客观性是指语言表述要尊重事实,反映事实,实事求是,以便使双方自然而然地产生彼此"以诚相待"的印象,从而促使双方立场、观点相互接近,为最终取得谈判成功奠定良好的基础。

(2) 针对性。谈判语言的针对性首先是指语言应围绕主题,针对不同的谈判内容,有选择性、针对性地使用与谈判内容相关的语言和行话、专业术语,尽量做到言简意赅、恰到好处。在商务谈判中,语言的针对性要强,做到有的放矢,而模糊、啰唆的语言,会使对方疑惑、反感,降低己方威信,成为谈判的障碍。针对不同的谈判内容、谈判场合、谈判对手,要有针对性地使用语言。另外,还要充分考虑谈判对手的性格、情绪、习惯、文化以及需求状况的差异。例如，对脾气急躁、性格直爽的谈判对手，运用简短明快的语言可能受欢迎；对慢条斯理的对手，则采用春风化雨般的倾心长谈可能效果更好；与久经沙场的谈判对手对阵时，应多听少说，理解对方的真正意思，遣词造句应精练；与女性谈判对手对阵时，语言要文雅，以便达到最佳效果。

(3) 规范性。谈判语言的规范性是指谈判中语言表达要文明、准确。谈判者发言应使用文明、规范的语言，不讲脏话、粗话、黑话。此外，用语要严谨、精确、标准，以便正确无误地表述自己的观点、意见，有利于沟通和交流，从而明确谈判各方的权利、责任和义务等，避免产生分歧和后患。

(4) 表达方式婉转。谈判中应当尽量使用委婉的语言，这样易于被对方接受。比如，在否决对方要求时，可以这样说"您说得有一定道理，但实际情况稍微有些出入"，然后再不露痕迹地提出自己的观点。这样做既不会伤害对方的面子，又可以让对方心平气和地认真倾听自己的意见。

(5) 恰当地使用无声语言。在商务谈判中，谈判者通过姿势、手势、眼神、表情等非发音器官来表达的无声语言，往往在谈判过程中起着重要的作用。表情是谈判者心理活动的寒暑表，可以辅助甚至代替有声语言来反映其心理状态，还可以在谈判中给对方产生心理投影。例如，谈判中，眼神的运用就可以反映不同的心理状态。注视对方由双眼底线和前额构成的三角形区域，一般反映出其严肃、诚恳、认真的心态；注视对方脸部由双眼上线和嘴唇构成的倒三角形区域，一般反映出其随和、亲切、轻松的心态。不宜乱打手势，以免给人轻浮之感。忌双臂在胸前交叉，那样会显得傲慢无礼。在有些特殊环境里，有时需要沉默，恰到好处的沉默可以取得意想不到的良好效果。

(6) 幽默性。幽默是一种诙谐、愉悦的谈吐方式，其以善意的微笑、委婉的劝诫、含蓄的批评来代替抱怨和指责，可以避免一些无谓的争吵。幽默的谈吐是一个人的思想、学识、智慧和灵感在语言运用中的结晶，也是谈判语言的"润滑剂"。谈判过程并不是完全严肃拘谨的，谈判人员可以根据谈判的需要，灵活地使用幽默诙谐的话语，缓和谈判气氛，在轻松诙谐中达成谈判的目的。

3) 恰当发问

(1) 发问的恰当时机。在日常生活中，我们都知道打断别人的谈话是不礼貌的，在谈判中更是如此。发问应该等到对方发言完毕后再问，或者是在对方发言的间歇之时，如思考、找材料、用饮料的时刻。

(2) 讲究发问的方式。首先，提问有不同的方式，在谈判中要注意提问方式的选择。为了保证谈判气氛的融洽，发问时，应多用选择性问句。如"下一步我们是先讨论交货方式的问题呢，还是价钱的问题？"这种问句方式，给对方一个选择的空间，对方比较容易接受。其次，在发问时遣词造句要谦逊、委婉。最后，提问应该避免用盘问、审问式的问句。避免几个问题连着问，这样会引起对方的反感，破坏谈判的气氛。

4) 巧妙回答

在谈判中，回答对方的问题很重要，如果回答不好，往往会陷入被动的局面。因此，回答一定要经过慎重思考，再三斟酌。

项目五　交谈礼仪

(1) 尽量避免正面回答。例如，对方问"你们的报价是多少"，这时就不应直接回答具体是多少，而可以回答："跟市场上其他同类产品的价格相差不大，但是我们的产品比市场上的同类产品性价比要高得多，相信价格方面你们会满意的。"在回答时多使用模糊的词语，回答不要太过明确。

(2) 善于把问题"踢"给对方。把问题"踢"给对方也就是把压力转移给对方。例如，对方问："你方价格是怎么考虑的？"可以选择这样回答"这要看你方订货的多少了，价格都跟货物的数量有关嘛"，把问题从需要我方回答的"价格"成功地转移到了需要对方回答的"订货量"上。

5) 判断对方心态的技巧

在谈判过程中，仔细观察对方言行的变化，可以帮助判断对方的心态，以便事先准备对策。比如，目光游移，听陈述时手里重复没有意义的动作，或是倚靠在椅子上，嘴巴紧闭，嘴角下弯，常说明对你的话没有认真听下去的兴趣。又如，对方脸微抬，身体前倾，嘴角上扬，嘴微张，目光专注，表情随着你的陈述有所变化，常常说明他对你的观点有兴趣，是在认真倾听你的谈话。再如，对手若在谈判过程中讨论交货期限、结算方式、售后服务等问题，这往往是接近成交的信号。

2. 谈判的禁忌

1) 忌打无准备之仗

良好充分的准备工作是谈判成功的基础，如果对谈判对手和市场形势缺乏深入的了解，对谈判的发展进程和难度没有充分估计和对策准备，往往会在谈判中陷入困境与被动，有被对方控制的危险，使自己在谈判中处于劣势。

2) 忌以自我为主

在商务谈判中，有些人随意打断别人的话；有些人在别人说话时不够专注；有些人自己说话滔滔不绝、没完没了，而不考虑对方的反应和感受；尤其当洽谈某些交易条件时，只站在自己的立场，过分强调自身的需要，不为对方着想，这些做法都是很不礼貌的，极易引起对方的反感和抵触。所以，谈判者应学会倾听别人谈话的艺术，对别人的谈话应表现出浓厚的兴趣，多进行一些角色互换，语言应委婉，留有商量的余地。这样既表明自己有修养，容易赢得对方的喜爱，又能更好地了解对方，摸清对方的底细和意图，一举多得。

3) 忌急躁鲁莽

急躁鲁莽是谈判的大敌。急躁鲁莽的表现为：过早暴露自己的下限目标；相持不下时，过早过快地作出大让步；或是在相互磋商时，未听清对方的问题或不假思索，立即回答或者回答问题时没有保留等。在谈判过程中经常会陷入相持阶段，这个时候谈判者应该保持冷静，切忌急躁、鲁莽行事。

4) 忌攻势过猛

一些谈判者在谈判桌上争强好胜，一切从"能压住对方"的角度出发，说话锋利刻薄，频繁地向对方发动攻势，在一些细枝末节上也不甘示弱，有些人还以揭人隐私为快事。在谈判中攻势过猛的做法是极不可取的，极易伤害对方的自尊心，遇到生性懦弱的人

可能一时得逞；遇到涵养较深的人，尽管暂时忍让，让你尽情表演，但他欲擒故纵，到关键时刻将迫使你付出代价；遇到强硬、进攻性很强的对手，小的进攻就会惹来更大的反击，反而对自己不利。因此，在谈判中说话应该委婉，尊重对方的意见和隐私，不要过早地锋芒毕露，表现出急切的样子，避免言语过急过猛，伤害到对方。

5) 忌滥用威胁性的语言

在谈判双方利益矛盾尖锐化的情况下，一方如果失控，易出现粗暴的行为，滥用威胁性语言。例如，"如果不……，那我方就不可能……"之类的语言。滥用威胁性语言，强化了双方的敌对意识，受威胁的一方会由此产生强烈的反感与抵触情绪，对谈判的顺利进行及履约阶段的合作都会产生不利影响。同时也应看到，威胁性语言具有坚定自信、不容置疑的特征，可在心理上摧毁对方的拖延战术，振奋精神，创造"最后一次机会"的紧迫感和压力，运用得当可以加速谈判进程。当然，如果在谈判中滥用威胁性语言就会导致谈判失败。

6) 忌枯燥、呆板

在谈判时忌紧张，如临大战，说起话来表情呆板，这对谈判也是很不利的。商务谈判不同于某些对抗性很强的政治谈判，它是一种合作性的交往，应该在一种积极、友好、轻松、融洽的气氛中进行。因此，谈判者在正式谈判开始前应善于建立一种良好的谈判气氛，在正式谈判过程中也应恰当地运用一些比喻，善于开一些小玩笑，使说话生动、形象、诙谐、幽默，有感染力，通过活泼的语言创造并维持一种良好的谈判气氛，可以为谈判成功创造条件。

五、模拟任务训练

(1) 学校想要购买一批多媒体设备以供教学之用，一家外地公司向学校表达了合作意向。学校在谈判过程中对设备的安装和使用的后期维护相当重视，希望该公司能保证售后服务工作。而这家公司也希望能借此机会，打开在本地的市场。

学习要求

要求 8~10 名学生，分别组成谈判的双方，即学校与公司，模拟一次商务谈判。由老师和其余同学担任评审工作。

(2) 宏远公司赵经理一行 5 人从外地来到贵阳五洲公司进行贸易谈判。谈判之前的气氛应该如何营造？如何与客人进行寒暄？

学习要求

学生模拟五洲公司的谈判人员，要求学生进行谈判前气氛的营造。

(3) 在谈判过程中，如果对方提出的问题你方不想回答，这时你应该怎么处理？

项目五 交谈礼仪

📑 学习要求

让学生回答后,再要求学生进行模拟表演以加深印象。

六、思考题

(1) 某公司的业务经理准备在某城市举办一个年度销售会议,打算由一家旅行社承揽会议,为会议提供食宿、交通和会议服务工作。当该经理与旅行社谈条件时,对方要求先支付一半的定金,该经理按协议预付了一半的定金。在会议举行的前一天,该经理乘机到达,才发现该旅行社对会议根本没有做任何准备,经过了解才知道这家旅行社已经倒闭。请问:该经理的错误在哪里?应吸取什么样的教训?

(2) 请谈谈在谈判过程中如何讲究语言的艺术。

课 程 思 政

学习本章能促进人与人之间更好地进行交流,树立良好的社交形象,能全面提升整个社会的文明程度。党的二十大报告中指出,要用中华优秀传统文化滋养精神文明沃土,深刻领会新时代精神文明建设领域发生的全面、深刻、根本性变化,坚持对马克思主义的坚定信仰、对中国特色社会主义的坚定信念,在精神文明建设领域坚定不移坚持党的领导,坚定不移高举思想旗帜,把党的创新理论传播好、把人民群众宣传教育好、把文明风尚引领好。公民的交谈应该以党的二十大报告精神为指导,让党的"好声音"在基层"生根发芽"。

项目六　拜访与求职礼仪

古人有"出门如见大宾"的说法，就是告诉我们在登门拜访他人时，在时间选择、衣帽修饰、言谈举止等各个方面都应该注意礼仪规范，应遵循一定的礼节。在竞争日益激烈的社会，拜访讲究礼仪与技巧，不仅能代表公司的形象，同时也能看出个人的素质、层次和水平。如果处理不当，不仅会损害公司的形象，还会丧失自己的发展机会，因此本项目对即将接受社会挑选的大学生来说非常重要。

任务一　拜　　访

一、能力目标

(1) 能选择恰当的时机拜访。
(2) 能以优雅的言谈举止拜访客户。

二、任务情境

李俊是某公司的业务员，通过预约，今天去拜访大客户张经理。如果你是李俊，请模拟一下进入张经理办公室进行拜访时应该有的言谈举止。

📖 学习要求

先请几位同学面向全班进行模拟表演，然后全班展开讨论，看看哪一种做法更好，说明理由。

三、相关案例

【案例1】

> 王莉在某公司市场部工作，她准备去拜访顺达公司的市场部经理胡军先生。王莉预约的时间是本周三下午3点。事先王莉准备好了有关的资料、名片，并对顺达公司及胡军经理进行了了解。拜访前，王莉对自己的仪容、仪表进行了精心、得体的修饰。到了周三，王莉提前5分钟到达顺达公司。在与胡军经理交谈的过程中，王莉简明扼要地表达了拜访的来意，交谈中始终紧扣主题，给胡军经理留下了很好的印象，最终促成了合作。

❓讨论

请问王莉在拜访顺达公司胡军经理时，哪些方面做得比较成功，从而最终促成与顺达公司的合作？

项目六 拜访与求职礼仪

【案例2】

> 金勇是一位刚大学毕业分配到利华公司的新业务员,今天准备去拜访某公司的王经理。由于事前没有王经理的电话,所以金勇没有进行预约就直接去了王经理的公司。金勇刚进利华公司还没有公司制服,所以他选择了休闲运动装扮。到王经理办公室时,刚好王经理正在接电话,就示意让他在沙发上坐下等。金勇便往沙发上一靠,跷起二郎腿,一边吸烟,一边悠闲地环视着王经理的办公室。在等待的时间里他不时地看表,不时地从沙发上站起来在办公室里走来走去,还随手翻了一下放在茶几上的一些资料。

❓讨论

请问金勇在这次拜访中成功的概率高吗?如果不高,请你指出他失礼的地方。

四、知识链接

拜访是一个敬辞,即访问的意思,是有目的、有准备地前去看望、会见他人的一种重要的社交活动,具有加强交流沟通、增进了解、建立和维护友谊的作用。中国人素以好客而闻名,但实际上并非所有的客人都受欢迎。例如,扰乱主人美梦的不速之客、打扰他人工作安排的不识相之客、乱翻乱闯的不自重之客。

古人有"出门如见大宾"的说法,就是告诉我们在登门拜访他人时,在时间选择、衣貌修饰、言谈举止等各个方面都应该注意礼仪规范,应遵循一定的礼节。按拜访地点的不同,拜访可分为居室拜访、办公区域拜访、探视拜访、突然造访等。常见的拜访礼仪如下。

(一)事先预约,不做不速之客

1. 事先预约

当你决定进行拜访时,要事先用电话或信件进行预约。拜访应选择在一个合适的时间,以便主人事先做好安排,不能搞"突然袭击",因为突然拜访容易给对方的生活、工作等带来一定的麻烦。尽量不要做"不速之客",不得已必须突然拜访时,可在拜访前 5 分钟打个电话。

2. 选择拜访时间

访问的日期和时间要根据对方的情况来定,不能只考虑自己的方便。

在具体拜访时间的选择上,最好是利用对方比较空闲的时间。一般来说,到办公区域拜访,最好不要选择星期一和星期五,还应该避开上班后的半小时和下班前的半小时。如果是到居室拜访,最好选择在节假日前夕,还要避开午休及用餐时间。晚上 7:30—8:00 是居室拜访较好的时间。如果是前往医院探视病人,要事先了解医院的探视时间,要在医院规定的探视时间去探视,不要贸然前往。

(二)如期而至,不做失约之客

拜访应按时到达。如果事先预约好了时间,就要守信,准时到达拜访地点。这不仅有助于自己高效利用时间,更重要的是表现了对他人的尊重以及对这次拜访的重视。礼仪上拜访是提前5分钟到达为佳。如由于特殊情况而不能准时前往,或者需要改变日期,应第一时间通知对方,并表示歉意,因为迟到和随便失约是很不礼貌的行为。

(三)做好准备,不做仓促之客

一般来说拜访都是有目的的,因此事先要做好准备。到居室拜访、到医院探视等都要准备适宜的礼品(礼品的选择具体参见本项目的任务二)。到办公区域拜访都是以工作为目的的,所以事先一定要把所需要的资料准备充分,具体如下。

(1) 拜访之前了解客户的情况,有助于拟定谈话内容的顺序。只有做了充分的准备,在拜访的时候才能驾轻就熟,成功地达到预期的拜访目的,提高办事效率。

(2) 要准备足够的名片。

(3) 要准备好所需的文字资料或电子资料。

(4) 必要时应准备好适宜的礼品。

(5) 要熟悉拜访所在地的交通路线,以免走弯路。

(四)衣冠整洁,不做邋遢之客

拜访时应注重衣着打扮,因为这不仅体现了自身的素养,更体现了对拜访者的尊重以及对此次拜访的重视。

1. 到居室拜访时的着装要求

到居室拜访时的着装一般以整洁、朴素、大方为主,不必过于华丽时尚。但也要根据拜访的目的、性质来选择服装的颜色和款式。例如,探视病人着装应以色彩素雅为宜;而在庆贺道喜时色彩应该亮丽些,款式也可以流行、时尚些。拜访者还应注重一些细节的修饰,如面容的清洁、鞋袜的清洁等。

2. 办公区域拜访的着装要求

如果拜访的地点设在对方的办公区域则应着正装或拜访者所在企业的制服,因为你的拜访在很大意义上代表的是你企业的形象,这样着装可以传递出"你很重视这次拜访"的友好信息;而制服作为你所在企业的公关识别系统的重要组成部分,能让被访者感受到你所在企业良好的企业文化,进而对你的企业留下良好的印象,并愿意合作。

(五)举止文明,谈吐得体,不做粗俗之客

1. 到居室拜访的举止要求

到居室拜访要先敲门或按门铃,待有回音或主人前来开门时方可进入。注意敲门动作要轻,要有节奏停顿,不能"啪啪"乱敲一气。按门铃要按一下以后稍候片刻,不能连续

项目六 拜访与求职礼仪

不断地按下去。如果是不认识的人出来开门,则应询问一声:"请问这是某某家吗?他在家吗?"得到对方肯定回答并请进时,才能进门。

主人请你进屋后,应主动换鞋,并询问鞋的放置处。夏天进屋后即使很热,也不应脱掉衬衫、长裤;冬天进屋后即使很冷也应脱下帽子、手套,并按主人指定的位置放好。雨天携有雨具拜访时,进屋前就应向主人征询雨具该放在什么地方。进屋后,对主人的其他家庭成员,应按"长幼有序"的原则亲切称呼、问好。按主人指的座位入座,在主人未让座之前,不可以自己随意坐下,坐的姿势要讲究。

当主人上茶水时,应欠身双手相接,并致谢。喝茶时应慢慢品饮,不要一饮而尽,也不要发出声音或异响。

主人递烟时,也应欠身双手相接,并致谢。如你不会抽,也应致谢,要说"谢谢,我不会抽",婉言谢绝。当主人没有递烟,而自己又特别想抽时,应征得主人同意,说"对不起,我可以抽烟吗?"待主人说"请"或"可以",你道谢之后再抽,抽烟时,应将烟灰弹入烟灰缸内。如果事先知道主人没有抽烟的习惯,应该自律,不要抽烟。如果主人招待还有饮料、水果、糖果、点心等,要先敬年长者或等年长者动手之后,自己再吃。果皮、果核不要乱扔、乱放。一般都是稍稍品尝,而不是狼吞虎咽地大吃一顿。

主人没有邀请你参观他们的其他房间或设施时,不应主动提出参观,更不能未经主人许可就到处乱窜,当然更不可随意拉开主人的抽屉、衣柜,乱翻、乱看,这是对主人不尊重的表现。翻阅朋友家的报纸、杂志之前,也最好征求一下主人的意见,不要轻易打听主人家的东西值多少钱、在哪里买的等。

2. 拜访办公区域时的举止

(1) 首先,双手递交名片给前台接待人员,并清晰、有礼貌地自报姓名、所在单位、要拜访的对象,说明有无预约。然后要耐心地等候前台人员通报。

(2) 被带进接待室后,先在下座的位子上坐下。当被邀请坐上座时,谢座后再移动到上座的位子。在等待的时间内,要安静,不要在室内来回走动,更不能乱翻乱动,否则就是非常失礼的。

(3) 当被访问的对象进来时,要起身打招呼,并对对方抽出宝贵的时间来接待表示感谢。初次见面时应互换名片,如有同行者要主动进行介绍。

(4) 与被访问对象交谈时,一定要保持正确的坐姿,不能懒散地瘫坐在沙发上。与人交谈时一定要注意交谈与聆听的礼仪。

3. 到医院探视时的言谈举止

由于人们在患病或遇到不幸时,总是处于特殊的心理状态,相当敏感与脆弱,因此,在探视时,应当给予安慰与鼓励。避免谈及可能会使对方忧虑或忌讳的问题,尽量谈论一些轻松愉快的话题,多说一些宽慰、鼓励的话语。神态应该自然、亲切。举止要稳重,要控制自己的情绪,不要对病人的病情过多评论,或者大惊小怪,以免加大病人的心理压力。总之,去医院探视要鼓励对方,给对方以精神上的支持。

(六)惜时如金，适时告辞，不做难辞之客

无论是居室拜访还是办公区域拜访，逗留的时间都不宜太长，一般情况下要控制在30分钟之内，或者要办的事一完后就应告辞。拜访中的交谈一定要紧紧围绕商定的主题进行，要有高度的时间观念，不要东拉西扯、言不及义。要珍惜他人的时间，在适当的时候就要起身告辞，即使主人再三挽留也不应多留，以免打扰他人工作或休息。

告别前，应对主人的友好、热情等给以适当的肯定，并说一些客套话。如果是家访，还不应忘记向主人家里的其他成员说"再见"。

起身告辞时，如还有其他客人，这些客人即使你不熟悉，也应遵守"前客让后客"的原则，礼貌地向他们打招呼，或者说："你们谈吧，对不起，我先走一步啦。"当他们有起身相送之意时，应说："别客气，您请坐。"主人送你出门时，应劝主人留步，行至居室门口或者办公室门口，应请送行的被拜访者就此留步，并主动伸手握别。告别后，一定要再回头看看主人是不是还在目送。如果主人还未返回，应挥手向主人示意，以示最后的谢意，并请主人赶快回去。如果主人站在门口，发现你"一去不回头"，那你就失礼了，主人也会很失望。

告辞应干净、利落。提出告辞后就应该付诸行动，不要嘴上说走，却迟迟不见行动。

五、模拟任务训练

(1) 如果你是公司职员小孙，今天要去公司部门主管周经理家做客。请你模拟小孙此次拜访应该讲究的礼仪规范。

学习要求

分组由学生试演任务中的角色，抽准备较好的小组上台表演。表演结束后由全班同学进行讨论，最后得出最佳的结论。

(2) 赵威前往某贸易公司拜访营销部王经理，由于赵威刚刚大学毕业，没有多少拜访的经验，请你教给他一些拜访的礼仪，帮忙设计一下拜访前的准备以及在拜访中应注意的问题。

学习要求

先让学生讨论去办公室拜访应注意的礼仪规范，然后让学生选出代表进行表演，以加深学生对知识点的理解与记忆。

(3) 风景秀丽的某海滨城市的朝阳大街，高耸着一座宏伟楼房，楼顶上"远东贸易公司"六个大字格外醒目。某照明器材厂的业务员金先生按原计划，手拿企业新设计的照明器样品，兴冲冲地登上六楼，脸上的汗珠还来不及擦一下，便直接走进了业务部张经理的办公室，正在处理业务的张经理被吓了一跳。"对不起，这是我们企业设计的新产品，请您过目。"金先生说。张经理停下手中的工作，接过金先生递过的照明器，随口赞道："好漂亮呀！"并请金先生坐下，倒了一杯茶递给他，然后拿起照明器仔细研究起来。金

项目六 拜访与求职礼仪

先生看到张经理对新产品如此感兴趣，如释重负，便往沙发上一靠，跷起二郎腿，一边吸烟，一边悠闲地环视着张经理的办公室。当张经理问他电源开关为什么装在这个位置时，金先生习惯性地用手搔了搔头皮。好多年了，别人一问他问题，他就会不自觉地用手去搔头皮。虽然金先生作了较详尽的解释，但张经理还是有点半信半疑。谈到价格时，张经理强调："这个价格比我们预算的高出较多，能否再低一些？"金先生回答："我们经理说了，这是最低价格，一分也不能再降了。"张经理沉默了半天没有开口。金先生却有点沉不住气，不由自主地拉松领带，眼睛盯着张经理。张经理皱了皱眉问道："这种照明器的性能先进在什么地方？"金先生又搔了搔头皮，反反复复地说："造型新，寿命长，省电。"张经理托词离开了办公室，只剩下金先生一个人。金先生等了一会儿，感到无聊，便非常随便地拿起办公桌上的电话，同一个朋友闲谈起来。这时，门被推开，进来的却不是张经理，而是办公室秘书。①

📚 学习要求

请指出金先生的问题出在哪里。学生讨论后发言，教师结合知识点进行点评。

六、思考题

(1) 请分别说出去办公区域拜访、居室拜访以及医院探视的最佳时间。
(2) 请谈谈到医院拜访病人应有的言谈举止。

任务二　礼　品　礼　仪

一、能力目标

(1) 能够恰当地选择礼品。
(2) 能得体地赠送礼品、接受礼品、拒绝礼品。

二、任务情境

罗涛在实验中学的实习快结束了。在实习期间，罗涛得到了科室王主任的帮助与指导，在临别时罗涛想买一份礼物赠送给王主任以示感谢。请问：你认为罗涛应该准备一份什么礼物最合适？应该在什么场合把这份礼物送给王主任？

📚 学习要求

请同学讨论并给出相应的建议。

---

① 杨眉. 现代商务礼仪[M]. 大连：东北财经大学出版社，2000.

三、相关案例

【案例1】

2005年4月29日,连战访问北京大学,获得一份特殊的礼物:母亲赵兰坤女士在1931年毕业于燕京大学的学籍档案和相片,其中包括在宗教系就读的档案、高中推荐信、入学登记表、成绩单等,大多是她亲笔写的字。在这份特殊的礼物面前,一贯严谨的连战先生也难掩内心的激动。他高举母亲年轻时候的照片,然后放在面前细细端详,眼里泛着晶莹的泪花。这一刻,他满脸都是幸福的微笑。

?讨论

请问,这份礼物送得成功吗?为什么?

【案例2】

蔡洪是吴刚的上司,两人私交甚好。一次吴刚出差到外地,发现了一套非常漂亮的茶具。吴刚知道蔡洪一直对茶道有所研究,所以就给蔡洪购买了这套茶具。出差回来的第一天,吴刚就兴高采烈地直奔蔡洪的办公室把礼物送给了蔡洪。而当时蔡洪的办公室里还有好几个同事,吴刚当时就发现蔡洪的脸色不太自然,而且对吴刚所送的茶具也没有表现出特别的兴趣。这让吴刚百思不得其解。

?讨论

请问,吴刚这次赠送礼品的不妥之处表现在哪些方面?为什么?

四、知识链接

我国自古以来就有"礼尚往来"之说。《诗经》也云:"投我以木桃,报之以琼瑶。"17世纪,西班牙著名礼仪家伊丽莎白曾说过:"礼品是人际交往的通行证。"赠送礼品,是人们用物质的形式来相互表达祝贺、敬意、感谢、友谊、爱情、慰问以至哀悼等内心情感的一种方式,是国际上通用的社交活动形式之一,是商务活动中不可缺少的交往内容。随着交际活动的日益频繁,馈赠礼品因为能起到联络感情、加深友谊、促进交往的作用,越来越受到人们的重视。因此,人们对礼品礼仪的要求也越来越重视。

礼品礼仪是指在礼品的选择、赠送、接受的过程中所必须遵循的惯例与规范。

(一)确定馈赠礼品的目的

1. 为了交际

礼品的选择,要使其能反映赠送者的寓意和思想感情,并使寓意和思想感情与送礼者的形象有机地结合起来。

2. 为了巩固和维系人际关系

人情礼强调礼尚往来,以"来而不往非礼也"为基本准则。在送礼时应考虑礼品的种

项目六　拜访与求职礼仪

类、礼品价值的大小、档次的高低、包装的式样和蕴含的情义等方面。

3. 为了酬谢

以酬谢为目的的馈赠是为了答谢他人的帮助而进行的，因此，在礼品选择上十分强调其物质利益。礼品价值的大小，取决于他人帮助的性质。

(二)礼品的选择

俗话说："千里送鹅毛，礼轻情义重。"这就告诉人们，赠送礼品不在多少，而在双方之间的情义。送礼之前，应对所赠礼品进行认真的选择。一般从以下几个方面来考虑。

1. 根据馈赠目的选择礼品

送礼在本质上应被视为向他人表示友好、尊重与亲切之意的途径或方式。只有本着这一目的，才能正确地选择适当的礼品，准确地表达自己的情义，使所赠礼品发挥其真正的功效。例如，一些喜庆的场合，如春节、元旦、中秋节、重阳节等，晚辈带些礼品去看望长辈，可表达对老人的孝敬之心。亲朋好友之间相互走访，也可适当赠送一些礼品以表示节日的祝贺。亲友嫁娶、乔迁、生日、高升等场合可备礼品相赠以示庆祝。企业单位各类庆典，一般可送花篮、贺匾、字画等以表祝贺之意。

2. 根据馈赠对象选择礼品

1) 考虑彼此的关系现状

在选择礼品时，必须考虑到自己与受赠对象之间的关系现状，不同的关系应当选择不同的礼品。选择礼品时应考虑馈赠对象的亲缘关系、地缘关系、业缘关系、性别关系、友谊关系、文化习惯等。例如，玫瑰是爱情的象征，是送给女友或爱人的佳礼。但若把它随便送给一位关系普通的异性朋友，就可能引起不必要的误会。

2) 了解受赠对象的爱好和需求

有句歌词是这样唱的："特别的爱给特别的你。"即有针对性地选择礼品，根据受赠对象的爱好和实际需求来选择礼品，往往可以增加礼品的实效性，增强对送礼者的好感和信任。因为在受赠对象看来，只有了解和关心他的人，才会明白他的需求。正如鲜花赠美人，宝刀配英雄，选择礼品时考虑周全，有的放矢，投其所好，就可以使礼品获得增值效应。例如，老师在学生取得佳绩时可以赠给有益的书籍；给书法爱好者赠送"文房四宝"；给音乐爱好者赠送乐器等。一般来说选择礼品时，敬老人，以实用为主；赠恋人，以纪念为主；送朋友，以趣味为主；给小孩，以益智为主；对外宾，以特色为主；探病人，以精神效应为主。

3. 礼品选择要轻重得当

礼品轻重应视双方关系、身份、送礼的目的和场合而定。礼物不必过重，太贵重的礼物往往会使人感到不安。超出个人能力和彼此关系的限度，反而会弄巧成拙，会被对方或旁观者怀疑别有用心。但礼品也不能过轻，否则会使对方感到不被重视。

4. 礼品选择突出情义

要着重体现礼品的精神价值与纪念意义。礼品的价值不是以金钱的多少作为衡量标准的，而是以礼品本身的寓意和传达的思想感情来体现其价值的。礼物虽轻，但礼轻情义重。因此，在选择、定制礼品时要着重考虑它的内涵以及想表达的情义。

5. 礼品选择注意受赠对象的禁忌

在选择礼品之前，应细致了解受赠对象的个人禁忌，以免因所选礼品犯忌而导致适得其反。禁忌的产生一是纯粹由受赠对象个人原因所造成的；二是由风俗习惯、宗教信仰、文化背景、职业道德等原因所形成的。一般而言，选择礼品不应忽视的禁忌有以下四类。

(1) 个人禁忌。例如，给有生理缺陷的人送他们无法使用的礼品。如给听力有障碍的朋友送 MP3、给年长多病的人送钟表等都会触犯对方的私人禁忌。

(2) 民俗禁忌。如在西方，人们忌讳"13"，认为这个数字是不祥之兆；在俄罗斯最忌讳送钱给别人，因为这意味着施舍和侮辱。

(3) 宗教禁忌。如伊斯兰教严禁偶像崇拜，对于洋娃娃等外形类似人像的东西禁止放在家里当装饰品，所以在这些国家绝对不能送洋娃娃等类似人形造型的东西作为礼物，也不能送酒、雕塑和女人的画片，因为他们认为酒是万恶之源。

(4) 伦理禁忌。挑选礼品时，勿忘遵守法律、道德等现行的社会规范。此处所说的现行社会规范，不仅是指我国现行的社会规范，而且还包括交往对象所在国家现行的社会规范。如各国均规定不得将现金、有价证券、过于高贵的奢侈品送给并无私交的公务人员。

以下案例有助于对礼品禁忌的理解。20世纪90年代中期，一个由20名不同专业的专家组成的中国代表团去美国采购约3000万美元的化工设备和技术。美方自然是想方设法令中方代表满意，其中一项是在第一轮谈判后送给中方代表每人一个小纪念品。纪念品的包装很讲究，是一个漂亮的红色盒子。可当我们高兴地按照美国人的习惯当面打开盒子时，每个人的脸色却显得很不自然——里面是一顶高尔夫帽，但颜色却是绿色的。第二天，中方代表团找了个借口，离开了这家企业。美国人这次送礼，可以说也是经过精心策划的：一是礼品盒的颜色是红色，红色在中国代表发达；二是礼品本身是时尚的高尔夫帽，意思是签合同后去打高尔夫球，这在当时对中国人来说是很奢侈的，也是很有品位的。但美国人的工作并没有做细，而且犯了中国男人最大的禁忌——戴绿帽子。

(三)赠送礼品的礼仪

无论是什么样的礼品，只有赠送的时机适宜、方法得当，才会被对方笑纳，才能发挥送礼的应有效应，否则可能会引起误会和不满，导致受礼者不愿接受，或者不愉快地接受，从而令送礼者尴尬。

1. 赠送礼品的时机

一般情况下，以下时机都适宜向交往对象赠送礼品。

(1) 道喜、祝贺之时。例如，交往对象结婚、庆祝寿诞、晋升获奖、乔迁新居、事业

项目六 拜访与求职礼仪

取得成功或过生日以及重要日子之时。

(2) 慰问、鼓励之时。例如，交往对象生病，遇到困难、不幸、挫折，身处逆境时，一份恰当的礼物往往可以让对方感受到友情、安慰、鼓励和祝福。

(3) 道谢之时。如受到他人的关心、照顾、帮助之后，以礼相赠，表达谢意。

(4) 纪念之时。外出旅行、告别、久别重逢、参观访问、大型活动之际、特别纪念日等时刻，可以赠送礼品作为纪念。

(5) 佳节之时。如春节、中秋节时，可向交往对象赠送礼品，以增进感情。

以上都是比较好的送礼时机。送礼一般要在当日或之前进行。

2. 赠送礼品的形式

赠送礼品的形式多种多样，主要有以下三种常见的形式。

1) 当面赠送

送礼最好的形式是亲自当面送给对方。因为礼品只是人际往来关系的载体，亲自赠送可以亲自介绍礼品的寓意、使用方法，直接表达情谊，从而达到通过馈赠礼品来增进彼此情谊的目的。而且当面赠送也显示了送礼者的真诚、周到和热情。

2) 托人赠送

若不能亲自送达礼品，可以请第三者代为转送礼品。此时，应附上自己的名片或者祝福的卡片，并应事先电话告知对方。

3) 邮寄赠送

居住在异地的交往对象之间互赠礼品常常采用邮寄的形式。现在即使居住在同一个城市，有时也可以选择邮寄的形式。邮寄礼品往往会给受礼者带来惊喜、奇妙的感觉，有时这种赠送形式会收到意想不到的效果。

3. 赠送礼品的场合

当面赠送礼品时，不能不考虑送礼的地点。因公送礼时，应该选择工作场所；因私送礼时，则一般选在受赠者家中。送礼时要"公""私"分明，不能把私人之间赠送的礼品在办公区域赠送，避免"行贿"的嫌疑；更不能把公务交往中所赠的礼品送往受赠者家中，使对方尴尬。

4. 赠送礼品的技巧

赠送礼品之前，要认真检查礼品的质量，有瑕疵的礼品或者过了保质期的食品是不能送出去的。应当在送礼之前将写有价格的标签去掉。

送给他人的礼品，尤其是在正式场合赠送给别人的礼品，在相赠之前都应精心包装。良好的包装将使礼品显得更加精致、庄重、典雅，给受赠者留下美好的印象。在赠送礼品给外国友人时，尤其应当注意这点。

赠送礼品一般是在刚见面或临分手时将礼物面交对方。在递交礼品时，要起身站立，面带微笑，目视对方，双手把礼品递送过去。神态要自然，举止要大方、得体。另外，还可以说一些寒暄、祝福的话语。例如，"这是我精心为您挑选的，希望您能喜欢"，"祝您生日快乐"等。

(四)受礼与拒礼的礼仪

收到礼物时,收礼人如何作出反应,通常能体现其教养、风度、礼貌和修养。无论别人赠送的礼品是接受还是拒绝,都应该态度明确,举止大方。

1. 受礼的礼仪

1) 仪态自然大方

受礼时,受赠者应当高高兴兴、落落大方地接受馈赠的礼品。切不可躲躲闪闪、畏畏缩缩、扭捏作态地推来推去,故作推辞或表情冷漠、不屑一顾,或者言行不一地跟对方过分客套。具体而言,当场接受礼品时,应当面带微笑、起身站立、相迎、目视对方,双手接过礼品,并向对方表达自己由衷的谢意。

2) 受礼有方

按照国际惯例,受礼后一定要当面拆启包装。拆礼品包装时,一定要特别小心,动作要有条不紊。拆开礼品后要面带微笑,仔细欣赏,适当赞赏。切不可乱撕一气,草率打开,或丢之一旁,不理不睬。中国人比较含蓄,不习惯当面打开礼物,所以与国人交往时也可遵守这一传统习惯,等客人走后再打开,但需要通过电话或当面再次表示感谢和表达对所受礼物的喜欢。另外,不是有礼必受,对于有违规越矩送礼之嫌的,应果断地委婉拒绝。

3) 表达谢意、有来有往

接受他人赠送的礼品之后,要在日后适当时机回赠相应的礼品,切莫忘记"有来有往"。回赠礼品的性质与档次,大体上可与对方的礼品相近或相仿。最后,要记得在接受礼品后,尤其是在接受较为贵重的礼品后,真诚地向对方道谢。除了应当场向赠送者正式道谢之外,还可在事后再度表达谢意。常规的做法是在一周内致信、发邮件或打电话再次感谢对方,亦可在此后再次与对方相见时,提及自己很喜欢对方所赠送的礼品。

2. 拒礼的礼仪

对于所赠送的礼品,并非一律来者不拒。一般而言,违法、违禁、违规的物品,有辱人格的物品,有伤风化、有悖社会公德的物品,有碍正常执行公务的物品,或有害于双方关系的物品,均可以拒绝接受。需要指出的是,在拒收礼品时,应保持礼貌、从容、自然、友好,先向对方表达感激之情,再向对方详细说明拒收的原因,切不可生硬地阻挡,以免让对方难堪。拒收礼品应在受赠礼品的现场进行,尽量不要事后退还。如果对方是在大庭广众之下送礼,当面拒绝可能会使对方难堪、尴尬,这时可以采取事后退还的处理办法。但需注意切勿打开包装,应保持礼品原有的状态,不要拖延退还时间,建议在24小时之内送还。不要请他人转交,应由本人亲自将礼品退还送礼者本人,要表示感谢并解释不能接受此礼品的原因。

五、模拟任务训练

(1) 王萍与张红是好朋友。最近张红乔迁新居了,王萍准备挑选一份礼物送给张红以贺乔迁之喜。请问王萍可以选择哪些物品作为贺礼送给张红,并说出礼品馈赠时应注意什么。

📖 学习要求

分小组由学生模拟场景,按规定演示礼品馈赠的礼仪。学生之间互相点评,教师指导纠正。

(2) 魏明在住院期间得到了医生、护士的精心照料,出院时魏明想送一份礼品给医院的医护人员以示感谢,请问,魏明应当选择一份什么礼物?在什么场合赠送比较合适?

📖 学习要求

学生讨论,最后得出结论,教师给予点评。

(3) 小江是某单位的职工,因为有求于单位领导李局长,所以准备了 5000 元现金来到李局长家,希望李局长能够满足他的一些要求。请问,李局长能接受这份礼品吗?为什么?如果李局长选择拒绝,他应该怎么做?

📖 学习要求

全班展开讨论,再由学生模拟李局长拒收礼品的表演。教师最后点评总结。

六、思考题

(1) 赠送礼品有哪些禁忌?请举例说明。
(2) 常见的赠送礼品的时机有哪些?
(3) 请问,在什么情况下可以拒礼?拒礼应该注意什么?

任务三 求 职 礼 仪

一、能力目标

(1) 能够做好求职面试的准备工作。
(2) 能够撰写求职信与简历。
(3) 能得体自如地应对面试。

二、任务情境

吴涛今年大学毕业,向几家公司投了简历,其中一家公司通知他参加面试。吴涛非常重视这次面试，但是他没有面试的经验，非常着急却不知道应该从哪些方面就此次面试进行准备。请各位同学帮助他。

学习要求：

老师提示后，在班上展开讨论，请同学们说说具体的做法，并说明理由。

三、相关案例

【案例1】

凯恩集团正在招聘职员，小林马上就要毕业了，对此她信心百倍，因为她专业对口，而且也非常符合其他招聘条件。面试当天，小林为了给招聘单位留下好印象，决定好好打扮一下自己。在寝室忙了半天，她最后选中了一条大花的连衣裙，穿上高跟凉鞋，戴上项链、耳环、手链，还化了时下最流行的闪亮妆，她想这样一定能在外形上取得优势。面试当天，小林与其他面试者一起在办公室外等候。由于小林觉得胜券在握，她便松松垮垮地站在门口准备上场，回头看见有一排沙发，便坐在沙发上，跷起二郎腿，悠闲地拿出化妆包开始补妆。面试时，小林看到发下来的题目有点陌生，忍不住挠头抓痒，在座位上扭来扭去。面试完毕，结果可想而知。

【案例2】

一家公司招聘一名办公人员，有50多人前来应聘。公司经理在众多的应聘者中选中了一名普通的年轻人。其助手说："怎么选了他呀，他没有任何工作经验啊？"公司经理回答："他一定能胜任这个工作，首先，他在进门之前妥善地收放好了自己的雨具，进门后随手关上了门，说明他做事很仔细。其次，在等候的时候，他不像其他应聘者那样在外面喋喋不休地谈论，当一名老年人向他咨询时，他礼貌而耐心地为老人解答。再次，进了办公室其他应聘者都没有注意到我故意倒放在门边的拖布，只有他俯身捡起并把它放在了墙角。最后，他衣着整洁，回答问题简明干脆。这些都足以证明他能够胜任这份工作。"

讨论

请针对以上两个案例谈谈你的看法，并试着总结一下面试时应注意的礼仪要求。

四、知识链接

随着我国劳动力市场的进一步形成和完善，加之我国劳动力供大于求的现状，在很长一段时间内，求职者要实现就业，竞争将是十分激烈的。对大中专毕业生来说，过去那种等着用人单位来录用或靠学校分配的时代已一去不复返了。要实现就业，除了要具备就业的基本条件外，有效而成功地推销自己，已经成为求职者的必备素质。自我推销，就是向用人单位宣传、展示自己，以便让用人单位了解、认识自己和最终选择自己。这是最具竞争性和技巧性的个人择业形式。那么怎样才能做到有效而成功地推销自己呢？这是一门学问，也是一种艺术。

项目六　拜访与求职礼仪

(一)写好求职信

撰写求职信是目前常用的求职手段。求职信是以书面形式与用人单位进行的第一次接触，是"双向选择"的桥梁，是自我描绘的具体画像，是求职的第一阶段，主要作用是引起招聘者的注意，争取面试的机会。因此，求职信要突出自己的个性，表述求职动机，介绍自己的优势，强调事业心，表明归属意愿，使求职信从内容到形式既能显示求职者的实力，又能给招聘者以良好的第一印象。那么，应该如何写好求职信呢？应从以下几点来把握。

1. 求职信的结构

求职信一般由开头、正文、结尾三部分组成，字数不宜过多，一般在 1000 字左右为宜。

1) 开头部分

开头部分主要说明得知信息的渠道、写信的缘由，表达求职愿望。求职信的开头很关键，要写得有吸引力，力争在几秒内吸引聘方的注意力。

2) 正文部分

正文部分是求职信的重点。要简洁而有针对性地概述自己的履历，要着重说明胜任某项工作的条件，与工作职位相符合的专业特长、兴趣爱好与职业能力，说明你能胜任此项工作的原因，从而达到吸引、打动聘方的目的。

一般来说，求职信的正文部分应包括以下内容。

(1) 个人的基本情况。包括姓名、性别、年龄、毕业院校及所学专业。

(2) 申请的工作岗位。表明自己愿意到该单位工作的原因，阐述能胜任此职位的相关工作经历和资格，这是求职信的核心部分。主要是介绍求职者的知识、经验、专业技能，特别是与工作相符合的特长、性格、兴趣与能力。如果你是初次求职，没有工作经历和经验，可以多介绍一些自己在校期间参加过的某些有关的社会实践活动。如曾担任过何种学校职务，曾组织和参加过哪些社团或课余活动等。还可简单介绍一下自己的兴趣、爱好、特长。介绍内容要做到言简意赅、重点突出。

(3) 提出自己对谋求该职位的心愿及设想。在求职信中还可以简单谈谈被录用后的设想，借以表达自己的工作态度和敬业精神，可以再次表达谋求该职位的心愿，希望聘方给予考虑，表达面谈的愿望和对阅读者的感谢，并提供联系方式。

3) 结尾部分

结尾部分包括结语、祝颂语、签名与日期。

2. 求职信的表达技巧

求职信作为一种专用书信，有一定的内容和格式。遣词造句要慎重，既要有吸引力，又不落入俗套，还要突出自己的风格和特长。因此，在表达上应注意以下几点。

1) 求职目标明确

要写明请求担任的工作，以及为什么请求担任此工作，切莫含糊其词、模棱两可，给

人学无所长、平庸无能的感觉，要不卑不亢、落落大方。

2) 言简意赅，篇幅适度

求职信一般以 1000 字左右为宜。篇幅过长，洋洋洒洒，对方没有足够时间看，也难抓住重点；篇幅过短，说不清问题，又显得没有诚意，收不到预想的效果。

3) 实事求是，以"诚"取信

只有诚于中，才能形于外。"诚"是指诚恳、诚实、诚意、诚信，就是言出肺腑，实事求是地介绍自己的求职条件、优势，尽量把自己的优势量化，避免过大、过空地描述。

4) 突出个性，不落俗套

一封好的求职信，如同一则精心策划的广告，要立意新颖，写法独特，给对方深刻的印象，吸引对方的注意力。

3. 求职信的礼仪要求

1) 称谓要得体

称谓要在第一行顶格的位置书写，单独成行，以示尊重。一般是用单位的名称或单位负责人的姓名、职务，如"尊敬的××厂长(经理)"。称对方单位和部门时则要加上"贵"字，如"贵厂""贵公司"等。

2) 问候要热情，祝愿要诚恳

开头之后的承启语起开场白的作用。信的开头应有问候语，如"您好"等，信的结尾要有祝愿，一般分两行书写，上一行空两格，下行顶格写，如"此致""敬礼""祝您安好"等。

3) 书写工整、干净、勿涂改

如果是打印稿，一定要选择正规的字体，切勿弄得花里胡哨的。字体大小要适中，便于他人阅读。

4) 要有亲笔签名

不论是手写稿还是打印稿，最后都应有求职人的亲笔签名，以示尊重和负责。

(二)填写简历表

简历表也称履历表，其作用主要是针对应聘的工作，将相关的经验、业绩、能力、性格等简要地列举出来，以达到推荐自己的目的。

1. 简历表的内容

1) 个人资料

个人资料主要包括姓名、性别、出生年月日、籍贯、身高、体重、健康状况、政治面貌、兴趣爱好、社会工作、联系方式、详细通信地址等。

2) 学历

应按履历表的次序写清所读学校、专业、学习年限，获得何种奖励和奖学金，获得何种相关证书，比如英语四/六级、计算机国家等级证书，参加过哪些技能竞赛及获得的名次等。

项目六　拜访与求职礼仪

3) 工作经历或勤工助学经历

工作经历是对以往工作的记录，是履历表的主体部分。用人单位较为重视求职者的工作经历，在这一部分应该写清楚曾经工作的单位、担任的职务及取得的业绩。对于即将毕业的大中专毕业生，虽无工作经历，但可写上勤工助学、社会实践和课外活动的一些经历。即使这些经历与应聘职业无直接关系，也能显示你的意志，并给人留下积极、勤奋、吃苦的印象。

4) 特长、兴趣爱好与性格

特长是指你拥有的技能。兴趣爱好与性格特点能够显示你的品德、修养、社交能力及团队精神，它与工作性质关系密切，所以用词要贴切。

5) 社会工作

近年来，越来越多的用人单位渴望招聘到具有一定应变能力、组织能力的毕业生。学生干部和一些参加社团的同学颇受毕业单位的青睐，所以在简历中应写上学习期间从事的学生社团组织管理工作经历和社会实践经历。

2. 简历表的编写技巧

(1) 站在对方的立场考虑问题。求职者为什么要撰写简历？目的只有一个，就是让招聘单位了解、认识你进而聘用你。因此，在简历中，应让招聘单位看到你的能力与潜能。让招聘单位能判断你可以为他们做些什么工作，解决什么问题。

(2) 抓住重点，突出主题。要根据用人单位的招聘条件，重点突出与招聘职位相关的经验与技能。对大中专毕业生来说，由于没有工作经验，简历表的重点应放在学业成绩，以及参与过的课外实践活动、实践实习经历上，突出与应聘工作相关的所学课程、专业技能以及个人的适应能力与能胜任该项工作的相关经验。

(3) 贴上自己的照片。无论招聘单位是否有明确要求，都要主动提供自己的照片，这不仅体现了你的诚意，也使招聘单位更有可能对你的应聘资料产生兴趣，进而有耐心浏览应聘资料上的内容。

(4) 每份简历后面都要附上身份证、毕业证等相关证件的复印件，所有这些资料都要统一使用白色 A4 复印纸，突出你的职场特征。一定要避免把不同纸型、不同纸质、不同颜色的纸张混杂在一起，这样会让人感觉杂乱无章。

(三)面试前的准备

"机遇只垂青于有准备的人"，求职面试时究竟该准备些什么？

1. 对用人单位及职位进行了解与研究

面试之前，被面试者须花时间去调查、研究所应聘单位及职位情况，这对面试成功与否至关重要。若某单位一旦约定与你见面，你首先应该对该单位的情况作一些调查研究，要对用人单位的基本情况进行全面了解。例如，要了解单位的性质、规模、组织结构、产品和服务、主营业务和发展前景。一般来说，也可以通过该单位的有关文献，如披露该单位运营、事件和人事信息的内部杂志或报纸，来自该单位的广告册和宣传册，以及报道该

单位的报纸和期刊来了解。

求职者对应聘单位及职位了解得越详细，在面试中就越容易与面试官沟通，虽不是很精通，也不可能全方位都了解清楚，但至少会让面试官感到你对其单位及该职位非常感兴趣，是真心实意想到其单位任职的人。

对用人单位及职位进行了解与研究，也有利于应试者提前做好准备，以便在面试中有针对性地展示自己的特长，尽量使自己的知识技能、能力、特长与应聘的工作职位的要求相适应，使自己的能力与用人单位工作的要求相吻合。

2. 对可能遇到的问题进行准备

不少学生在面试时怯场、紧张，主要原因就是不知道面试官会提什么问题，自己该怎样回答，心中无数，难免恐惧。因此，要想在面试中能够轻松对答，就必须在面试前作适当的准备。面试中涉及的问题包括你的经历、兴趣、爱好、成就，你对工作或学习的感受等。可以事前罗列一些会经常被问到的问题，如"请做一下自我介绍""你对我们这一行业的情况有多深的了解""你以前的上司(老师、同学)对你个人的最大优点和最大缺点是如何评价的"等。对这些可能提及的问题先认真思考，考虑怎样回答和回答到什么程度，然后将要点写下来，答案要简短、中肯。然后模拟正式面试的情景，自问自答进行演练。还可与同学、朋友、家庭成员试谈一下，经过如此认真的准备之后，就能胸有成竹地去参加面试，从而取得较好的效果。

3. 对你将要提出的问题进行准备

被面试者的提问也十分重要，因为它能表明你已经知道了些什么、你关心什么和你能做些什么，可以让面试官觉得你真正在关心应聘单位的发展，也能使你获得对应聘单位和应聘工作职位的评估信息，并把面谈的话题保持在对你有利的方向上进行下去。在准备这些问题时，要限制在询问应聘的单位和应聘工作职位的范围，并应避免提出那些可能引起招聘方反感和猜疑的问题。常规情况下，得到录用的肯定回答后才可以说出你的希望，但要有技巧地提问，如"我听老师说贵公司可以为员工买保险，工资在2000元左右，是吧？"等。说错了也没关系，反正是听说的，招聘方自然会清楚你想问什么。

4. 材料准备

毕业生在面试时大多与用人单位是初次接触，彼此了解少，况且在求职前尚未拿到毕业证书，这就需要毕业生通过具体的材料推荐自己，并向用人单位展示自己在校内外学习阶段的情况及其他情况。因此，在面试前要做好自荐材料的准备工作。自荐材料一般包括以下几个方面的内容。

(1) 个人简历、求职信、推荐信等。求职信是最重要的自荐材料，因为它概括了求职者的整体情况，而且又在一定程度上直接表现了求职者的基本素质。

(2) 学习成绩材料。包括学习成绩单、英语和计算机等级证书等。

(3) 荣誉证书。如"三好"学生、优秀学生干部、优秀团干部、优秀毕业生等证书，以及各种社会实践活动和各种竞赛活动的证书等。

(4) 成果证明材料。如获得的发明专利证书和正在申请的专利材料，在报纸、杂志上发表的文章、论文，出版的专著，有一定价值的科研成果报告等。

(5) 证明自己具备某方面能力的资质材料。如汽车驾照、导游证等。

(四)面试的礼仪与技巧

现代社会在对每个人提出种种挑战的同时，也提供了各种各样难得的机遇，要想在竞争激烈的人才市场中力挫群雄，脱颖而出，除了要具备良好的专业素养以外，掌握必要的面试礼仪也起着非常关键的作用。

面试是用人单位与你的第一次接触，第一印象的好坏往往会影响你面试的结果。因此，在面试之前需要整理思路，多花一些时间思考如何包装自己，从穿着打扮和精神面貌两方面着手准备，给对方留下良好的第一印象。

首先，穿着打扮、外形仪态会直接影响求职的成败。因为你的形象不仅代表你自己，更重要的是代表组织。为此，多数单位在选择职员的时候，往往考虑的不仅是能胜任工作，而且要有良好的外形仪态、精神面貌。作为面试者千万不可在面试时大大咧咧、疏于准备、自以为是、不修边幅。殊不知，这些做法正是失去机遇的原因。其次，文雅、得体的行为和谈吐，同样会给人留下良好的第一印象。言谈举止是表露人内心世界的语言，人的一举一动无不显露出他的知识、涵养、个性特点等。一个人的举手投足、一颦一笑，都传递着特定的含义，进而影响面试的结果。

1. 面试的仪表与服饰礼仪

1) 衣着整洁、仪态大方

衣着服饰是一个人文化素质的外在表现，一定要和身份相符，不能过于花哨时髦。求职面试是一个严肃、庄重的场合，在服饰方面要注意朴素、大方、整洁，突出职业特点。同时要符合社会大众的审美观，不要穿奇装异服。男生应着正装，尤其以西服最为标准，女生穿以裙装为主的套装。色彩以中性色为主，这样可给人以稳重、可靠、忠诚、朴实、干练的印象，要避免夸张、刺眼的颜色。可以体现个性，但和周围同事的反差不能太大。着装的好与坏通常能影响你的自信心，也是留给对方的一个重要印象。面试时不一定要穿名牌，但一定要干净、整洁，这是着装最重要的一点。穿衣整洁卫生、干净利索，能给人以精干、文明的印象。

2) 佩戴饰物要少而精

面试的时候佩戴饰物一定要慎重，首饰尽量少戴，应避免像吉卜赛人一样几个手指都戴戒指。耳环应当小巧且不引人注目。戴的耳环不宜过长，不宜发出叮当的声响或者触及脖颈，甚至挂到衣服上。朴实无华的项链就挺好，但别戴假珍珠或华丽的人造珠宝。面试时一定不要戴脚镯、鼻环之类前卫夸张的饰品。总之，戴首饰的重要原则是：少而精。对于刚毕业的学生来说，你的朝气与自信就是最好的装饰。现在有许多男生喜欢戴项链、耳环，不管它有多漂亮、多时尚，切记在面试前都把它们摘下。

2. 面试的仪容礼仪

头发要整齐、干净、有光泽，能够露出你的整个面庞，不要遮遮掩掩。不要把发型搞得过于随便、新潮；男士在面试当天还应把胡须刮干净。头发和衣服上不要沾有头皮屑。女生可以化一个淡淡的妆容。在面颊上画点淡妆，既可以使自己不会显得脸色苍白，又可以掩饰脸部的雀斑、痤疮、皱纹、浮肿、削瘦等缺点。但是，面颊化妆切忌浓妆艳抹，给人一种不真实的感觉。指甲要修剪平整、干净。总之，发型、化妆应简单明快，切忌矫揉造作。

身体有异味应清除。面试时，应试人和主试人的距离一般不会太远，如果你身上散发出异味，肯定会影响面试结果。因此，面试前务必把身上的异味清除。不要吃洋葱和大蒜等有刺激性气味的食物，更不要喝酒。饭后漱口，最好刷刷牙。面试前洗个澡，这样既可以把异味洗掉，也可以使你更加精神抖擞、容光焕发。另外，还可以在身上适度地喷些香水，香水的味道应选择清淡型的，切记不能浓烈。

3. 面试的仪态礼仪

1) 坐姿的要求

坐相要给对方端正、大方、自然、稳重的感觉。入座时要轻而稳，具体坐法是：走到座位前，背向椅子，使腿靠近椅子，上体正直，轻缓坐下。女士若着裙装，落座时用手理一下裙边，把裙子稍稍拢一下，不要坐下后再站起来整理衣服。坐下后，双腿并齐，挺胸直腰略收腹，手放在膝上或椅子扶手上，掌心向下，双膝并拢略侧向一方。坐在椅子上，微微欠身，表示谦虚有礼。为了保证坐姿的正确和优美，注意以下几点：一是落座后，两腿不要分得太开；二是当并腿而坐时，脚尖要向下，切忌脚尖向上，上下抖动；三是谈话时勿将上身向前倾，并以手撑下巴；四是落座后不要左右晃动，扭来扭去，给人以紧张的感觉；五是入座要轻要稳，不可猛起猛坐，弄得椅子乱响；六是背部要挺直，不要弯腰含胸、东倒西歪地瘫坐在椅子上。

2) 站姿的要求

站姿要像青松一般端直挺拔。站姿是一种静态美，最能凸显人的美好气质和风度。方法是挺胸、收腹、略微收臀、平肩、直颈、两眼平视、精神饱满、面带微笑，这样给人一种自信的感觉。站立时，两手自然分开垂于身体两侧，或双手交叉置于腹部位置。不要两手叉在腰间，也不能双手插入口袋，更不可将双手抱在胸前，否则会给对方一种轻慢之感。要注意站相，交谈时要正面朝向对方，以示尊重。

3) 走姿的要求

行走属于动态美，要求轻而稳，胸要挺，头抬起，两眼平视，步频和步幅要适度，符合标准。如果是与主试者或工作人员同行，要注意不能超前，只能平行或略为靠后，这是礼貌行为。

4) 手势的要求

手势是最有表现力的一种"体态语言"。手势美是一种动态美。能够恰当地运用手势来表达自己的思想感情，一定会为面试形象增光。手势的使用应该有助于表达自己的意思,但不宜单调重复,也不能做得过多。应避免一些令人极其反感、严重影响面试结果的手势,如当众搔头皮、掏耳朵、抠鼻孔、剔牙、揉衣角等。

5) 表情的运用

面试时,要善于使自己的表情随着交谈内容的变化而变化,切忌一脸茫然、冷漠。但表情不宜过分夸张和激烈,要让人感到自然、真实。

(1) 微笑。面试时要运用微笑。微笑是表情中最能赋予人好感,也是人与人之间最好的一种沟通方式和愉悦心情的表现方式。对人微笑,最能体现出你的热情、修养和魅力,也易得到他人的信任和尊重。首先,微笑必须真诚、自然。只有真诚、自然的微笑,才能使对方感到友好、亲切和融洽。其次,微笑要适度、得体。适度就是要笑得有分寸,得体就是要恰到好处,当笑则笑,不当笑则不笑。否则,会适得其反,给对方留下不好的印象。

(2) 眼神的交流。眼神是无声的语言。眼神要自然、和蔼、亲切、真诚,不要死盯对方的眼睛,不要东张西望、左顾右盼,显得心不在焉;不要高高昂起头,两眼望天,显得傲气凌人。当面试官不是一人的时候,求职者的目光不能只注视主试者,也要兼顾到在场的其他人。

4. 面试的谈吐礼仪

面试过程中的谈吐是非常关键的,它往往直接影响面试的结果。因此,我们要注重自己的谈吐礼仪。首先,要注意自己的语言、语调、语气和语速。谈话时吐字不清、语言不畅、语调呆板都会减弱你的说服力和吸引力。语气、语调不当,会使对方感到乏味,听不下去;说话太快,像开机枪一样没有停顿,会使别人无法掌握你所表达的意思;说话太慢,则会使对方听得烦躁。其次,一定要使用礼貌用语,遣词造句要谦虚、委婉。回答问题时要抓住要点,简明扼要。面试中的交谈,受时间和内容的限制,不同于平时闲聊,说话应简明扼要,就是用最少量的话语传递尽可能多的信息。通常要注意三个问题:一要紧扣问题回答;二要克服啰唆重复的语病;三要戒掉口头禅。另外,在交谈中应学会幽默。幽默可以缩短人与人之间的距离,使谈话在轻松愉快的气氛中进行,尤其是在遇到一些难以回答的问题时,幽默的语言往往能帮你走出窘境。最后,在交谈中不要随意打断对方的讲话,要集中注意力认真"倾听"对方的讲话。必要时,先说声"对不起"再讲话。说话要彬彬有礼,不要轻易反驳,要不时地点头表示赞同。

5. 注意细节,显示良好教养

1) 准时到达面试地点

在面试前一天,一定要了解去面试地点的详细路线,做到心中有数;面试当天要早出门、不迟到。准时赶到面试地点参加面试,这是最基本的礼貌,关系到用人单位对你的第一印象。对于这一点,求职者切不可掉以轻心。一定要重承诺、守信用,不能违约,若发生不可抗拒的意外情况不能按时赴约或不能参加面试,也要及时告知用人单位并表示歉意。这样可以得到用人单位的谅解,争取能得到补试的机会。

2) 礼貌通报

到达面试地点后,不可慌慌张张地贸然进入,先在门外冷静一会儿,放松一下紧张的

项目六 拜访与求职礼仪

情绪，整理一下自己的衣服。进门前，一定要有礼貌地通报负责面试的人员。如果门关着，有门铃的按一下短声，无门铃的则轻叩两三下门。如果你久按门铃不放或使劲地敲门，会在初次见面时给对方留下缺乏修养的印象。当你听到允许进入的回答后，再轻轻地推门进入，进门后不要紧张，先将门轻轻关闭，动作要得体，表情要自然。

3) 正确称呼

进入办公室后，首先面临的是如何与面试人员打招呼的问题，也可以说，真正的面试从这时就开始了，从现在起你应当立即进入角色。称呼在面试过程中及结束告别时会多次涉及。在面试这种重要的场合，称呼必须正确而得体。如果面试人员有职务，一定要采用姓加职务称呼的形式，如"刘经理""李处长"等；如果不清楚对方的具体职务，以"老师"相称为好；如果对方的职务是副职，从目前社会上流行的称呼习惯和社会心理来看，最好略去"副"字，就高不就低以正职相称。

五、模拟任务训练

(1) 把班级的学生分成若干小组，每个小组中的几名同学扮演一家公司的主考官、考官、经理等人员，其他同学扮演应聘者前来公司应聘。每个小组轮流上台试演，全班讨论确定最佳表现小组，老师进行总结归纳。

(2) 老师在班上模拟招聘单位在面试时提出的问题，让学生回答。老师评价归纳。

① 你能和别人很好地相处吗？

② 你在学校最喜欢的一门课程是什么？为什么？

③ 如果这次面试失败了，你会怎么办？

(3) 老师给出某公司的招聘广告，要求每名学生针对招聘广告撰写出求职信与简历。

六、思考题

(1) 求职面试前应做好哪些准备？

(2) 请谈谈撰写求职信应包含哪些内容以及求职信的礼仪要求。

课 程 思 政

就业是最大的民生，党的二十大报告中指出："必须坚持在发展中保障和改善民生，鼓励共同奋斗创造美好生活，不断实现人民对美好生活的向往。"

学习本章内容能一定程度地强化就业技能、提升求职机会，切实解决群众遇到的难题，持续增进民生福祉，为促进高质量就业出力。

项目七　餐饮礼仪

中华饮食文化源远流长，在这个讲究民以食为天的国度里，饮食有着许多的讲究，因此餐饮礼仪非常重要。餐饮礼仪因宴席的性质、目的、地区、国度的不同而有着较大的差异，如果不加以了解，可能会妨碍我们正常的交际应酬。因此，我们要了解并掌握餐饮礼仪，这样有利于我们在工作与生活中避免可能会遭遇的尴尬。

任务一　中餐礼仪

一、能力目标

(1) 能正确安排中餐宴请的桌次、位次。
(2) 能针对不同的场合和环境，正确使用中餐餐具。
(3) 能自觉遵守中餐进餐礼仪。

二、任务情境

王海的好朋友从国外回来了，王海很热情地请好友来家中吃饭。席间王海不顾好友夫妇的一再推托，非常热情地为好友夫妇夹菜。王海在吃肉骨头的时候突然有肉渣塞进了牙缝，于是拿起桌上的牙签当众剔牙，还将剔出的肉渣放在了桌上。

学习要求

请几位同学说说王海的表现是否符合礼仪规范，他应该怎样做才正确？

三、相关案例

【案例1】

> 严非今天心情特别好，要去参加同学聚会。聚会时气氛非常热烈，大家都在回忆过去的美好时光。吃饭时，严非发现曾住他下铺的小武吃饭时发出"吧唧吧唧"的声音，还边吃边说，唾沫横飞。吃完后，小武伸了伸懒腰，做出很满足的样子，打了一个响嗝。严非的心情顿时暗淡下来。

讨论

针对此案例谈谈你的看法，严非的心情为什么会顿时暗淡下来？

【案例2】

由于市场竞争激烈，蓝天和创意这两家策划公司对某机电公司即将进行的车展策划都是志在必得。于是蓝天公司的李总就约了机电公司的王总在银都酒店三楼中餐厅吃饭。

李总和秘书小刘刚到银都酒店三楼中餐厅的一号房间，王总也到了，双方问好就座后，小刘便叫来服务员开始点菜。15分钟后，小刘点好菜对王总说："王总，我也不知道这些菜合不合你的口味，你看还要再点些其他的吗？"王总说："不必了。"

在吃饭过程中，小刘为了表示热情就用自己的筷子不停地给王总夹菜，当两位老总谈话逐渐深入时，小刘把筷子随意地横放在碗上为两位老总添加饮料，由于加饮料时没有给予提示，差点把饮料洒在王总身上。

不久，李总收到了王总发来的邮件，内容是：本来我还在犹豫该选择哪家公司为我公司策划车展的事，现在我已经决定了，我是不会和一家礼仪如此差的公司合作的。李总有些莫名其妙。

讨论

请全班同学帮助李总分析一下，为什么王总认为他们不懂礼仪？

四、知识链接

中国的宴饮礼仪可谓源远流长，而中国又讲究民以食为天，因此，饮食礼仪自然就成为中华饮食文化的一个重要组成部分。

在现在的社会交往活动中，宴请是最常见的交际活动，在整个社交礼仪中占有非常重要的地位。人们为了联络感情，为了庆祝成功，为了欢迎或答谢别人等，往往都会举行一定的宴请活动。在宴请活动中，无论是作为主人还是客人，都必须重视餐饮礼仪。

(一)中餐宴请的类型

宴请的规格和类型，主要依据宴请的目的与出席者的身份来确定。一般中餐宴请的类型有宴会、便宴、家宴和工作餐等。

1. 宴会

宴会是一种隆重而正规的、讲究排场与气氛的大型聚餐活动，它往往是为宴请专人而精心安排的，在比较高档的饭店或其他特定的场所举行。其礼仪要求比较严格，如对于到场人数、席位排列、菜肴数目、宾主致辞等，往往都有十分严谨的要求和讲究，规格、档次较高。

2. 便宴

便宴是一种非正式宴会。它的形式比较简单，不注重规模、档次。一般来说，它只安排相关人员参加，不邀请配偶，对穿着打扮、席位排列、菜肴数目往往不作过高要求，而且也不安排音乐演奏和宾主致辞，只需注意用餐环境和卫生条件即可。一般来说，宴请过

项目七 餐饮礼仪

程中,大家比较随便,气氛轻松愉快,更适合日常的友好交往。

3. 家宴

家宴即在家里举行的宴请活动。逢年过节或平时聚会,人们往往喜欢邀请关系很好的亲戚、朋友到家里做客,营造一种特别亲切、友好的气氛,以进一步增进交流、加深感情。一般来说,家宴常常是由主人亲自下厨,做出自己拿手的菜肴来招待客人。当然,客人如果想露一手也未尝不可,因为家宴没有什么特别的规定和要求,只要大家感到轻松、愉快就好。家宴礼仪讲究最少。

4. 工作餐

工作餐是现代生活中经常采用的一种非正式的宴请形式,是在商务交往中具有业务关系的合作伙伴,为进行接触、保持联系、交换信息或洽谈生意而通过用餐的形式进行的商务聚会。换言之,是利用进餐的时间和形式,边吃边谈有关工作。

因为工作餐是双方或多方为洽谈工作而进行的聚餐,所以就餐人员大多是与工作有关的领导、技术人员和其他工作人员,不适合与工作无关的人员参加,进餐时一般不排座次,形式灵活、自由。

当然,要使宴请活动安排合理、井然有序、妥帖圆满,事先的充分准备和过程中的有效控制都至关重要。

(二)设宴及邀请礼仪

一旦决定要举行宴请活动之后,首先要考虑的问题就是邀请哪些人出席宴请活动,即宴请对象。

宴请对象主要根据宴请活动的目的来确定。宴请的目的多种多样:有的是为了表示欢迎、欢送、答谢;有的是为了表示庆祝、纪念、节庆聚会、工作交流、会议闭幕;还有的是专门为了某一件事、某一个人等。明确了目的,请哪些人参加,请多少人参加也就心中有数了。最好是单独宴请特定的一方,这样能使对方感到被尊重、被重视。如果要邀请多方参加,应当充分考虑被邀请各方之间的关系,尽量避免关系不好的双方出席同一宴请活动,特别是比较小型的宴请活动,以免使各方感到难堪而出现尴尬局面,影响宴请的气氛。

确定了宴请对象,接下来便要考虑宴请的日期和具体时间了。要给宴请选择一个"黄道吉日",并不是件非常容易的事,选择最佳宴请时间,争取最佳宴请效果,这是人们努力追求的目标。

宴请日期和时间的确定应该照顾到出席宴请活动的大部分人的生活习惯。一般要避开客人工作最繁忙或是有重要活动的日子和时间段,也要注意避免对方有禁忌的日子。例如:对于日本人、韩国人,宴请日期要避免"4"和"9";对信仰基督教的人士要避免"13";而对伊斯兰教徒,要避免他们的斋戒日等。

在确定日子的时候,主要依据客方的具体情况来确定,特别是主宾的实际情况,应尽量先和客人特别是主宾进行协商。为了表示自己的诚意，也可以提供几个时间以供选择，共同商量并确定最后的日期和时间，使大家都满意，这既显得礼仪周全，又能保证宴会如期进行。

另外，用餐地点的选择也非常重要。地点的选择主要考虑两个因素：一是环境因素，尽可能选择环境幽雅的地方，如果用餐地点的档次太低，环境不好，即使菜肴再好，也会影响宴请效果；二是卫生状况，一定要选择卫生条件好的酒店、餐馆，如果用餐条件太差，让人吃起来很不放心，影响大家的食欲，同样会影响宴请效果。

宴请的各项准备工作基本就绪后，就可以发邀请函了，这也是宴请的一项重要内容。

非正式的宴请一般只需口头或电话邀请，征得对方同意后就可以进行。而正式宴请都要发送请柬或请帖，这既是一种礼节，也可对被邀请者起到提醒与备忘的作用。请柬上应注明邀请人的姓名、被邀请人的姓名、尊贵的称呼、宴请的时间、宴请的地点或其他提示等。

请柬至少应提前一周发出，以便被邀请人提前安排好自己的时间。需要安排座次的宴请必须在请柬上注明要求被邀请人答复能否出席，正式宴会在请柬上还要注明桌次、位次号。

为了表达主人的诚意，也为了减少活动的失误，在宴请的前一天，还应打电话给被邀请者，进行确认，询问一下请柬是否收到，对方能否出席等。如果对方能够出席宴请活动，则应向对方表示感谢；如果对方不能前来，除了表示遗憾之外，也应表示对对方的理解。

(三)中餐的席位排列

安排宴会，桌次、位次的排列也是不容忽视的，这是中国饮食文化中很重要的一部分。凡正式的宴会，事先都应该安排好桌次和位次，并且通知每个人，以便客人心中有数。有的宴会只安排部分主要宾客的席位，其他人只安排桌次或自由就座。

席位的排列，又可以分为桌次排列与位次排列两个具体方面。根据社交礼仪的规范，两者各有不同的具体要求。

1. 桌次排列

在中餐宴请活动中，大多使用圆桌。采用两张及两张以上圆桌安排宴请时，便出现了桌次的尊卑问题。桌次的尊卑次序，大致会出现以下几种情况。

1) 两桌组成的小型宴请

(1) 当两桌横排时，面对正门右边的为第一桌，左边的为第二桌，即遵循"以右为尊""以左为卑"的原则，如图7-1所示。

图7-1　两桌横排时的桌次尊卑

(2) 当两桌竖排时，桌次的高低讲究离正门越远越高，离正门越近越低，即遵循"以远为上""以近为下"的原则，如图7-2所示。

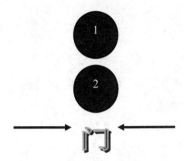

图 7-2　两桌竖排时的桌次尊卑

2) 三桌或三桌以上的宴请活动

在安排多桌宴请的桌次时，要注意"以门定位""以右为尊""中间为大""以远为上"等原则。

(1) 当三桌横排时，中间那桌为第一桌，面对正门的右桌为第二桌，最左边的为第三桌，即遵循"居中为大""以右为尊"的原则，如图 7-3 所示。

(2) 当三桌竖排时，中间的那桌为第一桌，离门最远的为第二桌，离门最近的为第三桌，即遵循"以中为大""以远为上"的原则，如图 7-4 所示。

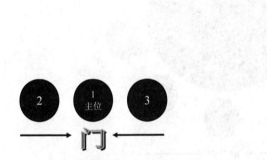

图 7-3　三桌横排时的桌次尊卑

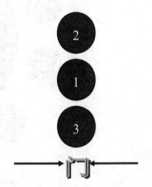

图 7-4　三桌竖排时的桌次尊卑

(3) 当三桌以上的桌次进行排列时，讲究"面门定位""以右为上""居中为上""以远为上"的原则，如图 7-5 和图 7-6 所示。

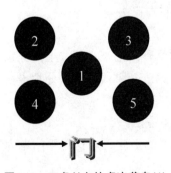

图 7-5　三桌以上的桌次尊卑(1)

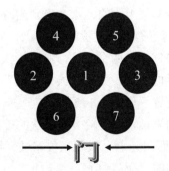

图 7-6　三桌以上的桌次尊卑(2)

为保证就餐者及时、准确地找到自己所在的桌次，可以在请柬上标明桌次，桌次号码应用阿拉伯数字书写，并在宴会厅的入口处悬挂宴会桌次图。另外，还要安排领位员引导来宾就座。

2. 位次排列

宴请时，每张餐桌上的具体位置也有主次尊卑的区别。

1) 每桌只有一个主位的排列方法

这种排列方法一般遵循"面门为上""以右为尊"的原则，主人在主位上就座，第一主宾坐在主人的右手位置，第二主宾坐在主人的左手位置，其余客人按此顺序排列下去，如图 7-7 所示。离主位越近的位次越高，离主位越远的位次越低。如果遇到主宾身份高于主人的情况，为了表示对主宾的尊重，可以让主宾坐在主人的位子上，而主人坐在主宾的位子上。

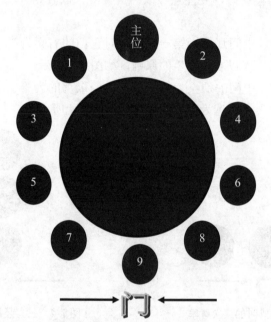

图 7-7　每桌只有一个主位的位次尊卑排列方法

一般来说，如果是多桌中餐，则每桌都有一位主人或招待人员负责照应，其两侧的座位是留给本桌上宾的，除非受到邀请，其他赴宴者不宜自己去坐。

2) 每桌有两个主位的排列

如果每桌有两个主位，第一主人坐在面对正门的位置，第一、第二主宾分别坐在其右手和左手的位置。第二主人则坐在背对正门的位置，第三、第四位客人分别坐在其右手和左手的位置，如图7-8所示。

总的来说，所见较多的位次的排列，主要遵循以下方法。

(1) 面门为上。依照礼仪习惯，则应以面对正门者为上座，以背对正门者为下座。这就是所谓的"面门为上"。

(2) 右高左低。当两人并排就座时，通常以右为上座，而左为下座。这是因为中餐上菜时多以顺时针方向为上菜方向，居右而坐者要比居左而坐者优先受到照顾。

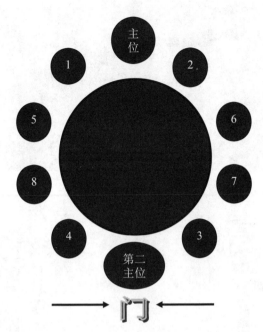

图7-8 每桌有两个主位的位次尊卑排列方法

(3) 中座为尊。当三人一同就餐时，居于中座者在位次上要高于其两侧的就座者。这种位次排列法称为"中座为尊"。

(4) 观景为佳。在一些高档餐厅用餐时，在其室内外往往有优美的景致或高雅的演出，可供用餐者观赏，此时，应以观赏角度最佳之处为上座，此即"观景为佳"。

(5) 临墙为好。在某些中低档餐馆用餐时，为了防止过往侍者和食客的干扰，通常以靠墙之位为上座，以靠过道之位为下座，这种位次排列称为"临墙为好"。

正式的宴请活动，为了方便来宾准确、无误地就座，除了宴会的服务人员、招待人员以及主人要及时地引导指示外，应在每位来宾座位正前方的桌面上事先放置座位卡，用醒目的文字书写来宾的姓名。举行涉外宴请时，座位卡应以中、英文两种文字书写。我国的惯例是，中文写在上面，英文写在下面。必要时，座位卡的两面均应用中、英文书写用餐者的姓名。

(四)中餐的餐具

中餐的餐具主要有杯、筷、匙、盘、碗等。

1. 杯

杯又称杯子，是盛液体的器皿，多为圆柱状，或下端略细，主要用于盛水、酒以及饮料等。

杯子可以分为白酒杯、红酒杯(见图 7-9)、水杯(见图 7-10)、啤酒杯(见图 7-11)等，分别用来盛白酒、红酒、水和啤酒。

图 7-9　红酒杯

图 7-10　水杯

图 7-11　啤酒杯

2. 筷

筷子，也叫"箸"，在中餐中是夹取食物的用具。它可以是用竹子做成的，也可以是用木头制成的，还可以用金、银或不锈钢制作而成(见图 7-12)，等等。一般情况下，我们在使用筷子时，是用右手握筷，大拇指和食指握住筷子的上端，其他三根手指自然弯曲扶住筷子，并且筷子的两端一定要对齐。和人交谈时，应放下筷子，不能一边说话，一边挥舞筷子，更不能用筷子指人。用餐完毕，应整齐地放好筷子，并应等主人示意散席时方可离座，不可自己用餐完毕，便扔下筷子离席。

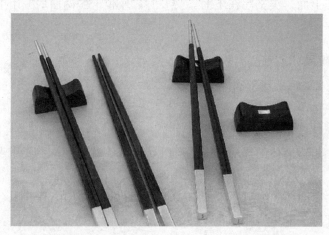

图 7-12　筷子

3. 匙

匙,又称勺子,如图 7-13 所示。考古发现,最早的勺子是在 7000 年以前的河姆渡文化遗址中发现的,用骨头做成。这样说来,勺子应该算是历史最悠久的用餐工具了。

图 7-13 饭勺

在中餐中,勺子是用来辅助提取食物的,尤其是羹、汤或滑溜的食物等。用筷子夹取食物时也可以用勺子辅助。用勺子舀取食物时,不宜盛得过满,免得汤汁溢出来弄脏餐桌或自己的衣服。舀取食物后,可以在原处停留片刻,等汤汁不再往下滴时再移回来享用。

用勺子舀取食物后,要立即食用或放入自己的碟子里,不可再将食物倒回原处。如果取用的食物太烫,不可用勺子去搅拌,也不可用嘴去吹食物,而是放到自己的碗里等凉了以后再吃。切不可把整只勺子塞进嘴里,或者反复吮吸、舔食。

使用匙时,还要注意不要碰撞碗、盘发出声响。汤匙不用时应平置于食盘上,不要让它在汤碗中"立正",或直接放在餐桌上。

4. 盘

盘,又叫作盘子(见图 7-14),是用来盛放食物的。使用时,一次取菜不宜过多,不要把夹来的菜肴放在一起,这样既不好看,又不好吃,有时还会串味。骨、刺以及不吃的残渣,不要吐在地上或桌上,应该用筷子等用具托送出来,轻轻地放在渣碟里。

5. 碗

碗作为人们日常必需的饮食器皿,在中餐里主要是用来盛放食物和羹汤的,如图 7-15 所示。进食时,不要把碗端起来,尤其不要双手端碗。碗里有食物时不要直接用手去取食,更不能直接用嘴去舔食。碗内若有剩余食物时,不可直接倒入口中。

图 7-14 盘子

图 7-15 木制碗筷

6. 湿毛巾、餐巾、餐巾纸、牙签、水盂的使用规范

(1) 湿毛巾在餐前只能用来擦手，不能用来擦脸、擦嘴。一般在就餐将要结束时，送上来的湿毛巾才是专门擦嘴的，但不宜擦脸抹汗。

(2) 餐巾的使用是为了防止衣服被弄脏，应该把它平铺在大腿上，不要把它围在脖子上或别在腰带上。餐巾折起的内侧可以用来擦嘴或手。

(3) 餐巾纸主要用来擦嘴或手。不要用自己的纸巾，更不能用卫生纸代替。

(4) 席间牙签要在万不得已的时候使用，用时注意以手或餐巾遮掩口部。

(5) 水盂，即洗手碗。它是在用餐期间洗手用的，千万别把它当清水或饮料来饮用。正确的做法是：进食海鲜等带有腥味的食物后，可将双手指尖轮流放入碗中清洗，然后用餐巾擦干。

(五)中餐的宴请程序

非正式宴请活动不需要讲究严格的程序，但较正式的宴请活动则要按一定的程序来进行。一般有这样一些程序。

1. 迎宾

宴会开始前，主人应站在大厅门口迎接客人。客人来到后，主人应主动上前握手问好，以表示对客人的欢迎。

2. 引导入席

迎进客人后，主人将客人引向休息厅或宴会厅。一般是主人陪同主宾进入休息厅或宴会厅的主桌，接待人员引导其他客人入席。可以是主人陪同主宾进入宴会厅后，先在主桌入座，其他人员陆续入座；也可以等主桌以外的客人都坐定后，主桌人员再入座。

3. 致辞、祝酒

正式宴会一般都有致辞和祝酒。我国的习惯是在开宴之前讲话、祝酒、客人致答谢词。在致辞时，全场人员要停止一切活动，聆听讲话，并响应致辞人的祝酒，在同桌之间互相碰杯。这一般表示宴会正式开始。

4. 用餐

主人应努力调节宴会气氛，注意不时地选择恰当的话题进行交谈，使整个用餐过程愉快、有趣。还要注意主宾用餐时的喜好，根据大部分人的情况掌握好用餐的进度。

5. 送别

用餐完毕，主人和主宾起身离座，互相致谢，宴会结束。按惯例，宴请结束是不用宣布的。当客人告辞时，主人应热情相送，并感谢他的光临。

宴会是否成功，主人处于主导地位，主人要以客人的需要、习惯、兴趣来安排一切，而应邀赴宴的客人的密切配合也是不容忽视的。

(六)赴宴礼仪

1. 应邀要尽早回复对方

接到邀请后,你能不能出席,都应该尽早作出答复。不能出席的,要婉言谢绝并对对方表示遗憾和谢意;接受邀请后,就不要随意改动,要按时出席。如果临时有事不能前往赴约,要尽早向主人解释,并深表歉意。如果你是主宾,又不能如约参加宴请活动,更应该郑重其事地道歉。

2. 恰当地修饰仪容、仪表

参加宴请活动前,要根据宴请活动的规格和要求适当地装扮自己,以表示对主人以及参加宴会者的尊重。正式的宴会,主人在请柬上都会注明服装要求,赴宴前要特别注意,并按要求着装。普通宴请,尽管没什么严格规定,穿着也不能过于随便,当然也不能珠光宝气,要尽量和宴请规格、宴请场合、宴请气氛相吻合。不要涂抹、喷洒气味过于浓烈的香水,以致让香水味掩盖了菜肴的香味。

3. 按时出席宴请活动

按时出席宴请活动是最基本的礼貌。赴宴迟到是非常失礼的,有时候一个人的迟到会影响所有人的进餐,而且按时出席也是对主人的尊重。当然也不能去得太早,如果去得太早,也许主人还未做好充分的准备,会让人手忙脚乱。

4. 席上礼规

进餐前,女士要注意擦掉自己的口红。进餐时,应将食物小口小口地送入口中,细嚼慢咽,而不要大口大口地狼吞虎咽;汤、菜太烫时,不要用嘴去吹,应放在碗里凉后再吃;喝汤的时候,不要发出"呼噜呼噜"的响声,嘴里有食物时不要说话;在餐桌上,手势、动作幅度不宜过大,更不能用餐具指点他人;使用餐具时,动作要轻,不要相互碰撞;不要伸懒腰、打哈欠,毫无控制地打饱嗝;餐具不慎碰掉,不必拾起,也无须向服务员道歉,应做到不动声色;感觉再热,也不要在用餐时脱衣服、解纽扣,尤其是女士更应注意这一点。

5. 席间祝酒

敬酒时应按身份地位的高低由高而低,或者按座次顺序依次进行;碰杯的时候,主人与主宾先碰;人多的时候可同时举杯,无须一一碰杯;身份地位低的人举杯高度应低于身份地位高的人,男士举杯高度应略低于女士;主人致辞时应暂停饮酒或进餐。

6. 席间谈话

边吃边谈是宴会的重要形式,应当主动与同桌人交谈,不可一句话都不说,让人觉得你是为吃而来;不要只同个别人交谈,或者只和自己熟悉的人交谈;说话声音不能太大或哈哈大笑或窃窃私语;也不要一边说话一边进食;在交谈的时候,要选择轻松、愉快的话题,不要选择过于严肃、沉重甚至让人感到悲伤、难过的话题,以免影响大家的心情和胃

口，也不能对宴会和饭菜妄加评论。

7. 退席

用餐完毕，等主人示意宴会结束时，客人才能离席。客人应向主人道谢、告别，如"谢谢您的招待""您太好客了""菜肴非常丰盛"等，并向其他客人告别。如果客人有事要提前离席，则应向主人及同席的客人致歉。

(七) 中餐的禁忌

(1) 举止应庄重文明，无论站姿还是坐姿都要端正，入座后姿势也应端正，脚不可随意向前伸直，手肘不得靠近桌的边缘，或将手放在邻座的椅背上。不要东倚西靠，不要跷二郎腿，更不要晃来晃去；切忌用手指或刀叉指指点点；在公共场所不能随便脱掉上衣，松开领带或挽起袖子。

(2) 当主人起身敬酒时，应停止进餐，认真倾听。主人和主宾先碰杯，人多时可同时举杯示意。在主人没有举杯时，请不要自斟自饮，且饮酒切忌过量；喝酒宜随意，敬酒以礼到为止，不要硬劝强灌，切忌劝酒、猜拳、吆喝。

(3) 吃食物时，不要将汤水、渣沫溅到他人身上；用餐具取菜、喝汤或吃菜时要轻拿轻放。遇有意外，如不慎将酒、水、汤汁溅到他人衣服上，表示歉意即可，不必恐慌赔罪，以免使对方难为情。

(4) 宴会上严禁随地吐痰、扔烟头；应避免在餐桌上咳嗽、打喷嚏。若咳嗽、剔牙、打喷嚏，应用手或餐巾把嘴遮住，万一打了喷嚏，应说声"对不起"。切忌用手指剔牙。

(5) 如吃到不洁或有异味的食物，不可直接吐出，应用筷子从嘴里托出，放入渣碟；尚未就餐前若发现盘中的菜肴有昆虫或碎石，不要大惊小怪，宜轻声告知侍者更换。

(6) 就餐过程中，不宜抽烟，如需抽烟，须先征得邻座的客人同意。

五、模拟任务训练

(1) 结合所学的中餐礼仪知识，理论联系实际，自设场景，模拟客人入座排序。

学习要求

在整个活动过程中要体现中餐宴请位次安排的礼仪规范。教师从旁进行指导，学生之间也可以相互观摩和学习，使之符合规范。

(2) 根据中餐礼仪进餐的禁忌事项，由学生自设情境，编成小品，分角色扮演，让学生在演练中再次明确中餐进餐时的注意事项。

学习要求

学生要熟记进食中餐的注意事项。分组进行表演，然后互评总结。

项目七 餐饮礼仪

(3) 学生自设情境,分组演练用餐后主、客双方应该如何离席。

📚 学习要求

在情境演练中明确主、客双方离席的礼仪要求。

六、思考题

(1) 李小姐是威胜公司新聘用的公关部经理,她上任后的第一个任务是负责宴请公司的俄罗斯客人。请问,她应该怎样安排才能让俄罗斯的客人满意呢?

(2) 在中餐中,为什么禁忌吃鱼翻身,将筷子垂直插入饭碗中?

(3) 如果一位男服务员不小心把菜汤洒在一位女士的身上,他应该怎么做才不会失礼?

任务二 西 餐 礼 仪

一、能力目标

(1) 能正确安排西餐宴请的桌次、位次。
(2) 能正确使用西餐餐具。
(3) 能自觉遵守西餐进餐礼仪。

二、任务情境

某公司林总请刚回国的朋友刘先生吃饭,叫秘书小欧去安排,小欧便安排在上岛西餐厅吃西餐。

在吃西餐时,小欧把餐巾围在了衣领前。为了对刘先生的到来表示欢迎,她一口气喝完了餐前的开胃酒,而林总和刘先生只是随意地喝了一点点,刘先生略显惊讶地说:"欧小姐真是好酒量啊!"林总却尴尬地笑了笑。在吃饭过程中林总与刘先生聊得十分开心,小欧嘴里含着还没有咽下去的食物,手里摇晃着刀叉时不时插上几句。中途小欧外出接电话时就把刀叉和餐巾往桌上一丢,说:"不好意思,我先离开一会儿。"

📚 学习要求

分小组评价小欧吃西餐时的言行举止,然后分角色演示正确的做法。

三、相关案例

【案例】

老张的儿子留学归国,还带了个洋媳妇儿回来。为了讨好未来的公公,这位洋媳妇儿一见面就诚惶诚恐地张罗着请老张一家到当地最好的四星级饭店吃西餐。

用餐开始了,老张为了在洋媳妇儿面前显示自己也很讲究,就用桌上一块"很精致的布"仔细地擦了自己的刀、叉。吃的时候,学着他们的样子使用刀、叉,既费劲又辛苦,但他觉得自己挺得体的,总算没丢脸。用餐快结束时,习惯吃饭喝汤的老张盛了几勺精致小盆里的"汤"放到自己碗里,然后喝下。洋媳妇儿先是一愣,紧跟着也盛着喝了,而他的儿子早已是满脸通红。

❓讨论

老张在吃西餐的过程中到底哪里做得不对?

四、知识链接

说起西餐,总让人联想到烛光、红酒、钢琴、牛排、沙拉、奶油蘑菇汤和醇香的咖啡……与中餐相比,西餐礼仪的烦琐可不仅仅是筷子和刀、叉的区别。人们常说,西餐吃的是情调,但是对于很多人来说,情调没吃出来,问题却一大堆。如面对三四副刀、叉该如何使用,餐具的摆放又有哪些讲究,干净的餐布到底有哪些用途,点菜又有什么技巧等。

(一)西餐的概念

我们通常所说的西餐是对西方国家餐饮的一种统称,其基本特点是以面包为主食,要用刀、叉进食,多使用长方形桌台进餐。实际上,西餐不仅包括西欧国家的饮食菜肴,还包括东欧、美洲、大洋洲、中亚、南亚大陆以及非洲等地的饮食。

西餐的主要特点是主料突出、形色美观、口味鲜美、营养丰富和供应方便等。

(二)西餐的礼节

1. 进入餐厅的礼仪

进入西餐厅,应等候侍者带领入座,不可自行就座,正式的西餐厅会要求客人事先订位。入座时习惯上由左侧入座,男士应协助女士入座,帮女士拉出椅子,等女士就座后再入座。如果是正式的西餐厅,要求着正装,男士穿西装、打领带,女士穿套裙,尽量不着裤装。入座后,身体要保持端正,手肘不要放在桌面上,不可跷足,身体与餐桌的距离以两个拳头为佳,女士双脚要并拢,男士双腿可微张,男士上身可以轻靠椅背,而女士最好保持笔挺的坐姿,不要把整张椅子都坐满。不要随意摆弄餐桌上已摆好的餐具。女性随身携带的皮包应置于椅背与自己的背部之间,不可放在餐桌上,那是非常不礼貌的。

2. 西餐座次排列

1) 西餐座次排列的规则

西餐的桌次排列与中餐既有相同之处,也有相当大的区别:中餐多使用圆桌,而西餐一般用方桌、长桌或由其拼成各种图案的桌型。其中,最常见、最正规的西餐桌当数长桌。西餐座次排列的基本规则如下:

(1) 女士优先。

在西餐礼仪里，女士处处备受尊重和照顾，这也是西方绅士风度的体现。如果男女两人同去餐厅，男士应请女士坐在自己的右边，还得注意不可让她坐在人来人往的过道边。若只有一个靠墙的位置，应请女士就座，男士坐在她的对面。如果是两对夫妻就餐，女士们应坐在靠墙的位置，先生们则坐在各自夫人的对面。如果两位男士陪同一位女士进餐，女士应坐在两位男士的中间。

在正式的宴请活动中，座位的排列以女主人为准，女主人坐在上位，而男主人则须退居第二主位。男女主宾分别坐在女主人和男主人的旁边。

(2) 恭敬主宾。

在西餐中，主宾极受尊重。即使用餐的来宾中有人在身份、地位、年纪方面高于主宾，主宾也仍是主人关注的中心。在排列位次时，男、女主宾应分别紧靠着女主人和男主人就座，以便受到很好的照顾。

(3) 以右为尊。

在排定位次时，以右为尊是基本规则。就两人而言，右位高于左位，所以安排女主宾坐在男主人的右侧，男主宾坐在女主人的右侧。

(4) 距离定位。

西餐桌上位次的高低，往往是根据离主人座位的远近来定的，离主人座位越近的位次越高，离主人座位越远的位次越低。

(5) 面门为上。

和中餐一样，面门而上是指面对餐厅正门的位置为上位。

(6) 交叉排列。

西餐用餐惯例是男女交叉安排座位，所以用餐人数最好是偶数，并且男女人数相同。

2) 西餐长桌、方桌座位的具体排列方法

(1) 西餐长桌座位的排列方法。

西餐长桌座位的排列一般有两种方法：一是男女主人分坐于长桌两端，如图 7-16 所示；二是男女主人对坐于长桌横面的中央，其他男女宾相间入座，如图 7-17 所示。此外，两端可以坐人，也可以不坐人。

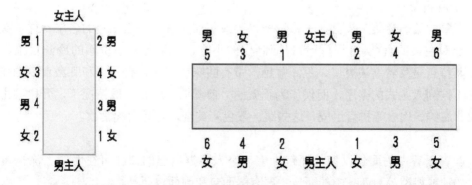

图 7-16 西餐长桌座位的排列方法(1)　　图 7-17 西餐长桌座位的排列方法(2)

(2) 西餐方桌座位的排列方法。

以方桌排列位次时，就座于餐桌四面的人数应相等。一般每侧各坐两人的情况比较多见。排列座位时，应使男、女主人与男、女主宾对面而坐，所有人都与自己的恋人或配偶坐成斜对角，如图7-18所示。

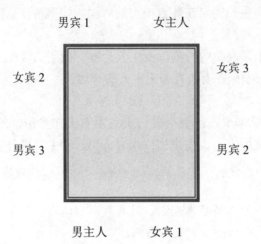

图7-18 西餐方桌座位的排列方法

一般宴请安排位次，可只安排部分客人的位次，其他人只安排桌次或自由入座。无论采用哪种做法，都要在入席前通知每一位出席者，使大家心中有数，现场应有人引导。

大型的宴会，最好是排好席位，在宴会厅入口悬挂宴会桌次和位次排列示意图，以免造成混乱。入席时不要随意乱坐，一般要等待安排或主人的招呼。如果请柬上写明了桌次和席位，也别急着就座，要等主人或主宾入座后才能入席。

3. 西餐菜序

品尝西餐，首先要弄明白西餐的菜序问题。西餐的菜序，在此是指西餐用餐的先后顺序。与中餐、日本料理、韩国料理等东方国家的餐式相比，西餐的菜序具有明显的不同。

西餐正餐，尤其是在正式场合所用的正餐，菜序复杂多样，一般由八道菜肴组成，一顿内容完整的正餐一般需要1~2小时。

1) 开胃菜

西餐的第一道菜是头盘，又称为开胃菜或餐前小食品。正如它的名字一样，头盘是为了引起对主菜的食欲，以打开胃口而制作的小吃，包括各种小份额的冷开胃菜、热开胃菜。其特点是菜肴清淡爽口、色泽鲜艳、带有酸味或咸味，有开胃和刺激食欲的作用。有时它不被列入正式的菜序，而仅作为正餐的"前奏曲"。在一般情况下，开胃菜由蔬菜、水果、海鲜、肉食等拼盘组成，这些菜一般色彩美观，容易引起食欲。

2) 面包

西餐正餐中的面包以切片面包为主，个人根据自己的口味可在面包上涂抹黄油、果酱、奶油或奶酪等。西餐中的面包主要有鲜面包和硬面包两种。

3) 汤

汤是西餐的"开路先锋",一般口感芬芳浓郁,具有较好的开胃作用。开始喝汤标志着西餐正餐正式开始。西餐的汤主要分为两大类:浓汤和清汤。浓汤的特点是味道浓郁、口感顺滑、营养丰富。具有代表性的汤有奶油蘑菇汤、西蓝花汤、土豆汤等。清汤最主要的特点是营养极高,是指将含有鲜味成分的各种基础汤,加入富含蛋白质的原料,如鸡蛋清、瘦肉末等,通过煮制,清除汤中的杂质,从而制成的一种清澈、透明、味道鲜美的汤品。

4) 主菜

作为西餐的"主旋律",西餐的主菜分为冷菜和热菜两种。正规的西餐中,一般有两道主菜,一道为鱼菜,另一道为肉菜。肉菜可谓重中之重,一般以牛排、猪排、羊排为主,它标志着本次餐饮的档次与水平。

5) 点心

点心放在主菜之后,意在使没有吃饱的人填饱肚子,一般包括蛋糕、饼干、馅饼、三明治等。

6) 甜品

常见的甜品有布丁、冰激凌等。

7) 水果

在食用西餐时,进食水果的方法与日常生活中的吃法大不一样。吃水果要用水果刀,禁止用手去拿水果,而且水果的品种也很多,吃法也各式各样。比如,吃苹果和梨时,先用水果刀将它切成一小块一小块,再用叉送入口中;吃香蕉时,应先剥皮,再用刀切成小块,然后用餐叉叉着吃。

8) 热饮

西餐通常将热饮放在最后,以帮助消化。最正规的热饮是红茶或黑咖啡。

4. 西餐的餐具

1) 餐具的摆放

西餐的主要餐具有刀、叉、餐匙、餐巾、盘、碟、杯等。餐具一般在就餐前都已摆好。西餐餐具的摆放有一定的规矩。如图 7-19 所示,中央摆放食盘或汤盘,餐巾一般置于食盘的上面或插在水杯内。盘右边摆刀、汤匙,盘左边摆叉子。杯子摆在食盘的右上方,最大的是装水用的高脚杯,次大的是红葡萄酒杯,而细长的玻璃杯是白葡萄酒杯,有时也会摆上香槟或雪莉酒所用的玻璃杯。不同的酒使用不同的酒杯,宴会有几种酒,就配几种酒杯,沿一条斜线排列。面包盘和奶油刀摆放在盘的左上方,刀刃要向内,食盘正前方放喝咖啡或吃点心所用的小汤匙和刀叉。刀叉数目应与上菜道数相等,并按上菜顺序由外向内排列,刀口向内。用餐时按由外向内的顺序使用刀叉,吃一道菜,换一套刀叉,撤盘时,要一并撤去使用过的刀叉。

2) 西餐餐具的使用

(1) 刀叉的使用。

① 刀叉的持法。用刀时,应将刀柄的尾端置于手掌之中,以拇指抵住刀柄的一侧,

食指按在刀柄上，但须注意食指绝不能触及刀背，其余三指则顺势弯曲，握住刀柄。持叉应尽可能持住叉柄的末端，叉柄倚在中指上，中间则以无名指和小指为支撑。叉可以单独用于叉餐或取食，既可用于取食某些头道菜和馅饼，也可用于取食那种无须切割的主菜。一般刀叉的使用有两种常规方法可供借鉴：英国式和美国式。

图 7-19　西餐餐具的规范摆放

英国式的具体做法是：在进餐时，始终右手持刀，左手持叉，一边切割，一边叉而食之。通常认为，这是一种较为文雅的进餐方式。

美国式的具体做法则是：先是右刀左叉，一口气把餐盘里要吃的东西全部切好，然后把右手的餐刀斜放在餐盘前方，将左手中的餐叉换到右手，再以之大吃一气。这种方式的好处是比较省事。

不论采用上述哪种方式，在以刀叉用餐时，都要注意在切割食物时不可以弄出声响，要切忌双肘下沉。切割好的食物，应刚好适合入口。切不可直接叉起食物一口一口咬着吃。并且应当以叉铲着吃，不能用刀扎着吃。掉落到地上的刀叉切勿再用，可请侍者另换一副。

② 刀叉的使用顺序。从外侧依次向内取用。在宴会中，每吃一道菜用一副刀叉，刀叉摆放的顺序正是每道菜上桌的顺序。刀叉用完了，上菜也结束了。如果不知如何取用刀叉，不妨观察主人，主人取哪种刀叉，你就跟着取用。

③ 刀叉的暗示作用。刀与叉，除了将餐食切开送入口中之外，还有另一项非常重要的作用，即暗示作用。刀叉的摆置方式可以传达出"用餐中"或是"结束用餐"的信息。而服务生正是利用这种方式来判断客人的用餐情形，以及是否收拾餐具、准备接下来的服务等，所以我们要记住正确的餐具摆放方式。暗示尚未吃完的摆放方式：刀右叉左，刀刃朝内、叉齿朝下，二者呈"八"字形摆放在餐盘上，如图 7-20 所示。用餐结束的摆放方式：可将叉子的叉齿朝上，刀子的刀刃朝内，刀与叉并排放在餐盘上或刀上叉下并排横放在餐盘上，如图 7-21 所示。这种做法等于告知服务生，请将刀叉及餐盘一并收掉。

项目七　餐饮礼仪

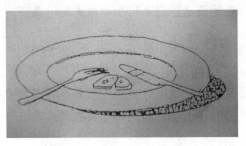

图 7-20　用餐中的刀叉摆放

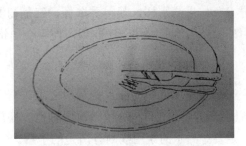

图 7-21　用餐结束后的刀叉摆放

(2) 餐巾的使用。

① 餐巾的放置。餐巾一般在点完餐至第一道菜上菜之间展开，从餐桌上拿起餐巾，平铺在自己并拢的双腿上；如果餐巾比较大，应将餐巾对折成三角形，开口朝外，褶线朝向自己，铺在腿上。折放的整个过程应悄然进行于桌下。

注意，在较正式的宴会，第一个打开餐巾的人是女主人，所以，应该等女主人打开餐巾后才能打开自己面前的餐巾。

有人把餐巾挂在胸前、围在脖子上或塞在腰带里，这都是错误的做法。如果衣服质地较滑，致使餐巾容易滑落，可以在不引人注意的情况下，将餐巾的两端塞在大腿下。

② 不可用餐巾擦拭餐具。这是一种很不礼貌的行为，表示餐具很脏、不卫生，会让主人很尴尬、不愉快。

③ 餐巾的作用。

防止弄脏衣服。在用餐过程中，使用餐巾可避免菜汁、汤汁滴下来弄脏自己的衣服，所以，餐巾可以起到服装的保洁作用。

擦拭口部。用餐巾反折的内侧来擦拭口部。女士在进餐前，需要用餐巾轻擦一下口部，主要是擦去口红，以免在餐具上留下唇印。用餐期间、说话之前或饮用酒水之前，也应先用餐巾擦拭一下自己嘴上的油渍。如果餐巾弄得很脏，就请侍者重新换一条，弄脏餐巾是不会失礼的；相反，使用自己的手帕或面巾纸，却是一种失礼的行为。不要用餐巾擦汗、擦脸或者擦手。

掩口遮羞。在进餐时，要吐出鱼骨或水果的核时，可以用餐巾遮住嘴巴，然后用手指拿出来放在餐盘上；或者直接吐在餐巾内，再将餐巾向内侧折起。确实需要剔牙时，不能当众进行，应以左手拿起餐巾挡住口部，然后以右手去剔牙。这些行为如果不加遮掩的话，是非常失态的。

用来进行暗示。女主人打开餐巾，等于宣布宴会正式开始；女主人把餐巾放在桌上，表示宴会结束。用完餐后，只要将餐巾随意放在餐桌的左侧即可，不必特意折叠好，但也不能随便搓成一团或把餐巾弄得皱巴巴的。用餐途中最好不要离开，如果确实需要中途离座，最好是在上菜的空当，向同桌的人打声招呼，把餐巾放在椅子上再走，表示用餐未完毕，你还会回来继续用餐。

(3) 酒杯的使用。

西餐中使用的酒杯多种多样，共计 20 多种，一般放在用餐者面前餐刀的上方，会放置 3~4 只酒水杯，其中香槟杯、红葡萄酒杯、白葡萄酒杯必不可少。根据每道菜式，按由外侧向内侧的顺序依次取用，便不会出错。

5. 酒水的饮用

在西餐宴请中，酒水是重中之重，它价格昂贵，而且饮用时讲究也颇多，各道菜式都有固定的搭配用酒，每种酒饮用时也应盛放在特定的杯子中。因此，在参加西式宴请前，一定要对酒水的饮用规则有清楚的了解。

按洋酒在西餐中饮用的时机不同，可将西餐宴会上的酒水分为餐前酒、佐餐酒和餐后甜酒三种。

1) 餐前酒

餐前酒又称开胃酒，即一般在正式用餐前饮用，或吃开胃菜时为打开胃口而饮用的酒。较为普遍的餐前酒有鸡尾酒、味美思和香槟酒等。在一般的社交场合，男士多习惯饮用威士忌苏打、威士忌调味酒、马爹利等，女士则以饮雪莉酒为主。

2) 佐餐酒

佐餐酒又称餐酒，是在正式用餐期间饮用的各种酒水。西餐中的佐餐酒只限于葡萄酒，而且以干葡萄酒或半干葡萄酒为主。

3) 餐后甜酒

餐后甜酒是指在用餐之后饮用的酒水。这种酒一般有解油腻、助消化的作用。常见的餐后甜酒为香甜酒，白兰地酒也是餐后甜酒中常见的一种，具有浓、香、烈的特点。

6. 西餐的禁忌

西餐礼仪源于古代宫廷，对人们进食西餐要求极为严格。西餐中举止文雅、行为得体是良好的个人素养的体现。进食西餐时，必须注意以下几个方面。

(1) 就座后不要跷足，不要两脚交叉，不要摆弄餐桌上已摆好的餐具。用餐时，腹部和桌子保持约一个拳头的距离。吃东西时一定要记得抬头挺胸，在食物送进口中时，要以食物就口，而非弯下腰以口就食物。

(2) 用餐时身体不要过于接近餐盘，千万不要把盘、碗端起来——谁都不会来抢你盘子里的食物。应闭嘴咀嚼食物，口中有食物时切忌饮用酒水等饮料。

(3) 在吃西餐的时候，不可以当众解开纽扣，拉松领带或脱下衣服。

(4) 不要用自己的餐具为他人夹菜、盛汤或选取其他食物。

(5) 在用餐时拨弄头发会给人很不干净的印象，当着别人的面打哈欠也是很失礼的。

(6) 吃西餐时不能拒绝对方的敬酒，在对方劝酒时表情一定要热情，即便你不能喝酒也要端起酒杯回敬对方，为表示礼仪，也要与对方碰一下杯，然后把杯子送到嘴边做出喝的动作。不可用双手比画说自己不会喝或不能喝，这是一种没有礼貌的行为。

(7) 吃西餐的席间不许抽烟，只有咖啡上来了，表示宴席结束时，方可抽烟。吸烟时，要看桌上有无烟灰缸，如果没有就表示这里禁止抽烟；即使有烟灰缸，也应先征求左右邻座的同意，这也是尊重他人生命权的表现。

项目七　餐饮礼仪

(8) 在吃西餐的时候，掉在地上的餐具和东西是不用去捡的，正确的做法是请服务生过来替你捡起来。

(9) 打喷嚏时要用餐巾挡一挡，并说声"对不起"。如果和你一起进餐的人咳嗽或呛到，你的神情要若无其事般自然，以免让对方感到尴尬。

(10) 吃西餐时，要注意每个人都有自己的"管辖范围"，每个人只能拿靠近自己的东西。如果你需要远处的东西，应有礼貌地请坐在离那个东西很近的人递给你，而不是自己站起来伸手去拿。

(11) 吃西餐讲究干净。西餐桌上的台布要尽量保持清洁干净，如果有的地方弄脏了，应放一块餐巾盖住。骨头和不吃的东西不能直接放在台布上，而应放在碗里或盘子的一角。

(12) 在西餐桌上不可以剔牙。在西方人看来，当众剔牙是一种不文明的举止，不但会影响别人的食欲，也会破坏自己的形象，所以在西餐桌上一般不准备牙签。如果你有使用牙签的习惯，最好去洗手间剔牙。

(13) 在进餐过程中，不宜把胳膊放在桌子上，这是很不文明的。也不要吃得太快，狼吞虎咽一般。喝酒不要一饮而尽。站起来取菜也是不合适的。手弄脏了，不要乱擦，更不要用嘴去吸吮。

(14) 咀嚼食物时一定要闭着嘴巴，而不能张开嘴巴发出声响。喝汤时要用汤匙一勺一勺地舀汤送入口中，而不能用嘴唇去啜汤，呼呼作响。如果汤太烫，可以等它凉了再喝。

(15) 嘴里含有食物的时候不能和别人说话，要讲话必须先把嘴里的食物咽下去。如果吃一口菜觉得太烫难以下咽，只能喝一口凉水，而不能把食物往外吐。用过的金属餐具都必须放在菜盘上，而不能放在桌布上。

五、模拟任务训练

(1) 设置酒店餐厅模拟场景，让学生扮演餐厅服务员，由其他学生和老师充当就餐的客人。全班分组进行训练，以小组为单位，进行模拟活动，实际操练西餐服务礼仪。

学习要求

在整个活动过程中要体现西餐宴请礼仪的规范。教师从旁进行指导，学生之间也可以相互观摩和学习，使之符合规范。

(2) 模拟西餐正餐的桌次和位次排列。
(3) 模拟西餐上菜顺序及刀叉的使用。

六、思考题

(1) 在西餐就餐过程中，刀叉掉到地上怎么办？
(2) 就餐过程中，碰到食物塞牙或异物入口时，应该怎样处理才不算失礼？
(3) 餐饮中如果碰到主人做感恩怎么办？

任务三　自助餐礼仪

一、能力目标

(1) 能自觉遵守自助餐取菜的礼仪规则。
(2) 能自觉遵守自助餐进餐礼仪。

二、任务情境

有一次王先生出席一家公司的庆典活动。那家公司在庆典活动结束后，为全体来宾安排了一顿丰盛的冷餐会。

王先生在餐台上看到了他喜欢吃的凉拌耳片，就替自己盛了满满的一盘。

可是让王先生不好意思的是，当他端着盛满了凉拌耳片的盘子离开餐台时，每个人都用异样的眼光盯着他。身后还有一个声音："真傻，真丢人。"之后王先生一打听才明白，自己当时的行为有悖自助餐礼仪。在冷餐会、自助餐上为自己取菜肴时，应当一次取一点点。只有在吃完之后，才能一而再、再而三地去取用，不能一次性地取得过多，否则就会被视为不懂礼仪，缺乏教养。

学习要求

请针对以上案例谈谈你的看法，讨论一下案例中涉及的自助餐礼仪知识。

三、相关案例

【案例1】

不久前，张女士带着女儿去吃自助餐，女儿吃完自助餐后觉得餐厅里的奇异果非常好吃，所以就想把它们打包回去，张女士也就照办了。可她发现，自己的举动似乎引来不少异样的目光，并且餐厅里的服务员告诉她这里的东西不能打包带走。

讨论

请几位同学来讲讲对自助餐的认识和了解，并说说为什么自助餐厅里的食物不能打包带走。

【案例2】

在某次大型学术会议的自助午餐上，大家都在依次取菜，迟来的王先生看到大家都在很有次序地取菜，心里觉得好笑，他心里想：自助餐就是不拘一格，随意取菜，为什么还要排队呢？于是他就直接走到排在他前边的学员前面取菜去了。而且他在取菜的时候，还不时地把菜夹起来闻闻又放下。

项目七　餐饮礼仪

?讨论

王先生这样做对吗？

四、知识链接

(一)自助餐的含义

自助餐，有时也称为冷餐会，是一种非正式的西餐宴会，在一些商务活动中可以经常见到。自助餐是一种自己选择取用食物的餐会。由于它的形式不拘一格，来宾可边吃、边走动、边交谈，因此越来越受到中外人士的喜爱。具体的做法是：厨师将烹制好的冷、热菜肴及点心陈列在餐厅的长条桌上，就餐者在用餐时根据自己的喜好随意取食，然后站着或找座位就座，与他人在一起边吃边交流或自己一人独自用餐。

相传这是中世纪海盗最先采用的一种进餐方式，如今世界各地有许多自助餐厅仍以"海盗"命名。自助餐的真正起源是 8 世纪到 11 世纪北欧的纳斯维亚半岛，这里的海盗们性格豪迈、粗野、放荡，讨厌传统西餐中的用餐礼仪，认为那些西餐中的繁文缛节不符合海盗的性格，所以他们要求餐馆将他们所需要的各种饭菜、酒水用器皿盛好，放在餐桌上，然后由他们自己去畅饮豪吃，如果不够就再加。这种特殊的就餐方式，起初被人们所不齿，但随着时间的推移，人们觉得这种方式也有许多好处，对客人而言，用餐时可以随心所欲，想吃什么就吃什么，想吃多少就吃多少，可以不受正规餐食分量的控制；对于餐厅来说，这种方式既节约成本，又可以避免浪费。因此，这种自助式的用餐方式很快便在欧美各国流行起来。

西餐传入中国以后，自助餐的就餐方式自然随之带到中国。这种就餐方式最早出现在 20 世纪 30 年代外国人开的大饭店里，而它与中国老百姓真正的接触，是在中国对外开放以后。新兴的合资饭店、酒店将自助餐加以宣传和推广，使其以形式多样、菜式丰富、营养全面、用餐简便而深受广大食客的喜欢，尤其受到青年和儿童的青睐。

(二)自助餐的安排礼仪

自助餐的安排礼仪是指自助餐的主办者在筹办自助餐时的规范性做法，包括时间、地点的安排，食物的准备以及怎样招待客人等方面的问题。

1. 时间的安排

在交往中，依照国际惯例，自助餐多数被安排在各种正式的庆典活动、商务活动之后。也就是说，自助餐多见于各种正式活动之后，是用来招待来宾的项目，而不是作为一种正规的商务活动的形式出现的。

因为自助餐多在正式的商务庆典活动之后举办，因此举办的具体时间一般很少是晚上，并且每次的时间不宜超过一小时。

根据习惯，自助餐用餐的时间不必有正式的限定，因为只要主人宣布用餐开始，大家便可就餐。在整个用餐过程中，用餐者不必在主人宣布用餐开始之前到场恭候，也不必像正式的宴请那样必须统一退场。用餐者只要自己觉得吃好了，在与主人打过招呼之后随时都可以离去。用餐者可以根据自己的喜好随意挑选食物，或站或坐，随心所欲。

一般来讲，主办单位如果预备以自助餐来招待客人，最好在请柬上注明"自助餐"的字样，使客人有所准备。同时，要一视同仁，不要安排一部分来宾用自助餐，而安排另一部分来宾参加正式的宴请。

2. 地点的选择

举办自助餐可以不必选择正式宴请那样的地点。它的要求是，既能容纳下全部就餐的人，又能为其提供足够的交际空间。自助餐既可安排在室内，也可安排在室外。自助餐大多是在大型餐厅、露天花园举办。

考虑到用餐人员除了用餐外，还要进行必要的交流，因此，除了摆放菜肴的区域之外，还应有一定的用餐空间。这个空间不能过于狭窄，需要根据实际就餐的人数来定。既然是自助餐，是否提供座椅就可以灵活掌握，但最好还是根据客人的多少来提供数量足够的餐桌与座椅，因为有不少的用餐人员，在就餐期间还是希望能有一个暂时的歇脚之处，所以在就餐的地方应当预先摆好适量的桌椅，以方便就餐者使用。

在室外开展自助餐活动时，应当提供一定数量的遮阳伞，这也是有必要的。

此外，要让用餐人员感到环境宜人。在选择地点时，不仅要注意就餐地点的面积、费用等问题，还要考虑到安全、卫生等问题。

3. 食物的准备

一般的餐桌上供应的菜肴大概有冷菜、汤、热菜、点心、甜品、水果以及酒水等几大类型。

(1) 冷菜：包括沙拉、泥子、冻子、香肠、火腿、牛肉、猪舌、鱼子、鸭蛋等。

(2) 汤类：包括红菜汤、牛尾汤、玉黍汤、酸辣汤、三鲜汤等。

(3) 热菜：包括炸鸡、炸鱼、烤肉、烧肉、烧鱼、土豆片等。

(4) 点心：包括面包、菜包、热狗、炒饭、蛋糕、曲奇饼、三明治、汉堡包、比萨饼等。

(5) 甜品：包括布丁、果盘、冰激凌等。

(6) 水果：包括香蕉、菠萝、西瓜、木瓜、柑橘、樱桃、葡萄、苹果等。

(7) 酒水：包括牛奶、咖啡、红茶、可乐、果汁、矿泉水、鸡尾酒等。

在准备食物时，务必要注意保证供应。同时，还须注意食物的卫生以及热菜、热饮的保温问题。

4. 怎样招待主要的客人

主宾是第一位的，因此不论在任何情况下，主宾都是主人照顾的重要对象。主人在自助餐会上对主宾的照顾就是要陪同其就餐，与其进行适当的交流，为其引见其他客人等。不过还是要注意给主宾留下一点自由活动的时间，不要始终伴随左右。除了主宾之外，主人也要兼顾其他客人，要尽量与他们进行交流，做好本分。

项目七　餐饮礼仪

(三)享用自助餐的注意事项

1. 按自助餐顺序取菜

自助餐取菜的顺序一般是冷菜—汤—热菜—点心—甜品—水果—酒水等，如果人多，要讲究先来后到，排队按顺序取菜。不允许乱挤、乱插队、乱抢，更不允许不排队。轮到自己取菜时，应以公用的餐具将食物装入自己的盘中，然后迅速离去。切勿在众多的食物面前犹豫再三，让身后的人久等，更不应该在取菜时挑挑拣拣，甚至直接下手或用自己的餐具取菜。由于人们通常是按顺时针方向排在自助餐桌旁，所以装满盘子是没有必要的，你可以多次回来取。当侍者把菜放在盘子或碗里供大家轮流取用时，取用后应及时把餐具放回盘子的右侧(叉子在内侧，刀或汤勺放在外侧)，同时餐具上不应沾有食物。

2. 参加自助餐会，应遵循"多次少取"的原则

"多次"的原则，就是允许多次取菜，即用餐者在自助餐上可以反复取用同一种菜肴。品尝之后，如感觉不错可以再取，反复取食也不会引起非议，当然前提是吃完盘内的食物再去，避免"多吃多占"。

在自助餐上不仅要遵守"多次"的原则，还应遵守"少取"的原则。每次应当只取一点，品尝之后，觉得它适合自己的口味，那么还可以再次去取，直至自己感到吃好了为止。会吃自助餐的人都知道，在选取菜肴时，最好每次只选取一种，待吃好后，再去取用其他的品种。若在取菜时乱盛一气，将多种菜肴盛在一起，会导致其五味杂陈、相互串味，难免会暴殄天物。

3. 要避免外带

无论如何都不要将自助餐打包带回去，即便是不用付费的内部自助餐也要遵守这一点。

自助餐里有一条不成文的规定，那就是自助餐只允许就餐者在用餐场所自行享用，绝对不允许对方在用餐完毕之后将食物打包携带回家。在用餐时不论吃多少都不失礼，但是千万不要将食物装在自己的口袋、皮包里，那样必定会使自己见笑于人。

4. 用餐完毕后将餐具整理到一起，并将其送回指定的位置

在自助餐上强调自助，不但要求就餐者取用菜肴时以自助为主，而且还要求其善始善终。在一般情况下，自助餐大多要求就餐者在用餐完毕之后、离开用餐现场之前，自行将餐具整理到一起，然后一并将其送回指定的位置。在庭院、花园里享用自助餐时，尤其应当这么做。不允许将餐具随手乱丢，甚至任意损毁餐具。在餐厅里就座用餐，有时可以在离去时将餐具留在餐桌上，由侍者负责收拾。虽然如此，亦应在离去前对其稍加整理为好，不要弄得自己的餐桌上杯盘狼藉，不堪入目。自己取用的食物，以吃完为宜，万一有少许食物剩下，也不要私下里乱丢、乱倒、乱藏，而应将其放在适当之处。

5. 考虑到他人

对自己的同伴和熟人要表示出关心。如果对方不熟悉自助餐的用餐规则，可以扼要地

对其进行介绍,在对方乐意的前提下,还可以向其具体提出一些选取菜肴的建议。但是,不可以为对方直接代取食物,更不能将自己不喜欢的食物或吃不了的食物"处理"给对方,那是很失礼的。在用餐过程中,对于其他不相识的用餐者,应当以礼相待,主动谦让,不能目中无人,蛮横无理。

6. 积极交际

在参加自助餐会时,一定要主动寻找机会,积极进行交际活动。只顾自己躲在僻静之处一心一意地埋头大吃,或者来了就吃,吃了就走,而不和其他在场者进行任何形式的正面接触,那样是很不得体的。一般来说,参加自助餐会时,就餐人员就应该明确,吃东西属于次要之事,而与其他人进行适当的交际活动才是自己最重要的任务。在参加由商界单位主办的自助餐会时,情况更是如此。因此,在参加自助餐会时,一定要主动寻找机会与别人进行交际。首先,应当找机会与主人攀谈;其次,应当与老朋友好好叙一叙;最后,还应当争取多结识几位新朋友。

五、模拟任务训练

(1) 结合所学的自助餐知识,理论联系实践模拟自助餐实训。

(2) 张红接到朋友的邀请去参加宴会,去了之后才知道是自助餐会,可她对自助餐的知识一无所知,如果你是她该怎么办?请结合自助餐知识,模拟自助餐会现场场景,运用自助餐礼仪。

(3) 某企业决定在该企业典礼后举办自助餐会以招待来宾,可负责人却不知道应该进行哪些准备,如果你是该企业的负责人,应该怎么做?试模拟自助餐宴请礼仪。

六、思考题

(1) 什么是自助餐礼仪?
(2) 在自助餐会中应该怎样招待主要的客人?
(3) 吃自助餐时有哪些注意事项?

任务四 酒 水 礼 仪

一、能力目标

(1) 能在进餐时正确地选用酒水。
(2) 能合乎礼仪地斟酒。
(3) 能合乎礼仪地喝酒、敬酒。

二、任务情境

饮酒是中华民族一大饮食传统。饮酒有许多礼节、习俗。就斟酒来说,人们在为客人

斟酒的同时,常说"满上,满上"。这个"满"可不能理解为一定要溢出来,而是指达到满杯的八成就行了。作为主人,要首先为客人斟酒。酒瓶要当场打开,酒杯大小要一致。如果在座的有长辈、远道而来的客人或职务较高的领导,就要先给他们斟酒。如果不是这种情况,可按顺时针方向,依次斟酒。作为客人,当主人为自己斟酒时,要起身或俯身,以手扶杯或做欲扶状,以示恭敬。

席上喝酒讲究碰杯,一般碰杯后就必须把杯中的酒喝完,一口气喝下去,有时还要让旁边的人看自己杯子中的酒已经喝完。在山区,这一礼俗很严格,碰杯后不喝完,是要再罚酒的,也表示对朋友不够仗义。

小廖刚参加工作,新公司为他接风,请问,小廖席间应该如何敬酒?

学习要求

请全班同学自设情境,一起讨论、演示小廖应该如何敬酒,然后请同学上台模拟演示。

三、相关案例

【案例1】

在一次婚宴上,王军很热情地为自己的好友新郎李勇祝福,李勇高兴得一饮而尽,李勇的其他好友看见他如此豪爽,也纷纷前来敬酒,结果李勇招架不住,已经微醉。新娘劝其不要喝了,好友们却仍一个劲儿地劝喝,新娘露出了很不高兴的表情。

讨论

李勇好友的做法对吗?为什么新娘露出了很不高兴的表情?

【案例2】

黄宋在校时除了写得一手好文章之外,还有一个特长就是能喝,性格也极为豪爽。毕业后他就职于当地一家较为有名的广告公司当秘书。一天,该公司将接待从浙江来的重要客户进行业务上的商谈,如果成功,对公司下半年的业绩有很大帮助。这可是表现自己的好机会,黄宋自告奋勇,主动向经理拿下这次接待任务。当天,浙商到达餐厅双方就座后,黄宋大喊一声:"服务员,把最好的酒拿来。"当两位客人表示不喝酒时,黄宋却极为热情地不断向对方劝酒,而且说话也极为大声,唾沫飞溅。当经理站起为浙商敬酒并说祝酒词时,黄宋竟打断经理的话并高举起自己的杯子碰向对方的杯子,有少许酒洒入菜里,他举起酒杯一饮而尽,然后极其豪迈地"砰"的一声放下酒杯。此时,浙商的脸色甚是难看,经理更是尴尬。

宴席结束后,浙商对经理说:"贵公司的秘书可真是太豪爽了!"经理显得有些尴尬,但浙商表示不会和一个连礼节都不懂的公司合作,公司因此遭受了巨大的损失,黄宋也因太"豪迈"而丢掉了工作。

> **讨论**
> 黄宋到底哪里做错了？

四、知识链接

酒文化是中国传统文化的一部分，是沉淀数千年的社会现象。随着社会的发展和生活水平的不断提高，人们对酒的品位也不断更新，白酒、啤酒、葡萄酒、果酒等一一登场，无酒不成宴，无酒不成欢，酒成为人们日常生活中不可缺少的必备之物，酒之礼节也更为丰富。善于饮酒的人，不仅能饮，而且要会饮，要真正做到善用酒水，合乎礼仪。但是现实生活中有些人却不懂饮酒礼仪，结果事与愿违，弄出许多笑话，严重损害了自己的个人形象。

(一)酒的分类

酒的分类标准很多，主要按制造方法、酒精含量、酒的香型等进行分类。

1. 按制造方法分类

按制造方法分类，酒有发酵、蒸馏、配制三种制造方法。

(1) 蒸馏酒：是指将经过发酵的原料(发酵酒)加以蒸馏提纯，而获得的含有较高度数酒精的酒液。通常经过一次、两次甚至多次蒸馏，便能取得高质量酒液，如中国的白酒，外国的白兰地、威士忌、伏特加等。

(2) 发酵酒：又称为非蒸馏酒，在生产过程中不经过蒸馏，便可形成最终产品。发酵酒是以富含糖质、淀粉的果类、谷类为主要原料，添加酵母或催化剂，经糖化发酵而生成的含酒精的饮料，如黄酒、啤酒、葡萄酒和其他果酒等。

(3) 配制酒：又称再制酒，配制酒的方法很多，常用浸泡、混合等几种方法。浸泡制法多用于药酒，将蒸馏后得到的高度酒液或发酵后经过滤清的酒液放入不同的药材，然后装入容器中密封起来。经过一段时间后，药味就溶解于酒液中，人饮用后便会得到不同的治疗效果和刺激效果。混合制法是把蒸馏后的酒液(通常用高度数酒液)加入果汁、蜜糖、牛奶或其他配料中，如药酒、滋补酒等。

2. 按酒精含量分类

按酒精含量的多少来划分，习惯将酒分为高度酒(又称烈性酒)、中度酒和低度酒三种。

(1) 高度酒：是指酒精含量在40度以上的酒，如52度的泸州老窖、原度国窖1573等。

(2) 中度酒：是指酒精含量在20～40度的酒，如孔府家酒、五加皮等。

(3) 低度酒：是指酒精含量在20度以下的酒，如黄酒、葡萄酒等。

3. 按酒的香型分类

按酒的香型分类，可将酒分为以下几类。

1) 酱香型酒

所谓酱香就是有一股类似豆类发酵时发出的酱香味。这种酒的特征是：酱香突出，幽雅细腻，酒体丰富醇厚，回味悠长，香而不艳，低而不淡。

2) 浓香型酒

这类酒的主要特征是：窖香浓郁，绵甜甘洌，香味协调，尾净余长，很受消费者的喜爱。

3) 清香型酒

这种香型的酒以乙酸乙酯和乳酸乙酯两者的结合为主体香。它的主要特征是：清香醇正，诸味协调，醇甜柔和，余味爽净，甘润爽口，具有传统的老白干风格。

4) 米香型酒

这类酒以清、甜、爽、净见长，其主要特征是：蜜香清雅，入口绵柔，落口爽洌，回味怡畅。如果闻香的话，有点像黄酒与乳酸乙酯混合组成的蜜香。

5) 兼香型酒

这类酒的特点是一酒多香，即兼有两种以上主体香型。

(二)酒水的饮用礼仪

1. 酒水的选用

在中餐中，可以喝白酒、黄酒、啤酒等；西餐中可以选用葡萄酒或啤酒，而啤酒只有在吃便餐时才选用。

在国内，白酒的饮用是最普遍的，它既可以直接饮用，又可以用来吃下菜饭，甚至还可以作为药引泡药。白酒、啤酒、葡萄酒、果酒等不能混杂饮用，否则就很容易醉。

中国人讲究"一饮而尽""酒满敬人"，要求喝酒人将杯中酒一口气喝完，倒酒时要将酒杯倒满，否则就是对主人和客人的不敬。其实，用来盛酒的器皿是专用的瓷杯或玻璃杯，它的"肚量"不大，所以要求人们喝酒时一饮而尽。喝白酒时，不用加温、加冰，也不必用水稀释。具体来说，酒水的选用要注意以下几点。

(1) 酒品应该与宴会的档次相称、搭配。若为高档宴会而选用低档酒品，就会破坏整个宴席的名贵气氛，让人对菜肴的档次产生怀疑。若在低档宴会上用高档酒品，酒的价格在整桌菜肴之上，则会抢去菜肴的风采，让人感到食之无味。

(2) 西餐讲究不同的菜肴配不同的酒水，在不同的用餐时间段饮用不同的酒。如餐前饮用开胃酒，进餐中饮用葡萄酒，餐后饮用甜酒、白兰地酒。以葡萄酒为例，在食用肉类、野味及家禽类食物时，由于这类食物脂肪多、肉味香，需配味浓的酒；而在食用海鲜类、鱼类及甜品等食物时，需配清淡的酒。

(3) 在酒席上，上酒时应按先轻后重、先甜后干、先白后红的顺序安排；在品质上，则一般遵循越饮越高档的规律，先上普通酒，最高级酒在餐尾敬上。先低度酒，后高度酒；先新酒，后陈酒；先淡雅风格，后浓郁风格；先普通酒，后名贵酒；先白葡萄酒，后红葡萄酒。

(4) 西餐中，讲究"白肉配白酒，红肉配红酒"。白葡萄酒适合开胃菜等小菜或者虾、螃蟹、贝类、鱼、鸡肉等，红葡萄酒适合牛排、羊排、猪排等，喝汤的时候可以喝雪莉酒，上最后一道菜或甜品时可以饮用香槟酒。

2. 斟酒

斟酒是餐厅服务工作的重要内容之一，也是人们在社交场合人际交往时要经常经历的事务。斟酒动作的正确、迅速、优美、规范，往往会给顾客留下美好的印象。在日常交往中为客人斟酒时，一定要掌握斟酒动作的分寸，不可粗鲁失礼，不要讲话，姿势要优雅端庄，注意礼貌、卫生。在服务场所，服务员娴熟的斟酒技术及热忱、周到的服务，会使参加饮宴的顾客得到精神上的享受与满足，还可强化热烈友好的饮宴气氛。要使斟酒符合礼仪规范，应该注意以下几方面的内容(下面以餐饮服务人员为例)。

1) 斟酒姿势

斟酒姿势是指服务人员在进行斟酒服务时，持酒瓶的手法、站立、行走及为顾客斟酒时的动作。优美的斟酒姿势有赖于服务员广博的酒品知识、文化修养和表演才能。

2) 斟酒前的准备工作

在斟酒前要做一定的斟酒服务的基础工作。斟酒前，用干净的布巾将瓶口擦净。如果是从冰桶里取出的酒瓶，应先用布巾擦拭干净，然后进行包垫。其方法是：用一块50厘米×50厘米见方的餐巾折叠六次成条状，将冰过的酒瓶底部放在条状餐巾的中间，将对等的两侧餐巾折上，手握住酒瓶的包布，注意将酒瓶上的商标全部暴露在外，以便让客人确认。斟一般酒时，左手持一块折成小方形的餐巾，右手握瓶，即可进行斟酒服务。斟酒时用垫布及餐巾，都是为防止冰镇后酒瓶外产生的水滴及斟酒后瓶口的酒液洒在客人身上。

3) 斟酒时机

斟酒时机是指斟酒的两个不同阶段：宴会前的斟酒及宴会进行中的斟酒。如果顾客点的是白酒、红葡萄酒、啤酒，应在宴会开始前5分钟之内将红葡萄酒和白酒斟入每位宾客杯中，斟好以上两种酒后就请客人入座，待客人入座后，再依次斟啤酒。如果是冰镇的酒或加温的酒，则应在宴会开始后上第一道热菜前依次为宾客斟入杯中。宴会进行中的斟酒，应在客人干杯前后及时为宾客斟倒，每上一道新菜后要添斟，客人杯中的酒不足一半时也要添斟。客人互相敬酒时要随敬酒宾客及时添斟。当然在客人正在与他人热烈交谈时不要斟酒。

4) 斟酒时的站位与站姿

斟酒时的正确站位是：服务员应站在客人的右后侧，右脚在前，站在两位客人的座椅中间，脚掌着地，左脚在后，身体向左略倾斜，面向客人，右手持瓶，依次为左侧客人斟酒。退时先用左脚掌着地，然后右腿撤回与左腿并齐，使身体恢复原状。再次斟酒时，左脚先向前跨一步，后脚跟上跨半步，形成规律性的进退，使斟酒服务的整个过程潇洒、大方。服务员斟酒时，忌将身体贴靠客人，但也不要离得太远，更不能"左右开弓"，即不可一次为左右两位客人斟酒，也就是说，不可反手斟酒。

斟酒时的正确站姿是：服务员应先直立持瓶站立，左手下垂，右手持瓶。手臂成45°角向杯中斟酒时，上身略向前倾，当酒斟满时右手利用腕部的旋转将酒瓶按逆时针方向转向自己身体一侧，同时左手迅速、自然地用餐巾盖住瓶口以免瓶口溜酒，斟完酒身体恢复直立状。向杯中斟酒时切忌弯腰、探头或直立。

5) 斟酒方式

按斟酒时服务员携带的酒具来划分，斟酒方式一般有两种：一种是用托盘端托斟酒，即将客人选定的几种酒放于托盘内，左手端托，右手取送，根据客人的需要依次将所需酒品斟入杯中。这种斟酒的方法能方便顾客选用。另一种是徒手斟酒，即左手持餐巾，右手握酒瓶，把客人所需酒品依次斟入酒杯中。

按照斟酒时服务员与酒杯的相对位置，可以将斟酒方式划分为两种：桌斟和捧斟。

桌斟是指顾客的酒杯放在餐桌上，服务员持瓶向杯中斟酒。斟一般酒时，瓶口应离杯口 2 厘米左右；斟汽酒或冰镇酒时，二者则应相距 5 厘米左右。总之，无论斟哪种酒，瓶口都不可贴近杯口，以免不卫生及发出声响。

捧斟是指斟酒服务时，服务员站立于顾客右后侧，右手握瓶，左手将酒杯捧在手中，向杯中斟满酒后，绕向顾客的左侧将装有酒的酒杯放回原来的杯位。捧斟方式一般适用于非冰镇酒品。取送酒杯时动作要轻、稳、准，优雅大方。

6) 持瓶姿势

持瓶姿势正确与否是斟酒是否准确、规范的关键。正确的持瓶姿势应是：右手叉开拇指，并拢四指，掌心贴于瓶身中部、酒瓶商标的另一方，四指用力均匀，使酒瓶握稳在手中。采用这种持瓶方法，可避免酒晃动，并可防止手颤。

7) 斟酒时的用力技巧

斟酒时的用力要活而巧。正确的用力应是：右侧大臂与身体成 90°角，小臂弯曲成 45°角，双臂以肩为轴，小臂用力运用手腕将酒斟至杯中。斟酒及起瓶均应利用手腕的旋转来掌握。斟酒时忌大臂用力及大臂与身体之间角度过大，角度过大会影响客人的视线并迫使客人躲闪。正确的斟酒用力姿势如图 7-22 所示。

图 7-22　正确的斟酒用力姿势

3. 饮酒禁忌

(1) 碰到需要举杯的场合，不要拿着酒杯边说边喝酒，给别人敬酒时酒杯要低于对方

的杯子。

(2) 在工作前不能饮酒,以免与人谈话时满口酒气。休息时喝酒要节制,任何情况下的过量饮酒都是错误的。注意,酒后不要失言,不要说大话,不要失态,不要口沫横飞。上班时还醉意朦胧,不仅违反工作纪律,也是不检点的。服务人员如果带着醉意去上班,会严重影响服务质量,这是绝对不允许的。

(3) 忌赌酒与强行劝酒。如果在与人交往中与客人赌酒或强行劝酒,就会把文明的交际变成粗俗、无礼的行为。在酒席上应该有礼貌地劝酒,主人看到客人酒杯空了,应有礼貌地劝客人再喝一杯。如果客人用手遮掩杯口并说明不想喝了,则不必强求。在酒桌上往往会遇到劝酒的现象,有的人总喜欢把酒桌当战场,想方设法地劝别人多喝几杯,认为不喝到量就是不实在、不够朋友。"以酒论英雄",对酒量大的人还可以,酒量小的人就犯难了,有时过分地劝酒,会将原有的朋友感情完全破坏。"舍命陪君子"是饮酒者的不自量力,而绝不是有礼貌的行为,劝酒不成而恼羞成怒则是劝酒者的无礼无德。

(4) 忌吵闹、喧嚣。公共场合不得划拳,家庭私人酒会一般也不宜划拳,如有特殊需要应注意不要干扰邻居,不违主人意愿,聊以助兴即可。

(5) 忌酒后言行失控。酒能麻痹人的神经,使人思维紊乱,使其一部分神经亢奋,言语行为失控。如果借酒发疯、胡言乱语,说一些平时难以出口的话,做一些丑态百出的事,往往会使人追悔莫及。

(6) 忌好酒贪杯。有的人一醉方休,那是痛快,但若影响了工作,伤害了身体,给别人增加了麻烦,就不太合适。因此,饮酒要注意适可而止,量力而行。

五、模拟任务训练

(1) 假如你是某企业的工作人员,明天你要去参加某公司为你们企业举办的酒会,结合本节所学知识,说说你在酒会上应该注意哪些酒会礼仪。

📖 学习要求

以讨论和现场演示的形式在全班进行现场展示。

(2) 在餐饮实验室模拟酒水与中餐和西餐的搭配。

📖 学习要求

以现场演示的形式在全班进行现场教学。

(3) 结合酒水知识,进行酒水的辨认。

📖 学习要求

对白酒、啤酒、黄酒、红酒等酒水从器皿、颜色、香味等方面进行辨认。

项目七 餐饮礼仪

六、思考题

(1) 酒按照制造方法可以分为几类？
(2) 西餐中酒水与菜品搭配的原则是什么？
(3) 斟酒的方法有哪些？

任务五 饮 茶 礼 仪

一、能力目标

(1) 能了解茶的品种及特点。
(2) 能正确地敬茶、品茶。

二、任务情境

赵敏和朋友小张去喝茶。在茶室里，赵敏叫了一杯菊花茶和一杯铁观音。因为天气炎热，等茶一端上来，小张便大口吞咽起来，并不时地发出"咕咚咕咚"的声响，还将里面的茶叶也喝了进去，并咀嚼了起来。

学习要求

请几位同学说说小张的表现是否符合礼仪规范，应该怎样做才正确？

三、相关案例

【案例1】

中国人有着悠久的饮茶习惯，世界上很多地方的饮茶习惯都是从中国传过去的。关于如何正确饮茶有许多礼节，比如茶不要泡得太浓，奉茶待客要上热茶而且是八分满，因为有"茶满欺人"的说法。

小林是一位细心的秘书，冬天每当有客人来访的时候，她都会给客人奉上一杯热腾腾的香茶，让客人喝在嘴里，暖在心里；而在夏天，她会给客人端上一杯冰茶，帮助客人消除酷暑的炎热，而且小林还会根据客人的喜好来为客人泡茶。因此来访的客人对小林的印象都很好。

讨论

为来客泡茶有什么礼仪要求？

【案例2】

相传，"扬州八怪"之一的清代大书法家郑板桥曾在镇江读书。
一天，郑板桥听说金山寺有书画展，就独自一人去观赏。到了方丈室，老方丈见郑板

201

桥衣着简单便对他不屑一顾，仅勉强地招呼了一声"坐"，然后对小和尚说"茶"。过了一会儿，老方丈见郑板桥仔细观赏墙上的字画，意识到他对书画有一定的了解，态度稍微变好一些，于是又说"请坐"，并喊小和尚"敬茶"。当方丈得知来者就是大名鼎鼎的郑板桥时，惊喜万分，态度马上转变，忙露出笑脸说"请上座"，又急忙吩咐小和尚"敬香茶！"

饮罢，郑板桥起身告辞，老方丈请求郑板桥赐书墨宝。郑板桥对老方丈看人待客的态度略有看法，于是挥手而书，上联是："坐，请坐，请上座！！"下联是："茶，敬茶，敬香茶！！"对仗工整，讽刺味极浓，老方丈羞愧不已。

讨论

针对以上故事，全班同学讨论敬茶的相关礼仪知识。

四、知识链接

茶是世界三大饮料之一。茶起源于中国，至今已有五千多年的历史了。随着社会的进步和人们生活水平的提高，茶已成为人们日常生活中必不可少的一部分。我们在接待来访的客人时，沏茶、上茶已经成为一项必不可少的待客礼节。不管是自己喝还是待客，喝茶都很有讲究。

(一)茶的品种及特点

根据加工、制作方法的不同，茶叶可分为绿茶、红茶、乌龙茶、花茶、砖茶等几个品种。

1. 绿茶

绿茶，又称不发酵茶，是以茶树新梢为原料，经杀青、揉捻、干燥等典型工艺过程制成的茶叶。其干茶色泽以及冲泡后的茶汤、叶底以绿色为主调。绿茶中保留的天然物质成分，对防衰老、防癌、抗癌、杀菌、消炎等均有特殊效果，为其他茶类所不及。

我国著名的绿茶有：杭州龙井的龙井茶、江苏太湖洞庭山的碧螺春、安徽黄山的黄山毛峰、湖南洞庭湖的君山银针、安徽六安齐云山的六安瓜片、河南信阳大别山区的信阳毛尖、贵州黔南都匀山区的都匀毛尖等。

2. 红茶

红茶是一种全发酵茶(发酵程度大于 80%)，其茶汤的颜色是红色的。它的加工、制作方法刚好和绿茶相反，是以新鲜的茶叶经过烘制，等完全发酵后制作而成的。在冲泡沏水之前，它的色泽油润乌黑，在冲泡后，具有独特的浓香和爽口的滋味，还能暖胃补气，提神益智。红茶性温热，适合在冬天饮用。我国生产的红茶品种不少，其中最著名的就是安徽祁门县的祁门红茶，此外，还有产于云南的滇红茶等。

3. 乌龙茶

乌龙茶的加工、制作方法介于绿茶和红茶之间，是一种半发酵的茶叶。沏水冲泡后的乌龙茶色泽凝重鲜亮，芳香宜人，喝过后，不仅可以化解油腻，而且健胃提神。我国乌龙茶多产于福建，其中最著名的是福建安溪县的铁观音、福建武夷山的武夷岩茶等。乌龙茶在五大类茶中工艺最复杂、费时，泡法也最讲究，所以喝乌龙茶也被人称为喝工夫茶。

4. 花茶

花茶，又叫香片，是由各种花香熏制而成的茶叶。它的最大特点是沏水冲泡后芳香扑鼻，口感浓郁，味道鲜嫩。花茶一年四季都可以饮用。花茶可以分为茉莉花茶、桂花花茶、玫瑰花茶、白兰花茶、珠兰花茶、米兰花茶等多个品种，其中以茉莉花茶最受欢迎。

5. 砖茶

砖茶，又叫茶砖，是特意将茶叶压紧后，制作成的一种类似砖块形状的茶叶品种。它很受一些少数民族的喜爱，特别是添加奶、糖等之后煮着喝味道更美。

根据生活习惯，南方人爱喝绿茶，北方人爱喝花茶，东南沿海一带的人爱喝乌龙茶。喝茶有助于醒脑提神、延缓衰老、抑制心血管疾病以及预防和抗癌。

(二)喝茶的礼仪

1. 选用茶具

喝茶时，因所选茶叶不同，所以茶具的品种也不同。一般情况下，喝茶都少不了储茶用具、泡茶用具和喝茶用具。储茶用具的基本要求是：防潮、避光、隔热、无味。如果要存放好的茶叶，最好用特制的茶叶罐，如铝罐、锡罐、竹罐，尽量不用玻璃罐、塑料罐，更不要长时间以纸张包装、存放茶叶。

泡茶的水温，主要依泡饮什么茶而定。高级绿茶，特别是各种茶叶细嫩的名茶，不能用 100℃的沸水冲泡，一般以 80℃左右的水为宜。茶叶越嫩越绿，冲泡水温越要低，这样泡出的茶水一定嫩绿明亮，滋味鲜爽，茶叶中的维生素 C 也损失较少。泡饮乌龙茶、普洱茶和沱茶，每次用茶量较少，而且茶叶较粗老，必须用 100℃的沸水冲泡。

喝茶用具，主要是茶杯、茶碗。用茶杯喝茶最常见，也最正规。使用茶碗喝茶，多出现在古色古香的茶馆里。为了帮助茶水生成纯正味道，茶杯应该选用紫砂陶茶杯(见图 7-23)和陶瓷茶杯(见图 7-24)。正规的泡茶用具最常见的是茶壶，多是用紫砂陶或陶瓷制成，其中以湖北宜兴的紫砂陶最为出名。

图 7-23　紫砂陶茶杯

图 7-24　陶瓷茶杯

如果是为了欣赏茶叶的形状和茶水的清澈，也可以选用玻璃茶杯。最好别用搪瓷茶杯。如果喝茶时同时使用茶壶，最好茶杯、茶壶相配套，以便美观而和谐，尽量不要东拼西凑。如果同时用多个茶杯，也应注意配套问题。不要选用破损、残缺、有裂痕、有茶锈或污垢的茶杯待客。

2. 敬茶的程序

首先，茶具要洁净。客人进屋后，先让坐，后备茶。冲茶之前，一定要把茶具洗干净，尤其是久置未用的茶具更要细心地用清水洗刷一遍。在冲茶、倒茶之前最好用开水烫一下茶壶、茶杯，这样，既讲究卫生，又显得彬彬有礼。不管茶具干不干净，便胡乱给客人倒茶，是不礼貌的表现。现在一般的公司都使用一次性杯子，在倒茶前要注意给杯子套上杯托，以免水热烫手，让客人一时无法端杯喝茶。

其次，茶水适量。先说茶叶，一般要适当。茶叶不宜过多，也不宜太少，如图 7-25 所示。茶叶过多，茶味过浓；茶叶太少，冲出的茶没啥味道。假如客人主动说自己喜欢喝浓茶或淡茶，那就按照客人的口味把茶冲好。注意，不要当着客人的面取茶冲泡。即使不当着客人的面取茶，也不可以直接用手抓取茶叶，而要用专用的茶勺拿取，或是直接以茶罐将茶叶倒进茶壶、茶杯。再说倒茶，无论杯子大小，都不宜倒得太满，太满了容易溢出，把桌子、凳子、地板弄湿。不小心，还会烫伤自己或客人的手脚，使宾主都很难为情。当然，也不宜倒得太少。倘若茶水只漫过杯底就端给客人，会使人觉得是在装模作样，不是诚心实意。

最后，须双手奉茶。按照我国的传统习惯，都是用双手给客人端茶的，如图 7-26 所示。但是，现在有的年轻人不懂得这个规矩，用一只手把茶递给客人了事。双手端茶也要注意，对有杯耳的茶杯，通常是用一只手抓住杯耳，另一只手托住杯底，把茶端给客人。没有杯耳的茶杯倒满茶之后周身滚烫，双手不好接近，有的人不管三七二十一，用五指捏住杯口边缘就往客人面前送。这种端茶方法虽然可以防止烫伤，但很不雅观，也不够卫生。

图 7-25 适量的茶水

图 7-26 双手奉茶

茶不要泡得太浓，客人有特别要求的例外。上茶时还有"茶满欺人"的说法。以茶待客讲究要上热茶，而且是八分满。

用茶待客时，由谁为来宾奉茶，往往涉及对来宾重视程度的问题。在家里待客，通常由家里的晚辈或家庭服务员为客人上茶。接待重要的客人时，最好是女主人，甚至主人自

己亲自奉茶。在工作单位待客时，一般应由秘书、接待人员为来客上茶。接待重要的客人时，应该由本单位在场的职位最高的人亲自奉茶。如果客人多，可以遵循先客后主、先主宾后次宾、先女后男、先长辈后晚辈的原则；可以以进入客厅为起点，按顺时针方向依次上茶；也可以按客人先来后到的顺序上茶。

第一杯茶一般要敬给来宾中的年长者，如果是同辈人，应当先请女士用茶。

和别人说话的时候，最好别喝茶。如果要喝，礼貌的做法是小口地品尝。不要连茶叶一起喝进嘴里。万一把茶叶喝进嘴里，也不要吐出来或是用手从嘴里拿出来。

主人如果是真心诚意地以茶待客，最适当的做法就是要为客人勤斟茶、勤续水。这种做法的寓意是：慢慢喝，慢慢叙。待客有"上茶不过三杯"一说。第一杯叫作敬客茶，第二杯叫作续水茶，第三杯则叫作送客茶。如果一再劝人用茶，而又不说话，往往意味着提醒来宾"应该打道回府了"。所以，在用茶招待老年人或海外华人的时候，不要再三斟茶。在为客人续水斟茶时，不要妨碍到对方，一手拿起茶杯，使茶杯远离客人身体、座位、桌子，另一只手拿起茶壶将水续入。

五、模拟任务训练

(1) 结合所学的有关茶的礼仪知识，理论联系实践，设置模拟场景，让学生扮演服务员，由其他学生和老师充当喝茶的客人，练习斟茶礼仪。全班分组进行训练，以小组为单位进行模拟活动。

(2) 观摩茶艺过程。

训练准备：茶艺室一间，准备茶桌、茶椅或茶凳、茶巾、全套工夫茶具、茶叶(可备铁观音)、插花、香炉、音乐等。

训练目的：按照泡茶的程序练习福建工夫茶的冲泡方法。

训练要求：老师、同学观摩茶叶的冲泡过程，练习如何冲泡及品茶，然后同学之间交流心得。

(3) 根据所学知识，辨别茶的种类及所选用的茶具。

六、思考题

(1) 根据加工、制作方法的不同，茶叶可分为哪些品种？它们各有哪些特点？

(2) 家里来了客人，应该如何敬茶？

(3) "上茶不过三杯"有什么内涵？

任务六　咖啡礼仪

一、能力目标

(1) 能正确使用咖啡匙。

(2) 能正确饮用咖啡。

二、任务情境

李林和公司的客户正在咖啡馆里谈论合作事宜，这时他们点的咖啡由服务生端了上来。客户往咖啡里加入了糖和奶，并用咖啡匙轻轻地搅拌了起来，之后将咖啡匙放进嘴里吮吸起来，然后一勺一勺地舀着咖啡喝。李林见此情景皱起了眉头，露出不悦的神情。

学习要求

全班一起讨论分析一下，李林为什么皱起了眉头，露出不悦的神情？

三、相关案例

【案例1】

一天，朋友提议和小张去喝杯咖啡，于是两人便去了一家咖啡厅。在那里，小张和朋友各点了一杯咖啡，咖啡刚端上来的时候还很烫，一向没有喝过咖啡的小张端起咖啡杯不停地吹，想让咖啡早点冷却下来好尝尝是什么滋味。可是尝了咖啡以后，小张皱起了眉头，心想：怎么这么难喝，太苦了！于是他用手从桌上的糖缸里取了两块方糖放进嘴里咀嚼，然后又取了一块扔进咖啡杯里，咖啡溅到了桌布上。

讨论

请几位同学说说小张的做法是否符合品饮咖啡的礼仪规范，应该怎样做才正确？

【案例2】

某公司秘书小林的好朋友李美设计的广告方案获得了公司一等奖，李美为了庆贺这一小小的成功，就邀请一些好朋友到家里来聚餐，而小林就在其中。

饭后，李美在客厅准备好咖啡、红茶，让朋友们自己选择。而这时小林仿佛是要显示文秘人员的本色，很热情地拿着糖夹子为朋友们添加糖块和牛奶，然后很热情地端着咖啡在屋子里走来走去，和朋友们大声地聊着，甚至别出心裁地把咖啡当成红酒与朋友碰杯，然后一饮而尽。

等到聚餐结束，朋友们都走了，李美满脸的不悦，自言自语地说："怎么会有她这样的人呢？一点儿礼仪都不懂，亏她还是秘书。"

讨论

小林哪些地方做错了？你觉得她应该怎样做才对？

四、知识链接

咖啡是产于热带和亚热带地区的常绿小乔木或灌木的种子炒熟制成粉，沏水冲煮后可

项目七　餐饮礼仪

以做饮料，有提神醒脑和健胃的作用。

现在咖啡已经成为世界性的饮料，喜欢喝咖啡的人越来越多。因为在很疲劳的时候，喝一杯咖啡就可以提起精神来。咖啡最主要的成分是咖啡碱，也含有一些蛋白质、糖分、脂肪等。咖啡在人体内很容易被吸收，还具有促进人体新陈代谢的作用。

(一)咖啡的种类

(1) 巴西咖啡：苦味较淡，以平顺的口感著称。这种咖啡品质优良，口感润滑，带点中度酸，还有很强的甘味，因此是做混合咖啡不可缺少的原料。

(2) 哥伦比亚咖啡：具有特殊的厚重味，以丰富独特的香气赢得人们的青睐。

(3) 蓝山咖啡：产于牙买加西部的蓝山山脉。蓝山咖啡略带苦味，口感调和，风味极佳。

(4) 炭烧咖啡：这是一种烘焙咖啡，味道焦、苦而不带酸味。

(5) 摩卡咖啡：以也门所生产的咖啡为最佳。摩卡咖啡风味独特，含有巧克力的味道，具有贵妇人的气质，是极具特色的一种纯品咖啡。

(6) 意大利咖啡：具有浓郁的香味及强烈的苦味。

(7) 曼特宁咖啡：主要产于印度尼西亚的爪哇、苏门答腊及苏拉威岛屿。它有丰富醇厚的口感，不涩不酸，醇度、苦味和香度高，相当具有个性。

(二)咖啡饮用礼仪

咖啡除了具有饮料的功能外，更重要的是能在人际交往中促进人与人之间的交际，展现个人的修养和素质。越是正式的场合，个人的修养和素质体现得越突出，因为在正式场合，喝什么咖啡和怎样喝咖啡，不仅是个人习惯，还涉及个人的身份、修养、见识等。

1. 喝咖啡的最佳时间

喝咖啡往往安排在早餐及午餐后，因为这样可以促进肠胃的蠕动，帮助消化，可以分解吃下去的高热量、高脂肪食物，也不会因空腹喝咖啡对肠胃造成刺激。因此在家里用咖啡待客，最好不要安排在晚餐后，以免对睡眠造成影响。

正式的西式宴会，咖啡往往是"压轴戏"。而一些正式的西式宴会一般在晚上举行，所以在宴会上喝咖啡通常是在晚上。不过为照顾个人嗜好，在宴会上上咖啡的同时最好再备上红茶，由来宾自己选择。咖啡往往是正餐中的最后一道"菜点"。在餐厅里用餐时，人们往往会选用咖啡佐餐助兴。

2. 喝咖啡的常见地点

喝咖啡最常见的地点主要有客厅、餐厅、写字间、花园和咖啡厅等。

(1) 在客厅里喝咖啡，主要适用于招待客人。在写字间里喝咖啡，主要是在工作间歇自己享用，为了提神。

(2) 在自家花园里喝咖啡，主要适用于和家人休闲，也适用于招待客人。

(3) 西方有一种专供女士社交的咖啡会，就是在主人家的花园或庭院中举行的。它不排位次，时间不长，重在交际和沟通。

3. 喝咖啡的具体礼仪

喝咖啡的时候，一定要注意个人举止，主要是在饮用的数量、配料的添加、品饮的姿态等方面要多加注意。

(1) 在正式的场合，要注意的是，杯数要少。喝咖啡要适量，并且浓度不要过高。一般来讲，每天喝入的咖啡不要超过50克。正式场合喝咖啡只是一种休闲或交际的陪衬与手段，所以最多不要超过三杯。

(2) 喝咖啡既然不是为了充饥解渴，那么在喝的时候就不要动作粗鲁，引人发笑。端起杯子一饮而尽，或是大口吞咽，喝得响声大作，都是失礼的。有时可根据需要，自己动手往咖啡里加一些牛奶、糖块之类的配料。这时候，一定要牢记自主添加、文明添加这两项要求。不要越俎代庖，给别人添加配料。如果某种配料用完，需要补充时，不要大呼大叫。加牛奶的时候，动作要稳，不要倒得满桌都是。加糖的时候，要用专用糖匙去取，不可以直接用手拿，要避免咖啡溅出，从而弄脏衣服或台布。

(3) 在正式场合，咖啡都是盛进杯子，然后放在碟子上一起端上桌。碟子的作用，主要是用来放置咖啡匙，并接住溢出杯子的咖啡。

盛放咖啡的杯碟都是特制的，它们应当放在饮用者的正面或者右侧，杯耳应指向右方。

握咖啡杯的得体方法是：伸出右手，用拇指和食指握住杯耳后，再轻缓地端起杯子。不可以双手握杯或用手托着杯底，也不可以俯身就着杯子喝。

若咖啡洒落在碟子上，可用纸巾吸干。如果是坐在桌旁喝咖啡，通常只需端杯子，而不必端碟子。如果离桌子比较远，或站立、走动时喝咖啡，应用左手把碟子端到齐胸高度，再用右手拿着杯子喝。这种方法既好看，又安全。

(4) 咖啡匙的作用主要是加入牛奶或奶油后，用来轻轻搅动，使牛奶或奶油与咖啡相互融合。加入小糖块后，可用咖啡匙略加搅拌，以促使其迅速溶化。如果咖啡太烫，也可以用咖啡匙稍作搅动。

使用咖啡匙时，要特别注意以下一些禁忌。

① 咖啡匙是专门用来搅拌咖啡的，饮用咖啡时应把它取出来，不要用咖啡匙去舀咖啡喝。

② 不用咖啡匙的时候，要将其平放在咖啡碟里，不要立在咖啡杯里。

③ 不要用咖啡匙来捣碎杯中的方糖。

(5) 给咖啡加糖时，可用咖啡匙舀取砂糖，直接加入杯内；也可先用糖夹子把方糖夹在咖啡碟的近身一侧，再用咖啡匙把方糖加在杯子里。如果直接用糖夹子或用手把方糖放入杯内，有时可能会使咖啡溅出，从而弄脏衣服或台布。

(6) 饮用咖啡时，可以用右手拿着咖啡杯的杯耳，左手轻轻托着咖啡碟，慢慢地移向嘴边轻轻地啜饮。不宜满把握杯、大口吞咽，也不宜伏下身子去喝。

(7) 在喝咖啡时，为了不伤肠胃，往往会同时准备一些糕点、果仁、水果之类的小食品。需要用甜点时，首先要放下咖啡杯。在喝咖啡时，端咖啡杯的手中不要同时拿着甜点品尝，更不能双手"左右开弓"，一边大吃甜点，一边猛喝咖啡。

4．喝咖啡的注意事项

（1）不可一直端着咖啡杯说个不停，或者端着咖啡杯满屋跑，如果有事需要绕场处理，则应将杯子放下。

（2）在没有征得别人允许之前，不可替别人的咖啡加糖或奶精。

（3）在未征得女主人同意之前，不可为自己或别人斟咖啡，因为这是女主人的义务与权利。

（4）正式喝咖啡之前，最好先喝一口冰水，冰水能使咖啡的味道鲜明地浮现出来，让舌头上的每一颗味蕾，都能充分感受到咖啡的美味。

（5）喝咖啡时最好趁热喝，因为咖啡中的单宁酸很容易在冷却的过程中起变化，使口味变酸，影响咖啡的风味。

（6）喝咖啡时，要适时地和交往对象进行交谈，要注意与环境氛围相协调，务必要细声细语，不可大声喧哗，乱开玩笑，更不要和人动手动脚。否则，只能破坏喝咖啡的现场氛围。

（7）添加咖啡时，不要把咖啡杯从咖啡碟中拿起来。

（8）喝完咖啡后应当立即把咖啡杯放回咖啡碟中，不要使杯、碟两者"分家"。

五、模拟任务训练

（1）从咖啡的色、香、味三个方面来认识咖啡。

（2）使用咖啡壶将咖啡豆磨制成咖啡粉，再加工、制作咖啡。

（3）在礼仪实训室里练习喝咖啡的礼仪。

六、思考题

（1）咖啡的种类有哪些？它们各有什么特点？

（2）在咖啡厅里应该怎样喝咖啡？

（3）咖啡匙的使用禁忌是什么？

课 程 思 政

中华饮食文化源远流长，通过本章学习可以为进一步贯彻落实习近平总书记关于"坚决制止餐饮浪费行为"等一系列重要指示批示精神，践行党的二十大报告"在全社会弘扬勤俭节约精神"重要指示，进一步弘扬中华民族勤俭节约的传统美德及社会主义核心价值观，在全社会营造厉行勤俭节约、反对餐饮浪费的良好风尚。

附录一　拓展阅读资料

拓展阅读资料一　西方礼仪介绍

阅读西方礼仪介绍请扫描下方二维码。

拓展阅读资料二　礼仪故事集

阅读礼仪故事集请扫描下方二维码。

拓展阅读资料三　礼仪名言录

阅读礼仪名言录请扫描下方二维码。

附录二　模拟任务训练与思考题参考答案

获取模拟任务训练与思考题参考答案请扫描下方二维码。

参 考 文 献

[1] 张立君. 现代社交礼仪[M]. 北京：人民邮电出版社，2015.
[2] 胡玲. 旅游礼仪[M]. 重庆：重庆大学出版社，2015.
[3] 阿迎萍，等. 商务礼仪[M]. 北京：中国铁道出版社，2015.
[4] 徐克茹. 商务礼仪标准培训[M]. 3版. 北京：中国纺织出版社，2015.
[5] 端木自在. 社交礼仪：言谈得体并正确处理各种人际关系[M]. 南昌：江西美术出版社，2017.
[6] 周朝霞. 国际商务礼仪实训教程[M]. 南京：南京大学出版社，2017.
[7] 何奇彦. 商务礼仪[M]. 北京：北京理工大学出版社，2017.
[8] 王爱英，徐向群. 现代商务礼仪规范与实务[M]. 2版. 北京：北京大学出版社，2017.
[9] 夏志强. 礼仪常识全知道[M]. 南昌：江西美术出版社，2018.
[10] 罗树宁. 商务礼仪与实训[M]. 北京：化学工业出版社，2018.
[11] 汤秀莲. 商务礼仪[M]. 2版. 北京：清华大学出版社，2018.
[12] 袁涤非. 中国礼仪·生活礼仪[M]. 沈阳：东北大学出版社，2018
[13] 李天纲. 中国礼仪之争[M]. 北京：中国人民大学出版社，2019.
[14] 金正昆. 礼仪金说：社交礼仪[M]. 北京：北京联合出版公司，2019.
[15] 徐白. 公关礼仪教程[M]. 上海：同济大学出版社，2019.
[16] 徐飞. 社交礼仪[M]. 长春：北方妇女儿童出版社，2019.
[17] 萝薇. 商务礼仪[M]. 长春：吉林教育出版社，2019.
[18] 杨雅蓉. 高端商务礼仪与沟通：让你身价倍增的社交礼仪[M]. 北京：化学工业出版社，2019.
[19] 张清江. 信仰、礼仪与生活[M]. 北京：中国人民大学出版社，2020.
[20] 褚倍. 商务礼仪[M]. 北京：清华大学出版社，2020.
[21] 刘丽娜. 哈佛社交礼仪课[M]. 畅销4版. 北京：中国法制出版社，2020.
[22] 任宪宝. 实用礼仪大全[M]. 北京：中国商业出版社，2020.
[23] 镜心. 社交礼仪大全[M]. 全3册. 长春：吉林文史出版社，2020.
[24] 华平生. 服务有礼：礼仪培训21礼[M]. 上海：复旦大学出版社，2020.
[25] 马志亮. 秦礼仪研究[M]. 西安：西北大学出版社，2021.
[26] 汪辉勇. 行政礼仪研究[M]. 广州：中山大学出版社，2021.
[27] 林纳. 优雅气质，从礼仪开始[M]. 北京：中国纺织出版社，2021.
[28] 海英. 礼仪中国[M]. 北京：北京师范大学出版社，2021.
[29] 杨金波. 政务礼仪[M]. 北京：中华工商联合出版社，2021.